别译杂阿含经的故事

光　亮　编译

西藏藏文古籍出版社

图书在版编目（CIP）数据

别译杂阿含经的故事 / 光亮编译 .
—拉萨：西藏藏文古籍出版社，2016. 12
ISBN 978-7-80589-896-4

Ⅰ. ①别… Ⅱ. ①光… Ⅲ. ①阿含—研究 Ⅳ. ① B942. 2

中国版本图书馆 CIP 数据核字（2016）第 294276 号

别译杂阿含经的故事

编　　译　光　亮
责任编辑　姚　敬
装帧设计　梅　杨
封面题字　卓新平
出　　版　西藏藏文古籍出版社
社　　址　拉萨市色拉路 22 号　**邮政编码** 850000
第二编辑部（北京）：100013　北京市东土城路 8 号林达大厦 A 座 13 层
电　　话：010-64466847
打击盗版：0891-6649998　13908990085
印　　刷　三河市众誉天成印务有限公司
经　　销　全国新华书店
开　　本　16 开（710×1 000）　**字　数**　209 千
印　　张　16. 25
版　　次　2016 年 12 月第 1 版第 1 次印刷
标准书号　ISBN 978-7-80589-896-4
定　　价　28. 00 元

序

茅庐外，古道边，芳草碧连天，一位大智者带着学生们云游在天地之间。他们，或在大树下参禅悟道，或在讲堂讲经说法，或在人间乞食化缘，世间万有之真理就此缓缓流出，直到如今，直到未来。

这位大智者名叫悉达多，出生在国王之家，被封为太子，他文韬武略，天下无双，而后因见到人间有生老病死这自然现象而发愿找到了脱生死不再轮回的解决方案。他在儿子罗睺罗诞生不久之后，就在半夜时分抛弃世间一切荣华富贵、父王妻儿出家修学。在长达六年的艰苦修学过程中，吃尽世间苦头，受尽人间种种折磨，却徒劳无功，只好放弃而遵循中道，最后在菩提树下禅修长达七日七夜而参透生死，功德圆满，成就佛位，名号为释迦牟尼如来。

而后在长达四十九年的一万七千多个日日夜夜里，释迦牟尼佛如来足迹遍布整个印度大地。在讲经说法的过程中，如来总是以了脱众生生死苦海为导向，根据众生相应根器介绍相应方法使之能够朝着涅槃境界靠近，或使人出离三界不再轮回，或使人往生天界，或使人往生在善道，或使人大彻大悟而得以证得圣果，使众生无一例外都获得了世出世间的大利益。

经中说：佛陀之所以出世，实为示佛知见，以度脱众生不再轮回为根本，为众生不再经历生老病死忧悲苦恼而努力。是以，佛陀讲述的经法无一不指向这终极目的。所谓的佛法，指的是佛陀传承讲述的离苦得乐之种种解决方法。这种种方法无外乎四种，一种是成佛的方法，一种是成就辟支佛圣果的方法，一种是成就阿罗汉圣果的方法，一种是往返人天不堕恶道的方法。而四大阿含经所记载的佛法，都是后两种。在阿含经中，佛陀开示了茫茫众生之所以会轮回在三界六道，都是由于受外界诱惑而生贪爱，由于无明的覆蔽，不知万有的绝对真相而放纵欲念，从而追求世间万有进而轮回在三界六道之中。因为三界万有无不处在无常变易的自然规律之中，半点也由不得自己，是以带来的只有无穷无尽的烦恼和痛苦。而有情众生要想不再经历轮回，就必须观照世间所有一切的绝对真相，断除所有的无明，彻底铲除所有欲念和贪爱，不再追逐外境，从而止息所有妄念，使得本心回归本来清净的面目，证入到不生不灭寂静清凉的涅槃境界。也只有那涅槃境界，才真正算得上是极乐境界。

佛陀讲经说法，有情大众根据自心根器，一音各解。愿本书能够为有缘读者带来不一样的全新感受，从而找到自己的修学之路，进而登陆自己的理想彼岸。

本套丛书的问世，得力于释迦牟尼如来的大力加持，广大菩萨的慈悲加护，天龙八部的护持，得到了中国宗教文化研究发展中心主任秦和平、《中国宗教》杂志社李嶷、北京天利集团董事长张玉平、宋文明等广大善长仁翁的大力支持，还有那些默默无私奉献在台前幕后为之辛劳付出的善男子、善女人。我也将这弘法利生的无上功德回向给十方法界，祈愿三涂休息、国泰民安，邪见众生回归正道发菩提心，持此功德，愿供六道有缘众生皆安住极乐，不再轮回。

对于阿含诸经的重要性，光亮制颂曰：

学佛不读阿含经，纵然努力也不成。
离苦得乐之正法，无不在那示路径。
就算要去极乐境，不读阿含白费心。
不断世间情与爱，焉能见佛逍遥行。

由于光亮才疏学浅，根基又差，解读佛法难免有不到之处，还望诸山长老高僧大德广大菩萨本着慈悲心肠批评指正，光亮在此谢过并从善如流，虚心接受。

菩萨戒佛弟子光亮于积庆寺金山禅院

(一)

有一段时间，佛陀住在了弥绨罗国庵婆罗园中。当时，有一位刚刚出家的尊者名叫善生，他剃除须发身着袈裟来到了佛陀住处，顶礼佛足之后就坐在了一旁。

佛陀告知在场的比丘们道："善根深厚的善生有两种庄严，一种是相貌端庄天资聪慧奇特稀有，一种是剃除须发身着袈裟，深信世间万有无不无常变易从而生厌离心抛弃世俗之家出家学习解脱之道以期断尽所有烦恼。具足无为之法建立世出世间的般若智慧，使本心从不再受情欲驱使客尘蒙蔽从而断除导致生死轮回的结使得以永尽，建立清净无染的梵行，再也不会在三界轮回。只要比丘能够时时安住在寂灭情欲心安意定之中，除去所有爱欲就能够远离生死苦海沉沦，在最后一世中，就能够抵御魔界的侵扰和诱惑，修正心意断尽所有结使。这样的端正才是世间无与伦比的。"

佛陀开示完毕，在座的比丘们皆大欢喜信受奉行。

(二)

有一天佛陀在数不清的弟子们环绕下讲经说法，当时有一位颜容憔悴无有威德的比丘来到佛陀住所，顶礼佛足之后恭恭敬敬合掌站在一旁。在座的部分比丘见状心生轻贱，佛陀见状说道："你们千万不要轻视这位比丘，他已经圆满了所有修行，断除了所有导致轮回的结使，舍弃了世间所有重担，即身成就了阿罗汉圣果。你们只有具足了我这样的知见，才能够去评价他。如果不具备我这样的知见就去评价的话，就会给自己带来莫大的损害。孔雀虽然美丽，但却不如鹰鹏飞的高远。外形虽然端正，但内心却未必是断除了烦恼，也未必获得了莫大功德。如今这位比丘就好比一匹骏马，已经善于调伏内心所有的行为，断尽了爱欲，灭除了结使，远离了生死，在这一生中就已经摧毁了魔军的侵扰，成就了阿罗汉的圣果。"

佛陀开示完毕，比丘们皆大欢喜信受奉行。

(三)

有一段时间，佛陀住在了王舍城迦兰陀竹林精舍。当时，提婆达多成就了四禅的修持，他想：这摩竭提国谁的势力最大？他又想：阿阇世太子是法定的王位继承人，只要能够降伏他，就可能控制调御整个国家的人民。他想到此处，随即来到阿阇世太子住处变成一匹大象从大门走了进去，又从空中飞了出去，而后又变成一匹骏马从大门走进，从空中飞走。而后又变成一位沙门从大门走进，从空中飞走。又变成一个珠光宝气的小儿忽然出现在阿阇世太子的膝上，阿阇世很是欢喜，就抱起来亲了一口，那口水都流进了小儿的嘴巴。那提婆达多为了贪图阿阇世太子的利养，强忍恶心把那口水吞进了肚里，而后恢复了自己的原身。阿阇世太子见状大喜，心道："这提婆达多的神通力远远超过了世尊"。于是对提婆达多生起了无比的信心，阿阇世太子每日准备了五百大锅的美食供养给提婆达多和他的徒众。

有比丘在化缘的过程中发现了这种状况就回去原原本本告诉了佛陀，佛陀开示道："你们不应当对提婆达多所获得供养生起羡慕之心。为什么呢？提婆达多必定会被利养所伤害。就好比芭蕉生出果实就会死一般。提婆达多愚痴无智，不知义理，未来必将在漫漫轮回长夜中饱受众苦煎熬。对于名闻利养所带来的危害，你们要保持清醒的认知，切莫生起并舍弃这贪求之心。芭蕉结果必死，芦苇竹子依然如此。贪求名闻利养的人，最终都会被名闻利养所伤害。而名闻利养的本身也都不断在无常变易衰减之中。如果从小到大都在贪求名闻利养的话，就会伤害到清净无瑕的善行。就好比是多罗树，只要被斩断，就再也不会复生了。"

比丘们听完佛陀的开示，皆大欢喜信受奉行。

（四）

有一段时间，佛陀住在了舍卫国祇树给孤独园。

有一天，许多比丘去城里化缘，听说释迦族出身的象首比丘在城里急病身亡，于是化完缘后回到佛陀住处顶礼佛足之后坐在一旁就把之前听到的消息告诉了佛陀，并请佛陀开示他的去处和所受果报。

佛陀开示道："悭贪、愚痴和嗔恚这三毒增长的人在身坏命终之后必然会堕入地狱，如今那象首比丘就处在地狱之中。一个人如果生起了不善心念，成就了贪嗔痴三毒，造就了恶行，最终会害惨自己。就好比芭蕉生出了果实一般，结果伤害了自身。如果没有贪嗔痴三毒，那才是真正的大智慧。不伤害自身，这才是殊胜的大丈夫。是以世人应当除断贪嗔痴这心头大患才是。"

佛陀开示完毕，比丘们皆大欢喜信受奉行。

（五）

有一段时间，佛陀住在了舍卫国的祇树给孤独园。

当时，难陀长老身穿华丽好衣，手持上等好钵，沾沾自喜并轻慢其他人等，还到处宣说自己是佛陀的弟弟，佛陀姨妈的儿子。

有人就把这情况原原本本告诉了佛陀，佛陀随之派人把难陀叫到身边问道：“你是不是身穿华丽衣服手持上等钵具自称是佛陀之弟姨母之子贡高我慢，有这事吗？”

难陀回答道：“有这事，世尊。”

佛陀说道：“你不应该有这样的行为，你应当安住在僻静之地，坟墓之间，大树底下，身穿百纳之衣去俗世人家化缘。如果你真是我之弟弟姨母之子就应当具足如是修为。我什么时候才能够见到你乐于艰苦的修行，乐意安处在僻静之地舍弃种种爱欲而参禅入定呢？”

比丘们听完佛陀的开示，皆大欢喜信受奉行。

（六）

有一段时间，佛陀住在舍卫国祇树给孤独园。

一天，难陀尊者来到佛陀住所，顶礼佛足右绕三匝之后坐在了一旁。

佛陀告知在场的比丘们道：“在我座下的弟子当中，善于宣说佛法的人第一当属难陀比丘。而出身豪门之高贵，容颜之端正，第一当属难陀比丘。能够舍弃炽盛的爱欲，第一当属难陀比丘。收心摄意，关闭六根，饮食知足，第一当属难陀比丘。能够在业力精勤修习解脱之道，正念系前，第一当属难陀比丘。为什么这样说呢？因为难陀比丘能够关闭六根，对外景、音声、气味、味道、接触和意念这种种心外客尘毫无挂碍。难陀比丘深知之所以进食，不为滋养色身使之姿色肥美，只为使之不再饥饿而妨碍修习梵行。难陀比丘无论是在初夜，或者是后夜，都能够精勤修行。白天经行，夜里参禅悟道，除去蒙蔽心性的各种障碍。就算是在中夜休息时，都能够右胁而卧，两足相累，心中系念于大光明之中，正心正念而进入到睡眠之中。难陀比丘证得了最上的正念觉悟，就算是面对四面八方时，心意也不曾散乱。对于种种感受，都能够如实观察缘起，对感受的生住异灭都能够明察秋毫。你们作为意欲了脱生死不再轮回而出家修习梵行的比丘，都应该向难陀比丘学习，以他为榜样。如果能够善于摄禁六根使本心不被客尘所染，在在处处时时刻刻都能够心系正念节制饮食，这样的人就属于有智慧的人。善于知悉心念的生住异灭，明白世间万相的本来面目，难陀如是修行是被我所赞叹的。你们也应当如是修学。”

佛陀开示完毕，比丘们皆大欢喜信受奉行。

（七）

有一段时间，佛陀住在了舍卫国祇树给孤独园。

当时，有一位名叫室师的比丘因为是佛陀姑姑的儿子，所以显得贡高我慢，也不懂得尊敬长老比丘和德行较高的比丘，没有惭愧之心，无用之语也特别多，如果遇到比丘劝阻，就心生嗔恚。有比丘把这情况原原本本告诉了佛陀，佛陀随即派人找到室师问明事实并开示道：“如果你真是我姑姑的儿子，就应当对那些长老和有德行的比丘心生恭敬，有惭有愧，尽量保持沉默而不要过多言语。听到不同的意见也应当忍受而不要焦躁。应当坚持修行善业不要心生嗔恚，心中一旦生起嗔恚就是不善。室师你既然在我门下出家修行，就应当断除嗔恚和贡高我慢，广行诸善和修习清净无染的梵行。如果能够这样修行的话，那我就感到非常之庆幸和喜悦了。”

佛陀开示完毕，比丘们皆大欢喜，信受奉行。

（八）

有一段时间，佛陀住在了舍卫国祇树给孤独园。

有一天，毗舍佉比丘在讲堂之上为比丘们讲经说法，他的言辞圆满，具足义理，无有滞碍，能够让听众心悦诚服并有所领悟。在场的比丘们都聚精会神专心致志恭恭敬敬听他的演讲，他的演讲不为名闻利养，义理广博，无有穷尽，能够使在场的听众印象深刻，难以忘怀。

过后，有比丘来到佛陀住所，顶礼佛足之后站在一旁就把毗舍佉比丘讲经说法的事情告诉了佛陀，佛陀随后就派人找来问明情况后说道：“善哉善哉，毗舍佉。你不求名闻利养会集众多比丘在讲堂上为大家讲经说法，言辞圆满，具足一切义理使在场的听者欢欢喜喜，信受奉行。从今往后，你要更多地为大家开示方法，利益方方面面。”

开示到这里，佛陀又告知在场的比丘们道："你们无论在哪里，都要做到两件事，一件事是演说佛法，另外一件事就是无话可说时就应当保持沉默，而不要去说那些与世俗相应的话。你们不要看不起沉默，善于保持沉默的人，能够获得莫大利益。在大庭广众之下，愚蠢的人和智者混聚在一起时，如果没有开口的话，他们就无法知道你的底细。一旦开口，在场的人就即时知道你的根基。所以，你们在大庭广众之下，应当常常为他人开示佛法，致力于佛法的弘扬，树立起佛法的宝幢。那些证得阿罗汉圣果的人，都无不对佛法信受奉行。而其他修习仙人行的人，都无不开口即善。"

佛陀开示完毕，比丘们皆大欢喜，信受奉行。

（九）

有一段时间，佛陀住在了舍卫国祇树给孤独园。

当时，许许多多的比丘齐聚讲堂，都在忙着缝制各自的衣服。当时有一位出家不久的年少比丘虽然与大家坐在一起，却不见他为自己缝制衣服。有比丘在缝制好自己衣服之后来到了佛陀住所，就把那年少比丘的行为告诉了佛陀。佛陀随之问了那位比丘，那年少比丘说道："世尊，我已经根据自己的能力为僧众尽力了。"

佛陀知道了他的心念，随即告诉在场的比丘们道："你们不要以为这位年少比丘无所作为。为什么呢？这位比丘已经圆满了所有修为，断尽了所有烦恼，舍弃了一切重担，获得了正智正念，本心得以解脱，即身成就了阿罗汉圣果。在那涅槃境界之中，始终不会是那些人懈怠无智的人可以成就得了的。就好比是一匹骏马，上等的大丈夫，他们断尽了所有贪爱结使，断尽了所有烦恼，断除了四大执取，寂灭了所有情欲，能够摧毁魔军的侵扰，在这最后一生身坏命终之后，就会证入到不生不灭寂静清凉的涅槃境界。"

佛陀开示完毕，比丘们皆大欢喜，信受奉行。

（一〇）

有一段时间，佛陀住在了舍卫国祇树给孤独园。

有一位名叫长老的比丘一个人占据了一间房子，也到处赞叹独居的好处，就有比丘将这情况反应到了佛陀那里。佛陀派人叫来长老比丘问起情况，长老比丘说道："世尊，我确实是在这世上独来独往，也不喜欢和其他任何人等来往。"

佛陀问道："还有比这更加殊胜的独来独往你知道吗？枯竭欲望的根本。未来的欲望不再生起，当下也不再生起任何欲望，这就是真真正正的修行人。知道这世间本也与我无关，这三界也不是我安身之所，断除所有疑惑和结使，远离种种客尘和情欲对本心的侵扰，灭掉所有烦恼。世间万相，我无不清晰了知。舍弃世间万法，除尽所有贪爱和结使而不再轮回转世。这样的殊胜行为，才算得上是真真正正的独来独往。"

佛陀开示完毕，比丘们皆大欢喜，信受奉行。

（一一）

有一段时间，佛陀住在了舍卫国祇树给孤独园。

长老僧钳云游四方来到了舍卫国祇树给孤独园。他俗家时的夫人听说后把自己打扮得漂漂亮亮带着儿子来到了他的住处说道："儿子还小，依照我的能力要想将他养大成人是非常困难的，只好带到你这里来，你来安排孩子的养育问题吧。"如此连说三遍，尊者依然不作理会，也不曾抬头看他们一眼，只是默默进行经行。

那妇人见状，又说道："你不理我，我也懒得理你。这是你的孩子，自己看着办吧。我走了。"说完，丢下孩子就走了。走到不远处，那妇人见尊者依然在不紧不慢经行，对孩子依然不过问。那妇人心道：看来这沙门已经断除所有爱结，修成了正果，出离了三界六道。她不禁回过头来，跪拜在他的足下，然后把孩子带回了家中。

佛陀以无尽天耳听到了这件事，于是赞叹道："见到俗世之中的亲人出现也不见心生喜悦，见到他们离去也不见忧愁，舍弃了所有的爱欲，算得上是最为殊胜的修行人。来时不喜，去时不忧，远离尘垢，修清净行，才算得上是有智慧的修行人。"

佛陀开示完毕，比丘们皆大欢喜，信受奉行。

（一二）

有一段时间，佛陀住在了王舍城的仙人山中。

有一天，在僻静之地禅修的阿难尊者心生念想道："世尊说世上香料无非是根香、茎香和花香三种。而这三种香只有在顺风的情况下才能够闻到，而在逆风的情况下是闻不到的。”想到此处，阿难尊者站起身来走到佛陀住所，顶礼佛足之后站在一旁就把之前的念想原原本本告诉了佛陀。佛陀开示道：“确实如此。但也有种好香是不论风向都可以闻到的。是什么香呢？如果有人能够受持不杀、不盗、不淫、不欺和不妄语这五戒，那么就能够得到世人乃至诸天的一致赞叹。这种德行所带来的香气是不会受风向所影响的。无论是旃檀，或者是沉香，或者是其他任何植物发出的香气，这些香气的传闻无不受风向所影响。而只有圆满受持戒律所形成的香气，能够遍满十方世界，而不会受到风向的干扰。植物所散发的香气，远远不如戒德之香殊胜，而且是传闻不远，而戒德之香则会传到五湖四海，遍满十方，甚至是殊胜过天上的所有香料。而要想成就戒德之香，就要以不放纵身口意行为使之符合戒律所规定为根本。只要能够安住在不造就烦恼根源的清净梵行上，就能够获得正智正念从而从三界六道中彻底解脱出去而从此以后再也不会轮回了。就算是魔众费尽心机想要找到解脱者，也都无异于痴人说梦。也只有趋向涅槃境界的修行正道，才算得上是真真正正的清净之道。也只有这条修行之道，才能够彻底摆脱三界六道的无尽轮回，从而永驻在不生不灭寂静清凉的涅槃境界之中。”

佛陀开示完毕，比丘们皆大欢喜，信受奉行。

（一三）

有一段时间，佛陀与一千多位比丘云游在摩竭提国。其中包括之前婆罗门教长老级人物后来皈命在佛陀座下并即身成就了阿罗汉圣果修持的优楼频螺迦叶。佛陀带着他们住在了天寺祠的树林中。摩竭提国的国王频婆娑罗王听说佛陀来到了他的国度，很是欢喜，随即带着文武百官和众多眷属在军队的保护下来到佛陀安住的树林外。频婆娑罗王舍弃了车队和身上的饰品，步行来到了佛陀面前，恭恭敬敬双手合十长跪在佛陀面前说道：“世尊，我是摩竭提国国王频婆娑罗王。世尊，我是摩竭提国国王频婆娑罗王。世尊，我是摩竭提国国王频婆娑罗王。”

佛陀回答道：“如是，如是。我知道你是摩竭提国的国王频婆娑罗王。”

频婆娑罗王顶礼佛足之后就站起身来坐在一旁。跟随频婆娑罗王一同来到现场的各界人士先后顶礼佛足之后，按照相应次第各自坐了下来。

大家见到优楼频螺迦叶也坐在佛陀身边，不禁心生疑惑：到底是佛陀是师父呢？还是优楼频螺迦叶是师父呢？佛陀随即知道了他们的心念，于是问优楼频螺迦叶尊者道：“你之前是侍奉火神的，如今为什么要舍弃之前的修行呢？”

优楼频螺迦叶尊者回答道：“我之前修习祭祀火神时，贪着于世间美味，沉迷于五欲之乐，而这些恰恰是蒙蔽心性清净的垢秽。承蒙世尊度化，是以舍弃了之前错误的修行。”

佛陀说道：“我知道你现在不再沉迷于五欲之乐和种种心外诸境，你就把自己的心声说给天上人间有情众生听吧。”

优楼频螺迦叶尊者说道：“我先前甚是愚痴，不知道离苦得乐的真正解决之道，以为祭祀火神和修持苦行就是导致解脱的因。就好比是生来就是眼瞎的盲人，苦苦探索也没能够找到真正的生死轮回解决之道。如今遇到世尊的点化，指示我找到了正知正见和离苦得乐的正法，终于得以全面掌握导致无为涅槃境界的修行方法。世尊为我带来无量无边的大利益，根据我的根性开示与之相应的方法使我终于从三界六道的轮回中解脱了出来。佛陀之所以出现于世，就是为了度脱众生出离生死苦海开示无上真谛，使得有情众生都得以沐浴在佛陀智慧之光中从而证入到不生不灭寂静清凉的涅槃境界。”

佛陀开示道：“如今你已经功德圆满，即身成就了阿罗汉圣果，具足了所有修为。你能够善于思量，分别最为殊胜的法义。你今天就为了使得大众生起深信之心，为大家展现你的神通力吧。”

优楼频螺迦叶尊者遵命，随即进入甚深禅定，身飞虚空，在虚空之中行住坐卧无不自在，在东南西北四大方位的虚空展现身体分别出现水和火，并发出了五颜六色的光芒。优楼频螺迦叶尊者展现完神通之后忽然出现在佛陀面前顶礼佛足，而后恭恭敬敬双手合十说道：“大圣世尊是我的老师，而我是佛陀座下的弟子。”

佛陀说道：“如是，如是。你跟随我修学，是我座下的弟子。你先坐下吧。”

摩竭提国国王频婆娑罗王听完佛陀的开示，生大欢喜，信受奉行。

（一四）

有一段时间，佛陀住在了王舍城迦兰陀竹林精舍。

有一天，佛陀安排陀骠比丘料理僧团事务。按照相应次第应安排弥多求比丘接受他人供养，结果接二连三遇到贫困人家供养的品质极差、粗涩难咽的食物，弥多求比丘非常郁闷，就把这件事情告诉了他的妹妹弥多罗比丘尼，并说道：“请妹妹帮我出一口恶气吧。”

弥多罗比丘尼道："我要如何去做才能够帮到你呢？"

弥多求比丘说道："你就去佛陀面前告陀骠比丘非礼你，我也将出面证实这件事。如此一来，他就会被逐出僧团了。"

弥多罗比丘尼就说道："我不能够去诬陷诽谤一位持戒严谨清净的修行人啊。"

弥多求比丘见状说道："如果你不出面帮我的话，那我就再也不认你这个妹妹了。"

弥多罗比丘尼见他哥哥生气了，赶紧就说道："既然你意志如此坚定，那我就听你的吧。"

弥多求比丘就说道："那好，我先去佛陀那里，你随后就来吧。"

弥多求比丘和弥多罗比丘尼一前一后来到佛陀住所，顶礼佛足之后站在一旁，弥多罗比丘尼说道："世尊，陀骠比丘在我住处非礼我。"

弥多求比丘随即作证道："世尊，情况属实。"

佛陀知而故问陀骠比丘道："你听到了吗？"

陀骠比丘回答道："世尊，您是知道我的。"

佛陀说道："你不应当如是回答我的提问。如果你有做，那就承认，如果没有做，那就否认。"

陀骠比丘就回答道："世尊，我确实是记不起有这种事情的发生。"

罗睺罗比丘就说道："世尊，这证明陀骠比丘确实是跟弥多罗比丘尼做过那种非梵行的事情，就连弥多求比丘都看到并站出来作证了。陀骠比丘这样回答想要做什么呢？"

佛陀问罗睺罗道："假如弥多罗比丘尼诬陷诽谤你时，再加上弥多求比丘来作证，那是不是就可以证明一定是你干的？"

罗睺罗说道："假如我被人诬陷诽谤，也只有佛陀才能够证知我的清白。"

佛陀说道："你尚且知道如此回复，更何况对方戒行清净，无有犯戒。你既然不知道实际情况为什么还要插言呢？"

佛陀随即告知在场的比丘们道："你们为陀骠比丘主持一下，让他仔细回忆一下到底有没有发生过这件事。如果弥多罗比丘尼打妄语的话，就逐出僧团。"

经不住僧团比丘的再三询问，弥多求比丘终于说出实情，是她因为贪嗔痴的缘故而诬陷诽谤了陀骠比丘。而后比丘们把结果禀告了佛陀，佛陀开示道："如果成就了打妄语这一恶行，就会在未来的日子里无恶不作。所以，宁愿生吞烧得通红的铁丸，也不要以破戒之身去接受信众的清净供养。”

佛陀开示完毕，比丘们皆大欢喜信受奉行。

（一五）

有一段时间，佛陀住在王舍城迦兰陀竹林精舍期间，陀骠比丘来到了佛陀住处，顶礼佛足之后站在一旁祈请道：“世尊，我如今想要证入到涅槃境界，惟愿世尊恩准。”如是三请之后佛陀说道：“你想要证入到涅槃境界，我不会阻拦你。”

陀骠比丘随即在佛陀面前升入虚空，在虚空之中演变了种种神通变化之后，随即就在虚空之中进入火光定而灰飞烟灭，无有一点痕迹留在世间。就好比融化的酥油，再也找不到它原来的样子。

佛陀见状随即开示道：“就好比打铁时飞出的火星，飞出之时就消逝得无影无踪，难以捕捉其痕迹。这位比丘已经从三界六道中解脱了出来，不再有一丝一毫的烦恼。在这如同淤泥的三界六道里，再也找不到他的踪迹。”

佛陀开示完毕，比丘们皆大欢喜信受奉行。

（一六）

有一段时间，游化在摩揭陀国的佛陀住在了桃河树林。

有一天，一位放牧的人见到佛陀，他告诉佛陀说树林中有一个名叫鸯魔掘罗的人正在杀人并劝告佛陀不要前往以免被害，佛陀说道：“或许他不会伤害我。”

放牧人劝告再三，佛陀依然如是回答他。佛陀来到树林后，那鸯魔掘罗正在焦躁，忽然见到佛陀向他走来，喜出望外，连忙拔刀冲了上来。佛陀见状，掉头就走，那鸯魔掘罗杀气腾腾奔跑而来，而佛陀却似闲庭信步，神态悠闲。那鸯魔掘罗追得上气不接下气，只好喊道：“站住，沙门。站住，沙门。”

佛陀回应道：“我是站住了，而你却依然还在奔波。”

鸯魔掘罗很是奇怪，随即站住问道：“是您一直在往前走，为什么却说您已经站住了呢？而我如今已经站住了，而您却说我还在奔波。那您说的站住与奔波又是怎么一回事呢？”

佛陀开示道：“我久远以来就舍弃了一切杀害行为，而你却依然在残害众生，广造恶业。正因为如此，我才会说我早已站住，而你依然还在奔波。

我久远以来就停止了以毒害之心去伤害众生的行为，而你依然如故，我行我素。是以我说我早已站住，而你依然还在奔波。我早已远离舍除恼害众生的行为，而你依然还在残害生命，造就未来众苦煎熬的黑暗之业。是以我说我早已站住，而你依然还在奔波。我安乐于正法之中，随心所欲不再放纵自己。而你依然还处在无明之中而不知收敛使心得以安定。是以我说我早已站住，而你依然还在奔波。”

鸯魔掘罗愣了，说道：“我一直以来都没有见到像您一样如此睿智之人，今日指示给我善法。我长久以来都在广造恶业，如今已经确定全部舍弃。听到您的开示，我也决定恒顺善法断除所有恶法。”说到这里，他放下屠刀，连同刀鞘一起扔到了深坑之中。双膝跪倒在地，大礼参拜顶礼佛足，皈命在佛陀座下，决意出家修学解脱之道。佛陀生起大悲之心，为了利益世间有情众生，开口说道：“善来，比丘。”鸯魔掘罗须发自落，袈裟着身，成为佛陀座下的一名比丘。

鸯魔掘罗出家以后，在佛陀的指导下勤加修学，收心摄意，修习清净无染的梵行，即身成就了阿罗汉圣果的修持，断除了所有烦恼，再也不会在这世间投胎转世了。鸯魔掘罗尊者从生死苦海中解脱出来以后不禁感叹道：“我的名字本意是无害，没曾想到伤害了许许多多的人。如今已经功德圆满，出离了三界，不再经历轮回，真真正正成为了不再伤害有情众生的人了。无论是身体，还是言语，或者是意识，都再也不会出现伤害众生的行为了。我在出生时血液涂满了我的身，才被取名为鸯魔掘罗，而后在生死激流中苦苦挣扎，不知所措，所以才会皈命在佛陀座下并受了具足戒。经过勤苦修行之后，成就了宿命通、天眼通和漏尽通的修持，得以全面掌握了佛陀所传承的正法并信受奉行。世间人都是以刀杖皮鞭等等痛苦的手段使之得以调伏，而世尊能够根据当事人的根基说出相应的方法使之舍离世间广大恶法，而不用刀杖等世俗暴力器材和手段，这才是真真正正的调御丈夫。渡河须借助舟桥，造箭必用大火。木匠用刀绳斧正，错误需要借助智慧扶正。如人先前造恶，而后以惭愧之心忏悔业行使其之后再不造业。就如同星空明月，随着云彩的消失而使得光照大千。如人先前行为放纵，而后知错就改，再不放纵，以正智正念远离所有邪知邪见，专心致志收心摄意精勤修行以期早日脱离生死苦海使之不再轮回，就一定能够证入到不生不灭寂静清凉的涅槃境界。我之前造就的恶业本来下场就是堕入地狱饱受煎熬无有穷期，承蒙佛陀的大慈大悲清除我的罪业，才使得我免除了这些恶业。世人都因此而除去了怨结之心而不再恨我。当以清净无染的法眼去忍受世间所有疾苦，而佛陀也说以与世无诤的心态去对世间万法才是最为殊胜的修行。”

（一七）

有一段时间，佛陀住在王舍城迦兰陀竹林精舍期间，有一位比丘在拂晓时去到河里洗澡，洗完澡后站在河边擦拭身体时有一位天人出现在比丘面前说道：“看样子您出家未久，您现在正当盛壮之年，身体强健，为什么不在俗世之中安享五欲之乐呢？却要在这不恰当的时机选择出家？”

比丘回答道：“我现在出家正当其时啊，并非是不到恰当时机啊。”

天人很是惊讶，问道：“为什么这样说呢？”

比丘回答道：“佛世尊说纵情于五欲之乐时，就是佛法隐没之时。五欲虽然快乐，但后患无穷，也是忧悲苦恼集中之地。而佛法的殊妙，当下就可以受用，再无任何烦恼和痛苦纠缠。有所作为，也无需选择良辰吉日，善待当下即可。只要能够种些许功德，就可以获得大果报。”

天人不解，问道：“佛陀为什么会说纵情于五欲之乐时，就是佛法隐没之时呢？”

比丘回答道：“我既年少，出家时间也不是很久，学识也非常之浅薄，自然无法宣讲如来那至真广大的深义。世尊现如今在迦兰陀竹林精舍，你可以亲自去那里请教。”

天人道：“梵天身边的护法诸天威德广大，岂是我这类的小神能够亲近得了的？您不如帮我启禀世尊，如果得到世尊的慈悲应允我才能够如愿拜见他的。”

比丘回答道：“既然你想去拜见世尊，那我就成全你的心愿吧。”

天人回答道：“好啊。那我就跟在您的身后吧。”

比丘来到佛陀住所，顶礼佛足之后站在一旁就把天人所问的问题告诉了佛陀，佛陀随即开示道：“如果认为精神和色身属于真实实有，那么这人就一直辗转轮回在三界六道之中无休止经历生生死死、死死生生。如果能够认识到精神和色身本来就不存在，其本性也是时时刻刻在在处处处在无常变易之中，那么他就是属于发自内心的尊敬佛陀，也只有这样的认知，才能够尽快摆脱三界六道生生死死、死死生生无休止且毫无意义的轮回。”

佛陀问天人道："你理解其中的义理吗？"

天人回答道："我还不是很明白，世尊。"

佛陀又开示道："种种傲慢所带来的只是没完没了的诤论，如果能够灭除种种傲慢，就能够赢得社会各界的一致赞誉和爱戴，也只有灭除种种傲慢，才能使得本心如如不动而不会心随意动。你理解其中的义理吗？"

天人依然还是一脸的迷茫，回答道："世尊，我还是没有搞明白。"

佛陀接着开示道："断除对世间万有所有的贪爱和对色身和精神的错误认知，灭除种种傲慢，不再追随所有的欲念，灭除心中的嗔恚，拔出贪嗔痴这导致轮回的根本毒根。当所有的念想、愿望和爱欲都彻底断尽的话，就能够超越生死苦海而证入到不生不灭寂静清凉的涅槃境界。"

天人回答道："世尊，我懂了，世尊，我懂了。"

比丘们听完佛陀的开示，皆大欢喜，信受奉行。

（一八）

佛陀住在王舍城迦兰陀竹林精舍的一段时间，有一位比丘在凌晨去到河边洗澡，上岸后正在擦干身体时，一位发出光明的天人站在了他面前。那位天人说道："比丘，这是巢窟，夜则冒烟，昼则冒火。有婆罗门见状就打破巢窟并深挖其地，有一位智者告诉他底下有一个乌龟。当婆罗门取出乌龟之后，智者告诉他继续深挖就会发现一条蝮蛇。当把蝮蛇捉走之后智者依然告诉他下面还有肉块。取走肉块之后继续深挖，发现了一只毒虫。当取走毒虫之后，就发现两条地道。顺着地道往前走，就会发现大石块堵住去路。当把石块取走之后就发现有一条龙住在那里。智者就说道，'千万不要惹得那条龙生气'。于是那婆罗门就跪下来顶礼那条龙。比丘，您不要忘记我的这段话。如果您有什么不明白的话，就去请教佛陀吧。对于佛陀的开示，定要信受奉行。为什么呢？我不见这天上人间天魔外道任何人能够深解其中义趣，除了佛陀和他座下的弟子之外。"

比丘来到佛陀面前，顶礼佛足之后站在一旁就把之前天人的话原原本本告诉了佛陀而后问道："世尊，那位天人所说的是什么意思呢？世尊，什么样的巢窟会夜间冒烟白天冒火？那位婆罗门和智者指的是谁呢？深挖指的是什么呢？什么是龟？什么是蝮蛇？什么是肉块？什么是毒虫？两条道指的是什么呢？什么是石块？什么是龙呢？"

佛陀开示道："你要认真聆听，用心思量，我现在就为你解说。所谓的巢窟，指的是人的身体。这身体受之于父母，衣食长养而成为人身。而这身体是在经历生老病死整个过程，最终都会腐烂乃至于败坏的。所谓的夜里冒烟，指的是种种感觉和观念。白昼冒火，指的是广造身口意三业。这里所指的婆罗门，指的是如来座下的声闻弟子。所谓的智者，指的是如来。挖地，指的是精进修行。所谓的乌龟，指的是贪欲、嗔恚、惛沉、掉举和疑惑这五大清净本心的覆盖。所谓的蝮蛇，指的是因嗔恚而造成的恼害。肉块，指的是悭贪所引起的嫉妒。毒虫指的是愚痴。两条道路指的是疑惑。石块指的是傲慢。龙指的是证得阿罗汉圣果的圣者。你从今往后不要去迁怒于那些证得阿罗汉圣果的人。能够如理如法回答这个问题，揭示其中真理的人，也只有佛世尊了。"

佛陀开示完毕，比丘们皆大欢喜，信受奉行。

（一九）

有一段时间，佛陀住在了波罗奈国仙人鹿野苑中。

一天早晨，佛陀去到城里化缘时遇到一位心意散乱的比丘，那比丘见到佛陀心生惭愧，低下头来不敢抬头。佛陀化缘归来坐在法堂之上说道："今天是哪位比丘见到我心生惭愧，不敢抬头？"

那位比丘随即站起身来，整理好身上的袈裟，双手合十说道："世尊，那位心意散乱的比丘就是我。"

佛陀说道："善哉，比丘。见到我能够心生愧意，实属难得。无论是出家人或者是在家人，我座下的弟子都应当如是。在以后的日子里，你将获得无量无边的大利益并安乐其中。"

有一位比丘站起身来赞叹道："比丘化缘意散乱，遇见佛陀心生惭。收心摄意闭六根，赢得佛陀来赞叹。"

（二〇）

有一段时间，佛陀住在了波罗奈国古仙人住处鹿野苑中。一天早晨，佛陀去化缘途中遇到一位比丘在一天祠边心生恶念，欲念缠心，于是佛陀说道："比丘，比丘，你在心田播种的种子极为鄙秽，会导致六根恶露流出，从而使得蚊蝇堆集。”

比丘听到佛陀的开示，知道佛陀知道了他的心事，生大恐怖，吓得汗毛倒竖，赶紧疾跑而去。

佛陀化缘完毕回到住处之后高登法座，而后就把今天看到的事情原原本本告诉了在座的比丘。有一位比丘就站起身来双手合十请教道：“世尊，什么是苦种？什么是鄙秽？什么是恶露？什么是蚊蝇？”

佛陀开示道：“你要认真聆听，用心思量，我现在就为你解说。嗔恚与伤害，就是苦种。纵情五欲之乐，就是鄙秽。心被五蕴六尘所污染而不守戒行，就是恶露。恶露一生，烦恼无有穷尽，无明和憍慢也就愈演愈烈，惭愧之心也就缺失，导致轮回的结使也就了无穷期。这就是所谓的蚊蝇堆集。如果不能够有效摄制六根不使被客尘所染着，就会增长爱欲这苦种，从而导致六根不净。如此一来，就会追随心中欲念和伤害等意念而妄动，就使得心再也没有安乐之时。如果能够参禅入定，成就了宿命通、天眼通和漏尽通的修持，断尽所有烦恼、无明等导致无尽生死轮回的结使，就能够时时刻刻保持在安乐境界之中。只要能够对如来的教诲信受奉行，就能够生起正知正见再也不会在这世间投胎转世，从而证入到涅槃境界安享那寂灭情欲之后的极致安乐。”

佛陀开示完毕，比丘们皆大欢喜信受奉行。

（二一）

有一段时间，佛陀住在了舍卫国祇树给孤独园。

有一天，有一位比丘到城里化缘归来洗完手脚后拿上坐具到树林里一棵大树底下参禅悟道，在禅定的过程中生起了恶不善法，而贪着于五欲之乐。那树神即时知道了比丘的心念，就想提醒比丘不要追随恶念，于是问道：“比丘，比丘，对疮痈要如何对治？”

比丘回答道：“我当治之。”

树林之神又问道：“你的疮痈已经是非常之严重了，那又要如何治疗呢？”

比丘回答道：“我用正智正念去治疗它。”

树林之神很是欢喜，连声赞叹道：“善哉，善哉。这位比丘真是善知疮痈的真相从而能够以正确的方法去对治。”

他们的对话被佛陀即时知晓了，随即开示道：“贪着于世间万有，乃是不正确的意念造成，一旦形成疮痈，就会被蚊蝇所包围。贪欲即是疮痈，感受即是蚊蝇。傲慢依止贪念，从而染着于本心。贪求名闻利养，再加上无明推波助澜，使得不知出离三界。只要内心修习禅定，就能够成就宿命通、天眼通和漏尽通的修持，疮痈也就自然痊愈。如此修为，即等于见到佛陀，从而证入到不生不灭的涅槃境界。”

比丘们听完佛陀的开示，皆大欢喜，信受奉行。

（二二）

有一段时间，佛陀住在了舍卫国祇树给孤独园。

有一天早晨，许多比丘去城里化缘，有一位出家不久的比丘未能够按照圣戒的要求仪轨化缘而被同修比丘呵斥，那位比丘就辩解道：“那些大德长老都能够去到各家各户化缘，为什么不准我这样做呢？”

回到住处，有人就把之前发生的情况原原本本告诉了佛陀，佛陀开示道：“有一群大象去大水池中拔取藕根洗干净后再吃，结果都养得非常肥壮。而那些小象不明就里拔出藕根不洗就吃，结果越来越瘦几近死亡。有些比丘勤加修习清净无染的梵行，虽受之于名闻利养，但却不会被染着，这才是真正的修行者，就好像那些大象一样。而那些新近出家的比丘们未能够懂得其中奥妙，未能够修习清净无染的梵行，在接触名闻利养的过程中就很容易被染着，从而埋下祸根，在以后的日子里就会饱受众苦煎熬。就跟那些小象一样。”

比丘们听完佛陀的开示，皆大欢喜信受奉行。

（二三）

有一段时间，佛陀住在了王舍城的寒林之中。有一天，佛陀如是开示弟子们道：“人生短暂，有生必然有死。应当在有生之年抓紧时间修习梵行。所以，你们不要心生懈怠，应当广修善行，启迪智慧，以期早日了脱生死不再轮回。”

在天宫的魔王波旬听到佛陀如是开示，随即想到：沙门瞿昙在王舍城的寒林为座下的声闻弟子讲经说法，我应当去破坏法会。想到此处，他随即变成一个年轻人出现在佛陀住所，顶礼佛足之后站在一旁说道：“人生寿命极其久远，也没有任何干扰，正好安享五欲之乐，切莫虚度年华，人生在世，哪有死路可言？”

佛陀知道是波旬出现，于是说道：“人生短暂，苦恼无边。理应弃恶，广行十善。了断生死，如救头燃。魔王波旬，切莫捣乱。”

波旬见佛陀识破了他的真相，心生悔恨，即时消失在人间回到了天宫之中。

（二四）

又有一天，佛陀依然是在寒林之中为比丘们开示道：“世间万有无不处在无常变易之中而无一刻宁日，是大家无法依靠的，世间万有也最终都会消失在世间。”

波旬在天宫之中听到佛陀的开示，即时变成一个年轻人站在佛陀旁边说道：“星移斗转，昼夜安然。六道轮回，命永不断。”

佛陀知道是波旬在误导众生，于是说道：“生命有时限，日月也不免。长寿多苦恼，犹如河下陷。是以当出离，安住涅槃间。波旬当自重，切莫来捣乱。”

波旬知道佛陀识破了他的本相，心生悔恨，随即隐去回到了天宫。

（二五）

有一天夜里，住在王舍城迦兰陀竹林精舍的佛陀后夜时分在林中经行，而后在静室内趺跏趺坐。波旬见状即时从天宫隐没变成一个年轻人站在佛陀身旁说道：“我能够变化出无量无边的重重罗网布满整个虚空，你怎么可能从我的境界中逃出去呢？”

佛陀知道是波旬前来捣乱，于是说道：“世间的五欲之乐束缚了愚痴之人使得辗转六道不断轮回。只要能够断除所有爱欲，就能够永尽一切痛苦。我已经断除了所有欲念，意识也不会被五蕴六尘所染着。波旬你也应当知道，我很久之前就已经摧毁欲念制成的种种网了。”

波旬听完佛陀的开示，知道自己的愿望没能达成，非常忧愁苦恼，只好灰头土脸从人间隐去回到了天宫。

（二六）

住在王舍城迦兰陀竹林精舍的佛陀在初夜时分经行之后回到房间，右胁着地两足相累，将心念系住在大光明之中准备休息，波旬见状就即时变成一个年轻人出现在佛陀面前说道：“您为什么要睡觉呢？您为什么要睡觉呢？您为什么要睡觉呢？如今您已经圆满修行就可以证入涅槃，永恒安住在不生不灭的极乐境界之中不是很好吗？或者是等到日上三竿再睡也是极好的啊。”

佛陀知道是天魔波旬前来捣乱，于是说道："爱欲着万有，世间无不在。我已断尽爱，欲网已不再。生死结使尽，轮回再不来。无生无灭中，极乐大自在。波旬空费神，徒自惹悲哀。"

波旬听完佛陀的开示，知道自己的愿望没能达成，非常忧愁苦恼，只好灰头土脸从人间隐去回到了天宫。

（二七）

有一段时间，佛陀住在了王舍城的耆阇崛山中。有一天夜里，天空乌云密布，电闪雷鸣，佛陀在庭院的广场上经行。魔王波旬见状就从山上推下一块大石头想要砸死佛陀，不料那石头居然自然毁坏，碎为微尘。

佛陀说道："波旬，就算是你打坏整座灵鹫山使之如微尘，掀起大海滔天巨浪，甚至是把整个大地都粉碎成碎片，也不可能使如来生起怖畏之相，更不用说要使如来汗毛倒竖，那更是不可能的。"

波旬见佛陀识破了他的诡计，心生惭愧，随即消失在人间回到了天宫之中。

（二八）

有一段时间，住在王舍城耆阇崛山中的佛陀在夜里经行之后回到静室跌跏趺坐，参禅入定。波旬见状就变成一条超级大的蟒蛇，只见那条蟒蛇身体如同一条大船，两只眼睛如同灯笼，吐出的蛇信子发出巨大的声音，呼吸的声音如同雷鸣。那条蟒蛇爬进佛陀所住的静室，把蛇身环绕在佛陀身上，把那头部罩在佛陀头部，想要恐吓佛陀。佛陀知道是波旬前来捣乱，于是说道："我的心已经从世间万有中彻底解脱了出来，安住清净无为的境界之中，如今就像过去诸佛一样跌跏趺坐。毒蛇虽然极其凶猛残暴，形状和貌相也极其可畏，就算是蚊虻和蚤虱，种种让人苦恼的接触，都不能够动我一根汗毛，更何况你那变化的形象？假使虚空爆裂，天地发生大震动，使得其中众生都吓得肝胆俱裂，要想让我生起怖惧，那是绝对不可能发生的事情。就算是毒箭射中我的心脏，我也不会寻求任何救护。然而那区区毒箭，怎么可能射中我呢？"

波旬听了佛陀的话语，心知佛陀已经识破于他，于是心生忧愁悔恨，随即消失在人间回到了天宫。

（二九）

有一段时间，佛陀住在了王舍城曼直林中。一天夜里，佛陀经行完毕去到房中准备休息，那波旬就即时变成一位年轻人出现在佛陀面前说道：“此时此刻为什么要睡觉呢？就好比是喝醉酒的人一样。只有穷人或者是钱财丰厚的人才会如此贪睡。”

佛陀一眼就识破了波旬的伎俩，于是说道：“我并非是无事可做才睡觉，也并非是喝醉酒才去睡。我没有世间钱财的牵挂，所以才能够安稳入眠。我广得法财，才能够高枕无忧。就算是我在睡眠之中，甚至是在呼吸之间，都能够得到无量无边的大利益，而从来就不曾损减过。我就算是在安睡之中，也不会有任何疑虑和畏惧。就算是被毒箭射中心窝被种种痛苦所折磨的人，他也有睡着的时候，更何况我早已拔出毒箭不再经受种种痛苦的折磨，为什么就不能够睡觉呢？”

波旬见佛陀已经识破了他的伎俩，很是郁闷，随即消失在人间回到了天上。

（三〇）

佛陀住在王舍城毗婆波世山七叶窟的那段时间，有一位名叫求慎的比丘在接连经历六次证得阿罗汉圣果六度退失之后很是忧郁，心中发愿说如果第七次证得圣果之后就即时自杀而后证入到涅槃境界，波旬知道了求慎的想法，生怕他出离了魔众境界，就手拿琉璃琴来到佛陀住所，边弹边唱道：“大智大精进，神通无穷尽。万法得自在，微光最炽盛。您座下弟子，将要去自尽。您是世间尊，应当禁他行。为何修佛法，却要趣死径。”

佛陀告知波旬道：“波旬，你是放纵者的亲友，你的说词只是你站在自己的立场上说的而已，并非是为那位比丘而言。修行人如果不怯弱，以坚固不坏的心念精进修行，安住在禅定之中并日夜广行十善。干竭爱欲等诸结使，摧毁了你们这些魔界的干扰，即身成就了阿罗汉圣果，已经证入到了不生不灭寂静清凉的涅槃境界。”

波旬听了很是郁闷，把琉璃琴随手一丢，以愁毒悔恨之心在人间隐没回到了天上。

佛陀告知比丘们道：“我们一起去仙人山找求慎比丘吧。”

当圣众们来到求慎比丘住处，见求慎比丘遗体周围有薄烟环绕，佛陀告知在场的比丘们道："这薄烟就是波旬的隐现，他在找寻求慎比丘身坏命终之后魂神的去处。而求慎比丘神识已经彻底消失，本心已经证入到涅槃境界，在三界之中再也找不到他的去处了。"

波旬再度变化成为一位年轻人站在佛前说道："十方上下，三界之中。遍寻求慎，莫知所终。"

佛陀说道："你不要浪费心机了，他这位勇猛强健的大丈夫已经冲破魔军的围剿，证入到涅槃境界去了。"

佛陀开示完毕，比丘们皆大欢喜，信受奉行。

（三一）

佛陀在优楼比螺聚落尼连禅河菩提树下成佛不久，波旬就想再度尝试去破坏佛陀的修行，于是来到佛陀住处说道："您独处在闲静之地，情欲皆灭保持沉默，身光显耀照亮天地，六根寂定面容祥和，喜欢参禅入定，内心充满对脱离三界的喜悦，好比珍宝失而复得。您能够抛弃世间荣华富贵，也不在意世间名闻利养，为什么就不能够与世人在一起共享五欲之乐呢？"

佛陀回答道："我许久以来就获得了四禅八定，早已心安意定，不再追随欲念而妄动，彻底破坏了你对我的种种干扰，得到了无上的珍宝。我六根寂定心意安然，寂灭情欲心外客尘早已除尽。因为摧毁了无量无边的魔障，出离了生死苦海，了断了生死轮回，所以内心充满了欢喜。独自安住在清闲僻静之地享受那极乐之境，又何必去跟世俗之人结什么亲友呢？"

魔王说道："既然你已经获得了真正之道，安隐快乐地趣向了涅槃境界。那就将无上甚深微妙法牢记于心，自己掌握就可以了，就不要去讲经说法教化世人了。"

佛陀说道："人间不属于魔众的境界，会对我了脱生死不再轮回的无上法义感兴趣，我为世人分别离苦得乐的正法与邪法，使之能够得到真理从而灭尽一切导致轮回的结使。只要心意不随外境而动，能够不放纵身口意的业行，那魔王眷属的诱惑与干扰就不能够奏效。"

魔王波旬听完佛陀的开示，很是郁闷，随即说道："就好比是汉白玉堆成的山，其色泽虽然形同脂膏，鸟类不明就里争先恐后飞来啄食，结果是徒劳无功还把嘴弄伤了。而我今天也跟那些鸟类一样，不但没有达到目的，还在这里丢人现眼。"

魔王说完，心中悔恨愈发浓烈，找到一处空地蹲在那里用箭在地上划来划去，思量如何对付佛陀。波旬有三个女儿，一个名叫极爱，一个名叫悦彼，一个名叫适意。她们见到父亲愁眉苦脸，于是问道："父王是欲界最尊贵的人，为什么会愁眉苦脸忧愁万端的呢？我们当为父王分忧，用我们的美丽编织成一张无形的大网，任何人都难逃我们三姐妹编织的爱网，我们去把他俘虏过来献给父王，使父王能够得到自在。"

魔王波旬回答道："那人已经断除了对世间万有所有的欲望，你们用爱欲去牵制他是徒劳无功的。他如今已经超越了魔界的范围，再也不受我们控制了，所以，我才会如此闷闷不乐。"

魔王的三个女儿相互看视一眼就告别父王，走到一旁耳语一番，就一起来到佛陀面前行完顶足礼站在一旁异口同声地说道："我们前来供养世尊，并愿意尽其一生心甘情愿侍奉佛陀。"

早已断除欲爱的佛陀连头都没有抬一下，更不用说看她们一眼了。魔女们连说三遍，佛陀都没有搭理她们。美女们一计不成，又施展神力变化成六百位女人，老、中、青、幼、肥、瘦，婚前婚后各个阶层的女人都有。这些女人都扭扭捏捏去到佛陀面前说道："世尊，我们今天前来供养世尊，并愿意在有生之年侍奉在左右。"佛陀依然保持沉默。如此再三，都是如此。魔女们的诡计依然未能奏效，于是退到一边商议道："看来他已经断除所有爱欲并从三界六道的无尽轮回中解脱了出来。要不然的话，他见到我们就会心智狂乱，狂吐鲜血或者是心力衰竭而死。我们不如去跟问一些问题刁难他。"

主意一定，魔女极爱就问道："您端坐于树下，闲静独思惟。是谋失去财？或是求大财？名闻和利养，您都无爱心。何不与世人来往做亲友？"

佛陀开口说道："我已得到世间最为珍贵的财富，心中情欲早已寂灭。我摧毁了所有爱欲，对心外之境都不再贪着。如今在这清静之地参禅入定，享受世间第一快乐。也因为这些因缘，我自然不会去与世人结什么亲友来往。"

魔女适意问道："比丘要将心意安住在何处，才能够超度六道轮回？要修行什么禅定才能够证入到不生不灭寂静清凉的涅槃境界从而不再被世间万有所束缚？"

佛陀开示道："意念柔软获得了真正的快乐，本心不再追随与妄念从而获得了解脱。心远离所有的业行，意念也不再妄动，制心一处致力于三界六道轮回的出离而不再热衷于五欲之乐，断除所有不正的思惟，远离嗔恚、贪爱和掉举。如果能够将心意安住在此处，就能够超度生死而不再轮回。如果能够如是禅修，就能够断除所有欲望与结缚，从而证入到不生不灭寂静清凉的涅槃境界，不再被世间万有所束缚。”

魔女悦彼说道：“您已经断除了贪爱和结使，远离了众生所在的三界六道。而我们这些欲望无穷无尽的众生要想度过生死激流证入到彼岸那是何其之难。只有具足大智慧的人，才能够做到如此之难的事情。”

佛陀开示道：“只要能够对如来所传承离苦得乐的正确方法信受奉行，精进修习，就能够拔出苦海，度脱六道。也只有这样，才能够赢得智者们的欢欣鼓舞。”

魔王的三个女儿没能够达成心愿，只好灰溜溜地回到波旬身边，波旬早已知道了结果，见到她们气不打一处来，呵斥道：“你们三个非常愚蠢，简直就是自不量力。就好比是闪电照亮修行大精进的人，好比微风吹拂兜罗，好比用双手就想破坏大山，牙齿想要咬破铁丸，一根藕丝就想吊起泰山，拿网就想抓住风，拿根竹竿就想把月亮捅下虚空，用手就想把大海之水舀干，期待欲望能够枯竭一样。佛陀已经远离和出离一切执着和染着，就凭你们的小小世智辩聪就想去跟他辩论？这下子丢人现眼了吧？”

魔王波旬很是忧愁悔恨，随即消失在人间回到了天上。

（三二）

有一段时间，住在王舍城灵鹫山的佛陀与比丘们在一起赞叹导向涅槃境界的修行方法时，被魔王波旬知道了，他随即变成一百人出现在佛陀面前，这一百人中有五十人相貌非常庄严端正，而另外五十人是奇丑无比。比丘们都心生惊怪，佛陀知道是波旬前来捣乱，于是告知波旬道：“你在长劫轮回以来，摄受这样的肉身数不胜数，不可计算。你这样做的结果是什么呢？你要如何才能够度过生死苦海呢？如有众生喜欢并执着于男女形象，那你这样的变化或许是能够取悦于他们。而我的心里都没有男女外相的差别，你作出这样的变化给我看又有什么意义呢？”

波旬一听，非常忧郁，即时恢复原形消失在人间回到了天上。

比丘们听完佛陀的开示，皆大欢喜，信受奉行。

（三三）

有一段时间，佛陀在舍卫国祇树给孤独园给比丘们开示道：“一个人如果能够持之以恒坚持七大修行，未来就必得帝释天之位。现任帝释天天主在人间时就在有生之年修行这七大修为。一是孝顺父母，二是恭敬尊长，三是言语柔软从不挑拨离间，四是乐善好施无有悭贪，五是有生之年都不曾说过任何形式的虚假之言，六是终其一生都不曾欺骗任何一个人，七是尽其一生都不起嗔恚之心，就算是心生嫌弃和忿恨，都能够在尽快时间内及时消灭。在他身坏命终之后生到了三十三天，就被三十三天的天人们推举为诸天之王而成为忉利天之天主。”

佛陀开示完毕，比丘们皆大欢喜信受奉行。

（三四）

有一段时间，佛陀住在毗舍离猕猴彼岸大讲堂中，有一位名叫摩诃离的小伙子来到了佛陀住所，顶礼佛足之后站在一旁请教道：“世尊，您见过忉利天天主释提桓因吗？”

佛陀回答道：“我见过啊。”

摩诃离说道：“世尊，有些夜叉鬼的长相跟释提桓因很相似，您会不会认错了呢？”

佛陀说道：“不会啊，释提桓因我认得他，跟释提桓因长相近似的夜叉鬼王我也认识他。对于释提桓因过去世所作所为我也一清二楚啊。释提桓因在过去世中修行这七大修为。一是孝顺父母，二是恭敬尊长，三是言语柔软从不挑拨离间，四是乐善好施无有悭贪，五是有生之年都不曾说过任何形式的虚假之言，六是终其一生都不曾欺骗任何一个人，七是尽其一生都不起嗔恚之心，就算是心生嫌弃和忿恨，都能够在尽快时间内及时消灭。在他身坏命终之后生到了三十三天，就被三十三天的天人们推举为诸天之王而成为忉利天之天主。”

佛陀开示完毕，比丘们皆大欢喜信受奉行。

（三五）

有一段时间，佛陀住在了舍卫国祇树给孤独园。有一位比丘来到佛陀住所，顶礼佛足之后站在一旁请教道：“世尊，忉利天天主为什么名叫帝释？他为什么会成为帝释？”

佛陀开示道：“帝释天王过去世在人间时，他都以清净无染的信心广行布施给社会上有需要的人，只要他有的，世人只要一开口就能够尽量满足对方的需求。因为这个因缘，他在身命终结之后生到了忉利天被天人们推举为天主，并称呼为帝释。”

比丘又问道：“世尊，那他为什么又被称之为富兰但那呢？”

佛陀开示道：“那是因为他过去世在人间时能够竭尽全力广行布施的缘故，从而被诸天称之为富兰但那。”

比丘再度请教道：“世尊，那他为什么又被人称呼为摩佉婆呢？”

佛陀开示道：“他在这之前的前一世是婆罗门教徒，名叫摩佉婆。”

比丘又问道：“他为什么又被称之为婆娑婆呢？”

佛陀开示道：“他在人间时经常拿出最好的衣服去布施供养婆罗门教的出家人和在家人。所以，他才会被世人称之为婆娑婆。”

比丘再度问道：“世尊，那他为什么又被称之为憍尸迦呢？”

佛陀开示道：“他在人间时，属于憍尸迦家族，所以又被称之为憍尸迦。”

比丘又请教道：“世尊，那他为什么又被称之为舍脂夫呢？”

佛陀开示道：“因为他的妻子是毗摩质多罗阿修罗王的女儿舍脂。所以才会被如此称呼。”

比丘又问道：“那他为什么又被人们称之为千眼呢？”

佛陀开示道：“因为他在人间时非常之聪明，能够在非常短暂的时间里判断一千件事。所以，被人们称之为千眼。”

比丘又问道：“那他为什么又被称之为因陀罗呢？”

佛陀开示道：“那是因为他高举天王之位，主理忉利天天上大小事务。所以，才会被称之为因陀罗。”

佛陀又告知在场的比丘们道：“正因为释提桓因具足上述因缘，诸天才会尊称他为帝释。”

佛陀开示完毕，比丘们皆大欢喜信受奉行。

（三六）

有一段时间，佛在舍卫国祇树给孤独园中开示弟子们道：“有一位个子甚小相貌丑陋身形又黑的夜叉鬼坐在了帝释天天主的王位上，被忉利天的天人们看见都非常生气，纷纷出言辱骂于他。没曾想，随着天人们的嗔恚心越来越严重，辱骂越来越厉害，而那夜叉鬼的身材居然会越来越高大，肤色也越来越好。天人们见到此情此景感到非常奇怪，于是就跑去找释提桓因，释提桓因随即回到王座跟前，偏袒右肩手持香炉说道：‘大仙，我是帝释。我是帝释。’释提桓因连说三遍，那夜叉鬼身形就越来越小，最后消失得无影无踪。

“释提桓因坐回王位后告知诸天道：‘从今往后，你们千万不要心生嗔恚，尤其是当恶缘现前时，更不要生起嗔恚之心。如果被人欺凌，切莫以牙还牙。对于来侵害你的人，应当以慈悲之心去面对对方。对于那些既没有嗔恚之心，也没有伤害之意的人，应当经常去亲近他们。这些人即是圣贤，或者是贤圣的弟子。那些嗔恚之心非常重的人，最终会被嗔恚所障碍而害惨。对于心生嗔恚之后能够及时发觉并收敛甚至是自制，那才是真正的善法，就如同制住烈马一般。’”

佛陀开示到这里，又语重心长地告诫在场的比丘们道：“帝释高居天王之位，纵情声色，留恋美境，都能够如是制约嗔恚之心，还在在处处赞叹那些能够制止嗔恨之心使之不会发作的人。更何况你们这些弃舍世俗之家剃除须发身着袈裟修学解脱之道的比丘们，更应该自行禁止嗔恚之心的生起和发作，更要在在处处时时刻刻赞叹那些能够远离嗔恚的人。比丘们，身为出家人的你们，就应当如是修学。”

比丘们听完佛陀的开示，生大欢喜，信受奉行。

（三七）

有一段时间，住在舍卫国祇树给孤独园的佛陀化缘完毕之后在树林中一棵大树底下禅定的时候以无尽天耳听到了耆陀精舍中有两位比丘因为僧团事务意见不统一而发生了纷诤。有一位比丘就以沉默应对，另外一位在那里暴跳如雷。那位脾气暴躁的比丘心情平复之后发现了自己的过错，于是就来找另外一位比丘忏悔。而那位保持沉默的比丘不接受他的忏悔，在僵持不下中，在场的比丘们也都发生了争执，情势变得越发不可控。

佛陀随即站起身来回到法堂坐好之后就把之前耆陀精舍所发生的事情告知了在场的比丘们，就有比丘站起身来告知佛陀道：“世尊，之所以会吵闹，都是另外一位比丘不接受他人忏悔才引起的。”

佛陀开示道："那比丘为什么如此愚痴到不接受他人的忏悔呢？想当初忉利天天主释提桓因在善法堂时跟天众们也如是说：火上加油反而有可能烧伤自己的手，嗔恚心的生起还会烧掉已有的善根。我就自始至终不会动怒，就算是嗔恚心生起也很快就会烟消云散，绝不像激流漩涡的水一样没完没了。嗔恚之心虽然生起，但也不要说出粗鲁的话语，更不要触及对方的心痛。对于对方的种种痛处，我自始至终都不会去伤害。只要能够调伏内心的嗔恚，就能够使得自己获得大利益。既没有嗔恚也没有伤害之心的人，那就是贤圣，或者是贤圣的弟子之类了。对于这类人群，应当经常予以亲近。那些嗔恚之心非常之重的人，所遇到的障碍就好比是重重叠叠的大山。如果制伏自己内心生起的嗔恚，就如同降伏烈马一样，这就是大善之业了。"

佛陀开示到这里，又语重心长地告诫在场的比丘们道："帝释高居天王之位，纵情声色，留恋美境，都能够如是制约嗔恚之心，还在在处处赞叹那些能够制止嗔恨之心使之不会发作的人。更何况你们这些弃舍世俗之家剃除须发身着袈裟修学解脱之道的比丘们，更应该自行禁止嗔恚之心的生起和发作，更要在在处处时时刻刻赞叹那些能够远离嗔恚的人。比丘们，身为出家人的你们，就应当如是修学。"

比丘们听完佛陀的开示，生大欢喜，信受奉行。

（三八）

在舍卫国祇树给孤独园的佛陀有一天如是告知在场的比丘们道："有一次阿修罗界和忉利天将要发动一场战争，释提桓因告知毗摩质多罗阿修罗王道：'我们这次战争不要再用老一套了，换个新的方式吧。我看这样吧，我们来以辩论的输赢决胜负。如何？'

"阿修罗王道：'憍尸迦，我们的胜负谁来主持呢？'

"释提桓因道：'在我们的眷属之中，也有许许多多的智者，智慧辩才都是不错的，就让他们来为我们俩的辩论作主持吧。'

"阿修罗王道：'那好吧，帝释你先说吧。'

"释提桓因说道：'我虽然能说，但你是客人，理应先说。'

"阿修罗王随即说道：'如今我已经见到忍受的过错，那些愚痴之人以为忍一时就能够免去许许多多的忧愁。以我之见，那些人是因为恐惧才会有如此行为，

并以为只要能够忍受一切自己就是最大的赢家。'

"释提桓因随即说道：'不要说他们是因为怖畏才会去忍受一切，只要能够利益到自己那才是真真正正的胜利者。而世间所有财宝以及种种名闻利养，都不可能胜过能够忍受一切羞辱之人所获得的大利益。'

"阿修罗王又说道：'愚痴之人是没有智慧的，要想降伏他们就得用暴力。就好比牛，必须套上枷锁才能够安全驾驭它。对待那些愚痴之人，就必须借助刀杖等暴力手段才能够使之降伏。'

"释提桓因说道：'以我之见，要想制伏愚痴之人，就必须用沉默和忍受才是最佳方法。对待那些嗔恚之心非常严重的，只有通过忍受才能够使得他们自己慢慢止息。对于那些既没有嗔恚之心，也没有伤害之意的人，应当经常去亲近他们。这些人即是圣贤，或者是贤圣的弟子。那些嗔恚之心非常重的人，最终会被嗔恚所障碍而害惨。对于心生嗔恚之后能够及时发觉并收敛甚至是自制，那才是真正的善法，就如同制住烈马一般。'

"忉利天诸天和阿修罗众听完两位王者的对话，都一直认为阿修罗王是以斗诤为根本，而释提桓因则是以息事宁人心无怨恨为根本。于是一致裁定阿修罗王输，释提桓因赢得了这场辩论。"

佛陀开示到这里，又语重心长地告诫在场的比丘们道："释提桓因贵为三十三天自在之主，居然一直都在修习忍辱并赞叹修习忍受之法。你们贵为出家人，也应当忍受世间一切羞辱并赞叹宣扬修习忍辱所获得的利益，称赞出离俗世之家修习生死轮回解脱之道所获得的大利益。"

比丘们听完佛陀的开示，生大欢喜，信受奉行。

（三九）

住在舍卫国祇树给孤独园的佛陀有一天在法会上告知比丘们道：

"有一次天界与阿修罗界发生了战争，释提桓因在作战争动员令时说道：'如果我们赢得了这场争斗，就把阿修罗王五花大绑带到天宫。'阿修罗王毗摩质多罗也在动员部众时说道：'如果我们赢得了这场战争，就把释提桓因五花大绑押回王宫。'结果是天界赢得了这场战争，阿修罗王被天兵天将五花大绑押到了天宫。

"阿修罗王很不服气，见到释提桓因就以恶毒之言破口大骂，释提桓因既不恼怒，也不生气，默不作声地看着阿修罗王的恼怒。他的使者摩得伽很是不平，

说道：‘天主，您是担心力量不够强大而深感怖畏吗？那阿修罗王如此羞辱于您，您居然都可以如此忍受？’

“释提桓因说道：‘我并非是因为势力不如他而怖畏什么，因为我的智慧远远胜过他才会如此去忍受他。愚蠢的人见识短浅，常常被爱欲驱使而斗诤不止。如果我以武力去禁止制伏他，那跟愚痴的人有什么区别？’

“摩得伽又说道：‘放纵愚痴之人的行为，只会令他变本加厉。对待那些愚痴之人，就应当像对待牛一样，给它套上枷锁之后才会俯首帖耳的。’

“释提桓因说道：‘以我之见，制服那些愚痴之人，最好的方法就是忍耐与沉默。那些愚痴之人自以为孔武有力，到处耀武扬威，而真实情况是徒有其表虚张声势罢了。愚痴之人不识善恶，做事情没有底线毫无顾忌。而我深知善恶标准，能够容忍那些愚痴顽劣之人。而这种忍耐才是世间第一忍，也是忍中第一大善。有些人之所以忍受，那是因为自己的势力不及对方强大而不得不忍，而这种忍就属于怖畏忍。而我如今有大威德而统率三十三天并四天王天以下所有境界，面对他的诋毁谩骂我无动于衷不予理会，这才是真正殊胜的忍受。因为实力不及对方强大而忍受，这不算是修行忍辱。那些愚痴无智的人，在伤害对方的时候不见回应，便以为自己已经胜过了他人，这种行为其实恰恰最是愚蠢的。贤圣和智者，都以修行忍辱为第一要务。是以，一切贤圣以及徒众，在在处处都在赞叹修行忍辱的功德。不光是为了自己，也为他人灭除了灾难与怖畏。见到他人嗔恚心起，暴跳如雷，自己就默不作声忍人之所不能忍。如此一来，对方的嗔恚之心自然熄灭，不需要劳烦刀杖与武力，彼此之间也都得到了大利益。那些愚痴无智之人认为忍辱的人胆怯，而这种人则被一切贤圣和智者所赞叹。忍受胜过自己的人，那是因为怖畏而担心被伤害的缘故。如果跟实力相当的人斗诤，则会担心两败俱伤故而忍受，如果能够忍受方方面面都远远不如自己的人的羞辱，这种忍辱才是最为高尚的。’”

佛陀开示到这里，又语重心长地告诫在场的比丘们道：“释提桓因贵为三十三天自在之主，居然一直都在修习忍辱并赞叹修习忍受之法。你们贵为出家人，也应当忍受世间一切羞辱并赞叹宣扬修习忍辱所获得的利益，称赞出离俗世之家修习生死轮回解脱之道所获得的大利益。”

比丘们听完佛陀的开示，生大欢喜，信受奉行。

（四〇）

住在舍卫国祇树给孤独园的佛陀有一天告知在场的比丘们道："有一天忉利天天主释提桓因在准备出去游玩的时候走到毗禅延堂门口向东恭恭敬敬双手合十，他的车夫摩德利见状心生恐惧，连手中的马鞭都吓得坠落在地。释提桓因很是不解，随即问道，'是什么事情把你吓成这样？'

"摩德利说道：'天主，我见到您恭恭敬敬双手合十面向东方，所以才会吓成这样。世间一切众生，无不对您恭恭敬敬，而这三十三天以及所有大地，无不臣属于您。三十三天和四天王天所有天主和天人，无不礼敬于您。在这世间，谁的威德还能够超过得了您？居然能够令得您面向东方恭恭敬敬双手合十！'

"释提桓因说道：'你说的没错。忉利天以下所有众生无不臣服于我，恭敬礼敬于我。但这世间之中，还有一位令三界所有众生都共同尊敬的人，这人就是佛陀。我如今面向东方恭敬合十，就是在礼敬佛陀。只有他才是世间最为尊贵的人，如今我已皈命在他座下，心生敬信，所以才会如此恭敬礼拜。'

"摩德利说道：'既然如此，我也跟随您礼敬佛陀这位世间最为殊胜的人吧。'

"说完之后，摩德利也面向东方恭恭敬敬双手合十礼敬佛陀之后，才驾着宝车和释提桓因以及天众出去游玩。"

说到这里，佛陀开示道："贵为三十三天自在之主的释提桓因尚且如此礼拜于佛陀，而你们剃除须发出家修学解脱之道的比丘，更应当恭敬于佛陀，这才是出家人应当具足的法则。"

比丘们听完佛陀的开示，生大欢喜，信受奉行。

（四一）

住在舍卫国祇树给孤独园的佛陀有一天告知在场的比丘们道："有一天忉利天天主释提桓因在准备出去游玩的时候走到毗禅延堂门口向西恭恭敬敬双手合十，他的车夫摩德利见状心生恐惧，吓得连手中的马鞭都坠落在地。释提桓因很是不解，随即问道，'是什么事情把你吓成这样？'

"摩德利说道：'天主，我见到您恭恭敬敬双手合十面向西方，所以才会吓成这样。世间一切众生，无不对您恭恭敬敬，而这三十三天以及所有大地，无不臣属于您。三十三天和四天王天所有天主和天人，无不礼敬于您。在这世间，谁

的威德还能够超过得了您？居然能够令得您面向西方恭恭敬敬双手合十！’

“释提桓因说道：‘你说的没错。忉利天以下所有众生无不臣服于我，恭敬礼敬于我。而我如今所恭敬礼敬的是离苦得乐的正法和圣戒。有些出家人修行不放纵，常常安住在禅定之中，修习最上清净的梵行，舍弃了贪嗔痴三大毒根，能够从三界六道中的无休止轮回中解脱出来。那些证得阿罗汉圣果的圣人们，远离于世间种种爱欲，灭除了无明所带来的黑暗，断除了导致轮回的所有结使。还有那些在家的佛弟子们，他们广行十善，不作十恶。如是等正法之子，都是我敬礼的对象。’

“摩德利说道：‘既然如此，我也跟随您礼敬离苦得乐的正法和圣戒吧。’

“说完之后，摩德利也面向西方恭恭敬敬双手合十礼敬正法之后，才驾着宝车和释提桓因以及天众出去游玩。”

说到这里，佛陀开示道：“贵为三十三天自在之主的释提桓因尚且如此礼拜于正法，而你们剃除须发出家修学解脱之道的比丘，更应当恭敬于正法，这才是出家人应当具足的法则。”

比丘们听完佛陀的开示，生大欢喜，信受奉行。

（四二）

住在舍卫国祇树给孤独园的佛陀有一天告知在场的比丘们道：“有一天忉利天天主释提桓因在准备出去游玩的时候走到毗禅延堂门口向西恭恭敬敬双手合十，他的车夫摩德利见状心生恐惧，吓得连手中的马鞭都坠落在地。释提桓因很是不解，随即问道，‘是什么事情把你吓成这样？’

“摩德利说道：‘天主，我见到您恭恭敬敬双手合十面向西方，所以才会吓成这样。世间一切众生，无不对您恭恭敬敬，而这三十三天以及所有大地，无不臣属于您。三十三天和四天王天所有天主和天人，无不礼敬于您。在这世间，谁的威德还能够超过得了您？居然能够令得您面向西方恭恭敬敬双手合十！’

“释提桓因说道：‘你说的没错。忉利天以下所有众生无不臣服于我，恭敬礼敬于我。而我如今所恭敬礼敬的是皈命在佛陀座下的比丘僧。’

“摩德利问道：‘人身被脓血粪汗等等不洁之物充满，就跟那荒郊野外的死尸一般令人生厌。就那臭皮囊还经常被饥渴忧患等痛苦折磨，您为什么要羡慕那些无家可归的人呢？又为什么要去恭恭敬敬礼敬这些人呢？他们又有什么威仪和

德行值得您如此之尊重呢？愿您为我详细解说，我将洗耳恭听。'

"释提桓因说道：'正因为他们不被俗世之家所困扰而显得处处无家，所以我才会如此羡慕他们。他们既无俗事干扰，也无财产挂碍，所以显得悠游自在，以四海为家。他们之所以化缘进食，只为生命存留用来修行而已。他们善于护持佛陀制定的禁戒，善于演说殊胜微妙的佛法，勇猛强健无有胆怯，所作所为无不符合贤圣的威仪规则。天界虽好，还时不时跟阿修罗界发生战诤。世俗之人更是如此，为了蝇头小利尚且以死相搏。我所尊敬的这些人，他们都远离所有刀杖，恒修慈悲喜舍四无量心，所有导致轮回的恶不善法，都能够彻底远离舍弃。世人所爱的世间万有，他们都能够做到心无挂碍，彻底放下。我如今所礼敬的这些人，都远离了世间一切过错。所以，摩德利，你应当知晓这些事情。'

"摩德利说道：'您所礼敬的确实是世间最为殊胜的人，我也当追随于您恭敬礼敬他们。'

"说完之后，摩德利也面向西方恭恭敬敬双手合十礼敬之后，才驾着宝车和释提桓因以及天众出去游玩。"

说到这里，佛陀开示道："贵为三十三天自在之主的释提桓因尚且如此礼拜比丘僧，而你们剃除须发出家修学解脱之道的比丘，更应当相互尊重，这才是出家人应当具足的法则。"

比丘们听完佛陀的开示，生大欢喜，信受奉行。

（四三）

住在舍卫国祇树给孤独园的佛陀有一天如是开示弟子们道："有一天阿修罗界集合部队准备与忉利天的天人们大战一场，忉利天天主释提桓因得知情报后随即安排须毗罗天子回去做好相关准备，须毗罗天子应承之后回到王宫，沉迷于五欲之乐而忘记了释提桓因的安排。释提桓因得知阿修罗的部队已经出城，赶紧又召来须毗罗天子要求他做好准备，须毗罗天子应允之后回到王宫后又沉迷于五欲之乐而忘记了释提桓因的安排。当释提桓因得知阿修罗的部队已经打到须弥山山腰来了，而须毗罗天子依然不见踪影，释提桓因赶紧又派人找来他，叫他赶紧率领手下部队前去迎战，须毗罗天子说道，'如果有清闲无事之地，惟愿天主赏赐于我。'

"释提桓因说道：'如果真有那么好的地方，就请你带我一起去吧。'

“须毗罗天子说道：‘天主，我今天是非常懒散懈怠，确实是不想去，虽然知道阿修罗的部队已经打上门来了，但我被天女们的载歌载舞搞得乐在其中而懒得动弹了，惟愿天主满足我的愿望不要让我再去了。’

“释提桓因说道：‘你整日里被无量之多的天女们围绕着而沉迷在五欲之乐中。既有如此懈怠堕落之处，那就请你也带我一起去吧。’

“须毗罗天子说道：‘天主，没有什么大事情就不要派我去啦，就让我远离那些痛苦去享受那无极之乐吧。’

“释提桓因说道：‘你须毗罗也真是，我也想和你一起共享太平。你有没有见过不劳而获的？如果真有这等好事，那你就赶紧去追随吧。如果你真的厌烦俗务喜欢清闲，那就应当迅速证入到涅槃境界去，只有那里才是整日里无所事事，处在不生不灭寂静清凉的极乐境界而不用再轮回。’

“听到这话，须毗罗天子赶紧回去率领手下军队出城与阿修罗的部队打了起来，不一时就把阿修罗的军队打得落花流水丢盔弃甲狼狈逃窜回到了自己的境地。”

佛陀开示到这里，告知比丘们道：“释提桓因贵为三十三天自在之主，都精勤不已，赞叹精进，更何况你们这些出家人。你们以坚固不坏的信心出离俗世之家，身穿袈裟，就应当精进修行，赞叹精进，也只有这样，才算得上是出家人应当遵循的法则。”

佛陀开示完毕，比丘们皆大欢喜，信受奉行。

（四四）

有一天，住在舍卫国祇树给孤独园的佛陀如是开示弟子们道：“在过去，离村庄不远的一处森林里，有许许多多修仙人行的出家人住在那里。

“有一天，阿修罗王毗摩质多罗和天界打了起来。当时，阿修罗王头戴天冠，手拿拂尘，华盖遮顶，腰悬宝剑，脚穿宝靴，穿戴种种饰物来到了仙人们的住处。这位阿修罗王不从大门进入，居然穿墙越壁，也不跟各位仙人打个招呼，就那样旁若无人地走了。有一位仙人就抗议道：‘毗摩质多罗的人怎么会那么没有礼貌呢？为什么就不跟我们打个招呼就从墙壁之中消失了呢？’有一位仙人就说道：‘如果阿修罗王非常有礼貌的话，那他就一定会赢得这场战争。’有一位仙人就问道：‘这阿修罗王是谁啊？’有人就回答道：‘他是毗摩质多阿修罗王。’有一位仙人就说道：‘阿修罗界的众生知见短浅，无有教养，缺乏尊敬之心，就好像那些懵懂无知的农夫一般。这场战争天界将赢得胜利，而阿修罗界就将输得一

塌糊涂。’

“说话间，释提桓因随后赶到，他见到仙人们就恭恭敬敬取下身上饰物从大门进去跟各位仙人问候已毕之后又从大门退出。有仙人就问道：‘刚才那位容颜端正的是谁啊？他来了之后不光是从大门走了进来，还恭恭敬敬问候之后才又离去，怎么会那么有礼貌呢？’

“有仙人就说道：‘刚才来的那位就是忉利天天主释提桓因。’

“有一位仙人说道：‘看来诸天的人都能够恭敬恒顺世间礼节，举止有度，我们祝愿诸天必胜，阿修罗必输无疑。’

“阿修罗王听说仙人们的诅咒，大发雷霆，仙人们随即来到阿修罗王身边说道：‘我们听说你大发雷霆，故不请自来，是想让我们不要有畏惧，你也不要生气，我们如果有过错，你就指出来吧。’

“阿修罗王非常生气，随即说道：‘我怎么可能轻饶得了你们？你们诅咒我而去讨好帝释天，你们还有脸来找我让我宽恕你们？待会儿我就会让你们感到害怕恐惧。’

“仙人们说道：‘世人自作自受，行善得善报，行恶得恶报。就好比是种瓜得瓜种豆得豆。如今你播种了苦种，将来就一定会收成苦果。我们来找你化解恩怨，而你居然还想让我们感到害怕恐惧。从今往后，你当恐怖畏惧无穷无尽。’这些仙人说完之后，就身飞虚空而去。

“就在接着的几个晚上，阿修罗王都梦见与忉利天发生了战争，生起了大恐惧。果不其然，就在第四天，释提桓因带兵杀到，阿修罗王仓皇迎战，结果一败涂地。释提桓因得胜之后来到了仙人住处，他自西向东，仙人们坐东向西相对坐好。东风仙人就说道：‘我出家已久，狐臭非常严重。而您正当风口，不如去到南边坐吧。这样的气息，诸位天人是非常不喜欢的。’

“释提桓因回答道：‘采集许许多多的鲜花编制成花鬘带在了身上，闻到的是许多种类的香气，怎么可能让人心生厌离？诸位仙人出得世俗之家修行，散发的气味就如同花鬘，我今愿意带在身上而永远也不会生厌离心。’”

佛陀告知在场的比丘们道：“释提桓因高居三十三天自在之主，都能够以恭敬至诚之心礼敬出家人。你们身为比丘，以坚固不坏的信念而出家修习梵行，也应当相互恭敬和尊重。”

比丘们听完佛陀的开示，皆大欢喜信受奉行。

（四五）

一天晚上半夜时分，忉利天天主释提桓因来到舍卫国祇树给孤独园佛陀住所，他身体发出的光使得整座精舍亮如白昼。释提桓因顶礼佛足之后坐在一旁说道：“世尊，要如何才能够睡得很安稳，要去掉什么才能够无忧愁，要除掉什么才能够赢得您的赞叹？惟愿世尊为我解说。”

佛陀开示道：“灭除了嗔恚能够使人睡得非常安稳，也使人不再有忧愁。除去嗔恚这个大毒根，这个道理你是知道的。嗔恚之心的生起能够摧坏一切美善，只有灭除了嗔恚才能够赢得贤圣的赞叹。”

释提桓因听了佛陀的开示，心生欢喜，再一次顶礼佛足右绕三匝，而后回到了天上。

（四六）

有一段时间，佛陀住在了舍卫国祇树给孤独园。

有一天，佛陀如是开示比丘们道：“每月的初八，四大天王会派遣使者巡视天下体察民情。每个月的十四日，四大天王会分别派遣各自太子巡视天下，每个月的十五日，四大天王会亲自巡视天下。

“他们巡视的主要内容是：一是了解世人有没有孝敬父母，二是了解世人有没有敬顺师长，三是了解世人有没有侍奉出家人或者是在家修行人，四是了解世人有没有广行十善，或者是广造十恶。到了十五日夜间，四大天王就会亲自去到三十三天善法堂把所调查了解到的情况如实禀告三十三天自在之主释提桓因。如果释提桓因听到世人多有不孝父母，不敬师长，不供养出家人或者是在家修行人，甚至少有持戒人的状况时，释提桓因和忉利天的天人们就惨然不乐，都一致认为长期下去就会使得阿修罗界的势力越来越大，天界的势力也就越来越弱。如果听到世人孝敬父母、尊重师长，供养出家人或者是在家修行人乃至能够广行十善等情况时，释提桓因和诸天就会皆大欢喜，都会异口同声道：‘世人修行善事真是太好了。如此一来，我们天界的势力就会越来越大，阿修罗界的势力也就越来越弱。’释提桓因还说道，‘每月的初八、十四和十五，以及每年的一月、五月、九月这三月中，如果能够受持清净戒律，世人就能够生到天上，所获得的功德和我一样。’”

佛陀告知比丘们道："释提桓因的说法并不究竟。为什么呢？

"这话应该是属于证得阿罗汉圣果的圣人说的：'每月的初八、十四和十五，以及每年的一月、五月、九月这三月中，如果能够受持清净戒律，这人就能够从三界六道无尽轮回中解脱出来，所获得的功德和我一样。'也只有这个说法，才是最正确的，也才是究竟圆满的善说。"

佛陀开示完毕，比丘们皆大欢喜，信受奉行。

（四七）

有一天，住在舍卫国祇树给孤独园的佛陀如是开示弟子们道：

"有一次质多阿修罗王重病缠身，释提桓因前去看望他。阿修罗王就说道：'愿您使我身体健康如初。'释提桓因就说道：'如果你教会我阿修罗的变化之术，我就使你身体健康如同往常。'阿修罗王就说道：'我得跟其他人商议一下，他们同意才可以这样做。'阿修罗王随即跟其他阿修罗商议这件事，其中有一位虚伪的阿修罗说道：'一直以来释提桓因都非常正直，做任何事情从来不耍手段。你可以这样告诉释提桓因，你要学阿修罗界的变化之术也可以，不过将来一定会堕入卢楼地狱。释提桓因一听肯定就会放弃，而您的健康也就自然不在话下。'阿修罗王随即告诉释提桓因道：'你要学阿修罗界的变化之术也是可以的，不过你要准备去到卢楼地狱中被烧煮长达一劫的时间。'释提桓因一听，连连摆手说道：'那算了，那算了，我不需要你们的变化之术了。'随即咒愿道：'愿你病好如初。'"

佛陀开示道："释提桓因，贵为三十三天自在之主，尚且不曲意逢迎巧取豪夺，为人正直。更何况你们这些剃除须发出家修习梵行的比丘呢？难道还不如他么？而行事正直质朴，才是出家人应当具足的法则。"

比丘们听完佛陀的开示，皆大欢喜信受奉行。

（四八）

有一天夜里，忉利天天主释提桓因来到舍卫国祇树给孤独园佛陀住所，顶礼佛足之后坐在一旁洗耳恭听佛陀的开示，在将要回去时恭请佛陀为他授了一戒。那一戒就是：我回到王宫之后，就算是身处怨憎会之时，也不会去伤害他们。

阿修罗王毗摩质多罗听说后，就手持利剑在释提桓因回去必经之路等候杀他。释提桓因远远望见阿修罗王站在路边，就说道：“打住，打住。你不要作茧自缚。”

阿修罗王笑道：“我听说你在佛陀那里加持一戒，说是你回去之后就算是怨憎会时也不会伤害对方。所以，我才在这里等候要来杀你。”

阿修罗王话音刚落，身上顿时被五花大绑起来，他大惊道：“难道你没有受那一戒？”

释提桓因回答道：“我虽然已经受那一戒，但还是不影响绑缚你。这绑缚也不是我强加于你的，是你自己招惹过来的。”

阿修罗王祈请道：“憍尸迦放我。”

释提桓因说道：“那你就诅咒发誓，从此以后不要再来伤害怨恨我，我就放了你。”

阿修罗王说道：“我如果再有贪欲嗔恚和妄语这样的行为去诽谤贤圣，那么我将自食其果，遭受恶报。”

释提桓因听了，就说道：“我放你回去吧。”

话音刚落，阿修罗王的绳索顿时不知所踪，阿修罗王也就怅然回到了自己的宫殿。

待阿修罗王走后，释提桓因又折回佛陀住处，把刚才所发生的情况原原本本告诉了佛陀，而后又问道：“世尊，那阿修罗王立这誓言之后还会作恶吗？”

佛陀开示道：“就算是他不立誓，也不会再作恶了，更何况立誓之后呢？”

释提桓因听完佛陀的开示，非常之欢喜，随即从座位上消失回到了天宫。

（四九）

在舍卫国祇树给孤独园的佛陀有一天如是开示比丘们道：

“有一次忉利天和阿修罗发生了战争，这一次是阿修罗大获全胜，而忉利天输得一塌糊涂。释提桓因见大事不妙，赶紧起驾想要回到宫殿。在半路上，见到大路边的苦娑罗树上有金翅鸟的鸟巢，于是吩咐车夫摩德利赶紧回头，不要再往前走，以免伤害了金翅鸟的卵，并说道：‘宁愿自己丢命，也不要伤及无辜。’摩德利赶紧调转马头朝阿修罗的军队迎头冲了上去。阿修罗众见释提桓因又冲了上来，以为援军已至，吓得赶紧往回跑，诸天趁势再度掩杀过去，把阿修罗的军队赶回到了各自的境地。”

佛陀开示比丘们道："释提桓因高居天王之位，在轮回中都能够修习慈悲之心。你们身为出家人，更应当如是修学。"

比丘们听完佛陀的开示，皆大欢喜信受奉行。

（五〇）

一天夜里，忉利天天主释提桓因与拔利婆娄支阿修罗来到舍卫国祇树给孤独园佛陀住所，他们俩身体发出的光照得整座精舍亮如白昼。他们顶礼佛足之后坐在了一旁，拔利婆娄支阿修罗说道："如果一个人精进努力的话，一切所求无不满愿，只要能够求得真正的义理，就能够安安稳稳享受种种快乐。"

释提桓因说道："如果一个人精进努力的话，一切所求无不满愿。而要想事业获得成功，修习忍辱那是最重要的。"

释提桓因请教道："世尊，我们两个所说，谁的话最有道理呢？"

佛陀说道："你们两个的话都有道理，也都符合义理，你们现在听我说吧。一切众生皆为利益而奔波，都在追随心中的欲念。如果能够同心同德去实现一个目标，那么他们的精勤努力就一定能够成功。而事业的成功路上必须要修习忍辱，否则就一定会功亏一篑。所以，世人应当修习忍受世间所有的一切。"

释提桓因和拔利婆娄支阿修罗听完佛陀的开示，生大欢喜，顶礼佛足右绕三匝随即消失在人间回到了各自的宫殿。

（五一）

佛陀住在王舍城迦兰陀竹林精舍期间，有一位穷人对佛法僧三宝建立了清净的信心，能够清净持戒，也在抽时间读诵佛经，还能够在能力许可的范围内进行布施。由于这些因缘，他在人间身坏命终之后往生到了忉利天胜妙善处。他生到天上之后具足了三大特征，第一是音容相貌比其他天人优胜，第二是名声比其他天人优胜，第三是寿命比其他天人长远。其他天人见到如此状况，都恭恭敬敬去释提桓因住所把这情况汇报给他。释提桓因说道："这位天人的情况我很清楚，他在人间时虽然穷困潦倒，但对佛法僧三宝建立了清净信心，能够受持圣戒，也能够在能力范围内尽可能修习布施。因为这些功德，他在人间身坏命终之后就生到了这天上。如果能够对佛法僧三宝生起清净的信心，信念坚固不随外境而转动，兢兢业业受持圣戒而不违反，这样的人就不是真真正正的穷人，而属于有大智慧寿命极其长远的人。因为恭敬没有比这更加殊胜的佛法僧三宝的缘故，就会生到天上安享最为殊胜的快乐。所以，你们应当如是修学。”

诸位天人听完释提桓因的开示，生大欢喜，信受奉行，礼敬之后就各自回到宫中。

（五二）

有一段时间，佛陀住在了王舍城的耆阇崛山中。当时，王舍城有九十六种外道，都在不同场地主办有精舍。他们座下的皈依弟子都在尽心竭力供养各自皈依的教派。忉利天天主释提桓因见大众心生邪见，佛僧在世却不知供养，错过福田。如此一来，其结果肯定是不善的。于是他变成一位相貌庄严的老婆罗门，坐的是当时最为尊贵的白车，拉车的是白马，在许许多多年轻人的簇拥下招摇过市。王舍城的人们见到如此高贵华丽的车队，于是都停下步来观望这位婆罗门要去哪里修习供养，然后他们也跟着一起去。释提桓因知道了他们的心念，于是调转车头就往灵鹫山出发。来到山下，释提桓因走下车来，去掉身上的饰品，脱下鞋子，步行来到佛陀住处，顶礼佛足之后坐在一旁说道：“大转法轮的无上圣王，能度有情众生渡过苦海登陆涅槃彼岸，再也没有任何怨憎和恐怖，是以我前来礼拜于您。我想请教的是，世人想要培植福报的话，应当在哪些领域布施？又想精进求福，就应当生起清净的信心与恭敬，今生今世广修布施，来生才能够获得更大的善报。在什么样的福田中，布施少少的就能够获得大大的果报呢？”

佛陀开示道：“四双八辈的圣者和成就佛果的如来，功德之力甚深无比，胜过大海之水。这才是真实不虚的优胜者。如来座下的比丘们能够在长夜轮回的大黑暗中点燃智慧之灯，常常为有缘众生讲述离苦得乐的方法并指明修行之道。如来座下的比丘们，就是世间的僧伽福田。只要能够在这福田之中播下少许种子，就能够获得无量无边的大利益。只要在这福田之中修习布施，才算得上是有智慧的布施体现。焚烧物品用以祭祀诸天，那是徒劳无功于事无补的。如果能够在福田之中作少许功德，未来就会获得莫大福利。帝释，你应当知道，只有这福田，才是世间最为优良的福田。就算是能够布施僧众一人，后世之中都会获得至大果报。此事是应时而说，是如来所宣说，是具足无量无边功德的佛陀所说，如来也在多种场合赞叹那些皈命在座下的那些僧众的功德。在所有的供养活动中，最为无上的每个月僧众福田。就算是播种少许善根，都会获得无量无边的福报。是以那些善根深厚的人们，应当尽可能布施供养那些僧众。而能够对佛法信受奉行的人，就是如来座下的僧众。就好比茫茫大海之中，奇珍异宝取之不尽用之不竭。而如来座下的僧众也是如此，他们具足了无量功德之宝。如果能够布施供养僧宝，就是善根深厚的大丈夫。已经对僧宝以欢喜之心建立起坚固不坏的信心，再以清净之心布施，就应当知道这人在古往今来都是非常之欢喜的。因为法喜充满的缘故，就能够超度三大恶道，除去所有尘垢，远离烦恼毒箭。能够以清净之心亲自布施，不光是为自身带来莫大利益，同时也给对方带来大利益。能够亲力亲为地布施，这就是世间最为明智的人。建立了坚固不坏的信心并使身口意三业清净，就能够证入到涅槃境界。而世间真真正正的极乐境界，也只有有大智慧的人才能够成功登陆。"

帝释天听完佛陀的开示，生大欢喜，随即消失在人间回到了天宫之中。帝释天刚走，王舍城的一位长者婆罗门就站起身来，露出右肩，右膝跪在地上，双手合十恭恭敬敬说道："惟愿世尊和比丘僧明天中午到我家中接受我真诚的供养。"

佛陀沉默不语，答应了长者的祈请。

长者见佛陀接受了他的祈请，很是欢喜，顶礼佛足之后就回到家中安排全府上下所有人等准备明天的供养大会。到了第二天早晨，佛陀和圣众穿好袈裟手持钵具在长者派来的使者带领下去到了他的家中，大家按照相应次第坐好后，长者亲自呈上净水侍候佛陀洗手，再呈上早已备好的美味佳肴供养佛陀与僧众。待佛陀和圣众们吃完饭漱完口洗完手之后，大家都坐在佛前以无比敬仰的心情洗耳恭听佛陀的讲经说法。

佛陀首先赞叹了长者的布施，而后开示道："在婆罗门教所有的典籍记载中，火供是最好的。而其他教派的典籍中，婆比室的经典是最好的。在世人之中，国王的地位是最高的。在所有的水域中，海洋无疑是最大的。在所有的星辰中，月光是最亮的。在所有的光明中，太阳是最为第一的。而在十方世界所有有情众生之中，佛陀是最为尊贵的。"

佛陀接着为王舍城的人开示了微妙甚深的佛法，使得当时的人们生大欢喜心。而后佛陀就站起身来，回到了耆阇崛山中。

（五三）

有一段时间，佛陀在拘萨罗国云游教化众生，后来安住在舍卫国祇树给孤独园。波斯匿王听说后就来到佛陀住所，顶礼佛足之后坐在一旁说道："世尊，我听说您出家之后不久就成就了无上正等正觉的修持，这是您的原话呢？还是人间误传的呢？如果是误传，那些人是不是有讥嫌诋毁和讽刺的成分在里面呢？”

佛陀说道：“这话是真实不虚的，确实是出自我口，也是如法如律的。人间的传言也是真实不虚的，并没有夸大其词或者是有讥嫌诋毁之意。”

波斯匿王又说道：“我听到这些话依然不信。为什么呢？自古以来有许许多多的修行人穷其一生的修行都不敢自称证得无上正等正觉，比如说富兰那迦葉、末伽梨俱赊梨子、删阇耶毗罗邸子、阿阇多翅舍钦婆罗、迦据多迦栴延、尼乾陀阇提弗多罗这些长老大德，他们都不敢自称自己证得无上正等正觉，而您年纪轻轻，出家才六年时间，就敢宣称自己证得无上正等正觉。您觉得这个说法妥当吗？”

佛陀开示道：“世间有四种现象是不可轻视的，一是王子虽小，不可轻视。二是龙子虽小，也不可轻视。三是火星虽小，也不可轻视。四是比丘虽小，更不可轻视。王子年龄虽小，将来有可能继承王位。一旦继承王位，曾冒犯他的人就有可能面对惨烈后果了。小龙王身形虽小，却能大能小，兴云布雨，无所不能。假如冒犯他的话，极有可能失去生命。火星虽小，假如因缘具足的话就会燃起熊熊大火，如果再遇到狂风，就能够使得整座森林都化为灰烬。要想防护生命不受损伤，就不应当轻视小小火星。星星之火可以燎原即是。如果对戒行清净的比丘报以粗口和辱骂的话，就会祸及自身和子孙，在未来世中都会遭受惨恶报应。是以应当对自心生起的种种意念以及口业和身行都要严密防范，切莫辱骂和轻视比丘。”

波斯匿王听完佛陀的开示，吓得胆战心惊，寒毛倒竖，随即站起身来露出右肩恭恭敬敬双手合十对佛陀忏悔道：“世尊，我今日确实是有罪，言语唐突，冒犯了世尊。就好比是狂妄无知的婴孩，所作所为实属不善。惟愿世尊怜悯我的无知，接受我的忏悔吧。”

佛陀说道：“我怜愍你的无知，接受你的忏悔。”

波斯匿王见佛陀接受了他的忏悔，心大欢喜，顶礼佛足右绕三匝之后就告辞而去。

（五四）

有一段时间，佛陀住在了舍卫国祇树给孤独园。

波斯匿王秉性仁孝，母亲去世后悲痛欲绝，久久难以平复。把母亲遗体火化建塔供养起来之后回家洗完澡就在中午来到了佛陀住所，顶礼佛足之后坐在了一旁。佛陀见他浑身湿漉漉的就问道："大王从哪里来？为什么搞得浑身湿漉漉的呢？"

波斯匿王回答道："世尊，我的慈母前些日子驾崩了，我上午护送慈母遗体到郊外，火化之后把舍利放在塔里就回去洗了个澡，然后就急匆匆过来拜见世尊。"

佛陀问道："大王，你爱你的母亲吗？"

波斯匿王回答道："我对我母亲恭敬敬仰之心甚是浓烈，假如有人要用我的全部财产和地位去换回我母亲的生命，我都毫不迟疑，绝无悔恨。但佛陀也说过，一切有生命的众生，最终都会身命终结。"

佛陀开示道："确实如此，有生就必定有死。六道之中四类生灵，无有不死者。文武百官黎民百姓婆罗门等，无有不死。贵为人王，威力自在，一方尊贵，也难逃身坏命终之结局。转轮圣王，统摄四大天下，七宝具足，也难逃一死。那些归隐于山林喝清泉食山果成就了五种神通力的仙人们也都是如此。四天王天、忉利天、夜摩天乃至于三界诸天的天人们尽管享尽世间五欲之乐，身光显耀，宫殿豪华，寿命极其久远，也都有身命终结的那一天。那些证得阿罗汉圣果的比丘们舍弃了所有重担，除尽了所有导致轮回的结使，本心从三界六道的轮回中解脱出来得到了大自在，得到了真正的大利益，即身成就所有修行。尽管如此，他们的身体也会生命终结。那些证得辟支佛圣果的缘觉们独来独往，常在清闲僻静之地安住，他们也会身命终结。那些成就了无上正等正觉的诸佛，具足了世间独有的十大威力，独有四大无畏和四大无碍，能够讲经说法普度众生，而他们的色身也都归于无常，也有灰飞烟灭的一天。"

佛陀接着开示道："我今天为大王开示了有生必有死的自然规律，总而言之，只要有生，就必然有死。这规律不以个人意志而转移。而在这生死之间，都随着自己所作所为形成的业力摄受新的色身和环境去接受善恶果报。修福者往生到天上，造恶者到地狱。修习解脱之道的人了断生死不再轮回，永恒安住在涅槃境界之中。无论是虚空之中，还是山林岩石海洋之中，没有任何一类众生能够免得了死亡的结局。就算是贵为世间最尊贵的佛陀，还有那些证得辟支佛圣果的缘觉，已经发愿成佛的菩萨和佛陀座下的声闻弟子，其色身都免不了要经历衰老、病变和死亡，更何况那些愚痴无知的凡夫？"

佛陀开示完毕，波斯匿王心开意解，一扫愁容，满面欢喜，告辞而去。

佛陀开示完毕，比丘们皆大欢喜，信受奉行。

（五五）

有一天，波斯匿王来到舍卫国祇树给孤独园拜见佛陀，行完顶足礼之后就说明了来意，他说：“世尊，我刚才在静坐的时候忽然心生此念，作为人，到底是什么样的行为是爱护自己？什么样的行为是伤害自己呢？如果是身口意广行十善，那么就是爱护自己。如果是广造诸恶的话，那就是伤害自己。世尊，您认为这个观念是不是正确的呢？”

佛陀开示道：“大王，确实如此，你的观念是正确的。为什么呢？有些人虽有怨仇想要造恶，但未必就能够尽快实施。但如果是自己造就恶业，那带来的毁害是难以估量的。是以，如果一个人广造恶业，那就不是爱护自己。

“有人为了一己之私而做出杀害、盗取和邪淫等恶行，那就不是为了自己。有些广行十善的人心想：如果我舍弃了世间荣华富贵，远离了六亲眷属就不是爱护自己。而他的这个观念是错误的，这行为实际上是真真正正的爱护自己。为什么呢？荣华富贵虽好，却处在无常变易之中，总有一天会变得一无所有。六亲眷属虽亲，恩彻心髓，但随着岁月的流逝也会逐渐远去，更何况在经历衰老、病变和死亡的过程中他们也无法以身相代。是以，要自己广行十善，才能够拔济苦海，这才是真真正正的爱护自己。一个懂得爱护自己的人，绝对不会去伤害其他有情众生。因为不曾造就恶行，所以，他生活得无忧无虑，非常幸福快乐。一个人真正懂得爱护自己，就应当广修十大善业，也只有这样，才能够迅速地获得种种快乐。想要爱护自己，就应当自爱。就好比人到了蛮荒之地就有可能遇到许许多多的盗贼，在这种状况下就应当保护隐藏好自己的财物。一旦被盗贼伤害，那就悔之不及了。”

佛陀开示完毕，比丘们皆大欢喜信受奉行。

（五六）

又有一天，波斯匿王在清静之地闲坐时忽然心生念想：要怎么样才能够保护好自己呢？做了什么是无论如何保护不了自己呢？他又想到：广行十善就是保护自己，广造恶业就是置身险境不能够保护自己。他想到此处，随即来到舍卫国祇树给孤独园佛陀住所，顶礼佛足之后坐在一旁就把之前的念想如是告诉了佛陀。

佛陀开示道："大王，确实如此。就算是有大量的军队围绕在自己的周围以保护自身的安全，也未必是能够保护得了的。这也不是保护自己的正确方法。为什么呢？因为真正的保护是从内心开始的。如果一个人广行十善，就算是没有武装部队的保护也是安全的。而内心的保护要远远比外在的保护有效许多。一个人想要保护自己，就应当时时刻刻在在处处防护自己的身口意，不使造就恶行，而要广修善法，具足惭愧之心。如果不能够对身口意进行有效的防护，那么邪知邪见和惛沉就会覆蔽所有善法，从而不增不减追随于恶魔。如此一来，后果就非常严重了，这就是毁伤自己。是以，世人应当对身口意三大方面严防死守，勤修禅定和智慧，常常忆念佛陀的教导。如此一来，无论在哪里都是安全的。"

比丘们听完佛陀的开示，皆大欢喜，信受奉行。

（五七）

有一天，波斯匿王在清静之地闲坐时心生念想到：在这世界之中，鲜有世人在得到富贵钱财之后不穷奢极欲不去伤害有情众生的。在这世上绝大多数人都是一旦富贵之后都会心高气傲，飞扬跋扈，目中无人，放纵于声色之间，迷恋于五欲之中，伤害到许许多多的众生。波斯匿王想到此处，就站起身来去到舍卫国祇树给孤独园佛陀住处，顶礼佛足之后坐在一旁就把之前的念想原原本本告诉了佛陀。

佛陀开示道："大王，正如你刚才所说，世间中人一旦富贵之后就会穷奢极欲，纵情于声色犬马五欲之乐中而不知节制。这样的愚人也将在未来的日子里福报大为损减，身坏命终之后必入地狱。就好比网中之鱼，在劫难逃，只好任由渔夫们宰割而无还手之力。这些愚痴之人，一旦心动于五蕴六尘，就即时堕入魔网再也身不由己，只好任由恶魔任意宰割了。纵情于世俗中事，荒迷于五欲之乐，不知道心陷其中所将要面临的惨重后果，就好像鱼鳖被密密的网所捕获一样。一旦形成业力，那就要遭受极大的苦恼所带来的煎熬了。"

佛陀开示完毕，比丘们皆大欢喜，信受奉行。

（五八）

有一天，波斯匿王坐在闲静之地沉思时突然想到：在这世上很少有人能够做到在荣登高位之后不憍慢、不放纵自己的情欲、不嗜好五欲之乐、不去恼害众生的。更多的人是一旦荣登高位之后就憍慢无状、放纵情欲、嗜好五欲之乐和恼害众生。想到此处，波斯匿王就站起身来去到佛陀住所，顶礼佛足之后坐在一旁就把之前的念想原原本本告诉了佛陀。

佛陀开示道："大王，确实如此。就好比猎人通过种种方法把鹿群赶到陷阱之中，然后那鹿群就任由猎人们猎取了。这些愚痴之人一旦得势，就会为所欲为，飞扬跋扈，憍慢无礼，纵情于五欲之乐中，给广大众生带来了莫大的痛苦。这些愚痴之人心陷魔界陷阱，从而任由魔王眷属摆布，后世之中就会在地狱之中饱受众苦煎熬。纵情耽逸于名闻利养之事业，荒迷嗜好于五欲之乐，不知道迷失在这其中的惨烈后果，就好比身陷陷阱的鹿群一样，随时都有可能饱受种种痛苦的折磨。而广造恶业的人，所面临的惨烈痛苦报应是更加之难以煎熬，到时候再悔恨已经是来不及了。而广行善业的人所获得果报是微妙殊胜的，就算是在临终之时也是欢悦的，后世之中也不会有一丝一毫的悔恨。"

佛陀开示完毕，比丘们皆大欢喜，信受奉行。

（五九）

有一天，波斯匿王来到舍卫国祇树给孤独园佛陀住所，顶礼佛足之后坐在一旁说道："世尊，有一位名叫摩诃南的长者家财真是巨富啊。"

佛陀问道："是怎么样的巨富法呢？"

波斯匿王道："那位长者家的金银珠宝数以千万亿乃至不可估量，更不用说其他方面资产的估量了。尽管如此，他却是出了名的一毛不拔，吃的是粗茶淡饭，就连煮汤都舍不得多放一点油盐和调料，放一丁点生姜即可，甚至是把那没有吃完的生姜收集起来晒干后去卖钱。穿的是粗布烂衣，出门坐的车都是破旧得不得了的朽车，车上顶盖一定是树叶。从来就没有见过他布施任何财物给任何人。吃饭时还紧闭大门，生怕他人前来化缘行乞。"

佛陀开示道："如此之人，并非是善根深厚的人。为什么这样说呢？因为得到财富却不懂得享用，也不能够孝养父母，养育妻子，也不愿意赏赐给手下奴婢，也不见布施给任何人，也不见培植上等福业以期未来生天。这类人就好比是卤地，虽有少许水，却因苦咸而不能够利益众生。世间之中那些愚痴之人也是如此，有得财富不能够正确使用，不光是自身得不到快乐，也没能够让父母、妻子、眷属、奴婢仆从乃至于亲朋好友都没能够沾光受益。财宝虽丰，又能够带来什么利益呢？”

佛陀接着开示道：“大王，那些善根深厚的人得到财富之后，不光是能够给自己带来快乐，同时也孝养父母，滋养妻室儿女及其眷属，乃至奴婢仆从、亲朋好友、出家人、在家修行人、乞丐等等都能够得到实惠。这样的善人所得到的财宝，算得上是真正上等之业，未来也能够生到天上去安享快乐。这类人的聚财，成就了大善。就好比村庄周围的清净湖水，为生活在周边的一切都得以繁衍生息。这类人的善于理财，不光是今生今世带来了快乐，也为身坏命终之后生到天上去而成就了大善。就好比碱卤之地的水碱苦不可饮用，而后只好慢慢干枯直到消失。那些愚痴之人也是如此，虽广有财宝而不能够享用，也不能够利益到他人，这样的人就属于愚痴之人。而那些善根深厚的有钱人，能够广为布施，利益到方方面面的人。就好比清净湖水，使周边的动植物都能够因此而受益。这样的人就属于智者，就好比是大牛王，生前快快乐乐，死后生到天上去之后是更加之快乐。”

佛陀开示完毕，比丘们皆大欢喜信受奉行。

（六〇）

有一天上午，波斯匿王风尘仆仆来到舍卫国祇树给孤独园佛陀住所，顶礼佛足之后就坐在一旁。佛陀问道：“你浑身冒汗，灰头土面来到这里，又是为何？”

波斯匿王回答道：“世尊，本国巨富摩诃南昨天去世了。按照法律规定，因为他没有后人继承他的遗产，所以他的家财全被收归国有。我上午去清点他的财产，忙了整整一个上午，到刚才才忙完，所以才如此大汗淋漓来到世尊您这里。”

波斯匿王请教道：“世尊，那摩诃南为什么会有那么多的金银珠宝却不知道享用，过的日子甚至是还不如那些一无所有的人，为什么会这样呢？”

佛陀开示道：“这摩诃南在过去世中曾在多伽罗瑟辟支佛处布施了一钵饭。他当时布施的时候不是以恭敬心布施，不是亲手布施，也不是以信仰之心布施，而是把饭食直接投掷过去。当他布施之后又心生悔意，想到，我为什么要把这饭食给这光头沙门呢？还不如给我的奴仆吃呢。而后身坏命终之后投生在舍卫国第一富豪之家，尽管如此，由于他布施时心有悔意，形成的业力导致他不喜欢穿好的衣服，不喜欢美食，也不喜欢好车好马。大王，那摩诃南在过去世中为了钱财，谋杀了同父异母的弟弟，因为这个因缘而导致他曾在地狱饱受众苦煎熬。如今他布施的福业已经耗尽，现在大叫唤地狱里遭受大罪。”

波斯匿王问道：“世尊，此时此刻的他现在在大叫唤地狱？”

佛陀回答道：“确实如此。”

波斯匿王不禁老泪纵横，他整理好衣服，露出右肩，合掌说道：“一切财富与眷属，甚至是连肉身都要舍去，一分一毫也带不到另外一个世界去。世尊，什么样的东西才能够如影随形在人的左右而永远不离不弃呢？”

佛陀开示道：“善业和恶业如影随形在人的左右，无论投生在哪一道，都是不离不弃的。如果福业不够，轮回之路也就越来越艰难。恶业随身的人是不可能轮回到善处的。而福业丰厚的人在轮回之路是非常之安乐的，无论投生在哪里，都是大善之地。就好比背井离乡很久的人能够平安到家，那喜悦之心是无以言表的，亲朋好友也都会非常高兴。那些勤修福业的人在在处处都会有大福报迎接他，就好像久别重逢的亲朋好友一样。是以，人生在世，就应当为未来世积极培植广大福业。世人要想在后世之中得到大福报，就应当修习正当的行为。不光是为了今生今世不被人讥讽，也是为了让未来世安享快乐。”

佛陀开示完毕，比丘们皆大欢喜，信受奉行。

（六一）

有一段时间，佛陀住在了舍卫国祇树给孤独园。

当时，波斯匿王为了举办一场大型祭祀法会，就准备了数以万计的牛只和牂羖羊等家畜，这些家畜都被圈在祭祀场准备被宰杀祭祀。各宗各派的修行人听说后都云集在舍卫城，准备参与到这场祭祀法会。

到城里化缘的比丘们听说这件事之后回到精舍就把这情况原原本本告诉了佛陀，佛陀开示道：“就算是月月都举办这样大型祭祀法会所求到的福报，还不如信仰佛陀、正法和僧团所带来福报的十六分之一，也不如以一闪念慈心所带来的福业的十六分之一，也不如悲愍众生所带来福业的十六分之一，不如怜悯鬼神所带来福业的十六分之一，不如怜愍种种畜生所带来的福业的十六分之一，不如对佛陀开示的信受奉行所带来的福业的十六分之一。假使在一年之中能够广修所有祭祀，以及火供之法，还不如能够端正身形礼敬佛陀所获得的功德的四分之一大。”

佛陀开示完毕，比丘们皆大欢喜，信受奉行。

（六二）

有一段时间，佛陀住在了舍卫国祇树给孤独园。

进城化缘的比丘们听说波斯匿王下令把破戒的出家人和在家的修行人以及那些以从事演艺谋生的贱民全都关进了大牢，回到精舍之后就来到佛陀住所，顶礼佛足之后就把之前所听到的都原原本本告诉了佛陀。佛陀如是开示道："无论王者采用任何手段去关押任何人，在一切贤圣看来都不算是什么大事情。如果迷恋妻与子，或者钱财与珍宝，这样的系缚远远坚牢过前者。妻子与珍宝，就像是洪水猛兽，吞没了多少愚痴凡夫。是以应当迅速远离妻室儿女与财富，以期早日脱离生死苦海而不再轮回。"

佛陀开示完毕，比丘们皆大欢喜信受奉行。

（六三）

有一次，摩揭陀国的阿阇世王率领军队和波斯匿王的军队大战一场，波斯匿王输掉了这战争只身一人回到了首都。比丘们化缘回来就把这情况告诉了佛陀，佛陀开示道："胜利多怨恨，输掉则苦恼无眠。假如无斗诤，寂灭多安然。"

佛陀开示完毕，比丘们皆大欢喜信受奉行。

（六四）

又有一次，波斯匿王与阿阇世王之间又打了起来，这一次阿阇世王输得很惨，连他自己都被波斯匿王俘虏了。波斯匿王于是带着阿阇世王来到佛陀舍卫国祇树给孤独园，顶礼佛足之后坐在一旁说道："世尊，我与阿阇世王之间并没有任何恩怨，我对他也不存在任何怨恨，而他对我总是憎恨嫉妒，三番五次发动战争前来侵略我的国家。然而因为他是我的亲友之子，我今天准备放他回国。"

佛陀赞叹道："善哉，你就按照你的心愿去做吧，在未来的时光里，此举会为你带来大利益。强大的武力能够破坏对方的军队，同样也会被对方伤害。既能够侵略他人的国度，当然也同样会面临这样的结果。只有愚痴的人才会认为没有果报，一旦形成业力就在劫难逃，从而饱受众苦煎熬。等到身坏命终之际，就算是痛断肝肠也来不及了。"

佛陀开示完毕，比丘们皆大欢喜信受奉行。

（六五）

有一天，波斯匿王在僻静之地独自沉思时想到：佛陀的教法有着极大的义理，能够使人得到甚大的利益，而这利益就算是在今生今世中都能够得到回报，再也不会带来任何烦恼和痛苦。只要能够对佛陀的教法信受奉行，就能够使人抵达极善境地。佛陀经常为人开示离苦得乐的殊妙佛法，只要是有智慧的人，当下就可以证得圣果，深解义趣。如来也如是开示说："修行人应当以善根深厚的友人为伍，选择那些善根深厚的人为伴，并结为亲友。切记不要与那些具足邪知邪见的人来往并要彻底远离这类人。"波斯匿王想到此处，就站起身来去到舍卫国祇树给孤独园佛陀住所，顶礼佛足之后坐在一旁就把之前的念想如实告诉了佛陀。

佛陀开示道："确实如此，佛陀传承的教法确确实实能够为无量无边的众生带来莫大利益。

"我有一段时间住在了王舍城耆梨跋提林，当时阿难比丘来到我的面前行完顶足礼之后站在一旁就说道：'世尊，大善知识对于修习清净无染梵行的修行者来说，起到非常重要的作用，而如果亲近那些具足邪知邪见的人则对修习梵行不会带来任何好处。'我当时就告诉阿难道：'阿难，你切记不可以这样说，你的这个说法是错误的。为什么呢？没有大善知识的指导，清净无染的梵行是不可能建立的。事实上是，大善知识对于修习者成就的境界而言是起到了决定性的作用。而修行者决计不可以同那些具足邪知邪见的人有任何形式的交往。因为有大善知识的指导，才有可能从生死苦海中彻底解脱出来。是以，大善知识是决定建立梵行的根本。对于这样的事情你一定要分别清楚。是以，佛陀的讲经说法有着深广的义理，能够为世人带来莫大利益，这果报甚至是在当下就有可能体现。而在所有的善法中，懂得约束身口意的行为使之不放纵是最为殊胜的。如果一个人不懂得约束自己的行为放纵自己，就会被一切贤圣所讥讽嫌弃。如果一个人懂得约束自己的所有行为，极有可能获得天帝之位，在他所在的天界是最为优胜的。而在所有的修行中，只有约束自己不使放纵才是最为殊胜的。如果一个人将约束自己使之不放纵，那么他在参禅入定的过程中极有可能除尽所有烦恼从而证入到不生不灭寂静清凉的涅槃境界。'"

佛陀开示完毕，比丘们皆大欢喜信受奉行。

（六六）

有一天，波斯匿王在闲暇无事时呆在静室陷入沉思，他忽然心生念想：有没有什么方法不光是利益到今生今世，还能够利益到未来世呢？

佛陀开示道："我有一个方法可以有这种效果，是什么方法呢？指的是不放逸。如果世人能够持之以恒修习不放逸的话，不光是能够利益到他的今生今世，也同样利益到他的未来世。不放逸，就好比是生长承载万物的大地，一切树根中极品之香的黑坚实香，而赤旃檀木发出的香气，则更是无与伦比。所有的花朵里，乾陀婆梨琴华鬘是最美丽的。所有的水生植物中，青莲华是最美的。所有动物的脚印，大象的脚印是最大的。与盗贼开战，先发制人是最好的。百兽之王，狮子是最强大的。所有高楼，高波那写是最华丽的。所有的阎浮提树，阎浮提界的是最高大的。所有的詹婆罗树中，鸠罗苦婆罗树最高大。所有的波吒罗树中，锦文芭吒罗最高大。而所有的树木中，波利质多罗树是最高大的。所有的高山峻岭，须弥山最高大，所有的金子，阎浮提的金子成色最好。所有的衣料当中，迦尸衣最华丽。所有的颜色中，白色是最好的。所有的飞鸟类中，大鹏金翅鸟是第一的。所有的光明，太阳的光明是最明亮的。世间修习的所有善行，根本在于不放纵自己。而放纵身口意的行为，就是导致生死轮回的根本原因。一切善法的成就，皆因源自不放纵。不放纵，才是成就真实利益的起因。不放纵，才是所有善法的源生处。正因为如此，大王，你应当修习不放纵身口意行为的正法并依止在其中。只要你能够做到，就会逐渐影响到你身边的人，并逐渐扩大到全国。只要不放纵，无论是王宫之中，还是在全国任意一个地方，每一处仓库都会堆积如山。大王只要能够做到不放纵自己身口意的行为，就能够完美防护自身不受任何伤害。只要你安全了，就能够防护整个国家的人民不受任何外敌伤害。不放纵的修行是最为殊胜的，而放纵身口意的行为不加约束和节制是会让世人讥讽和嫌弃的。只要今生不放纵自己，未来世中就会得到莫大利益。而修习不放纵的人，才算得上是真正勇猛强健的修行人，这也是明哲保身的道理所在。"

佛陀开示完毕，比丘们皆大欢喜，信受奉行。

（六七）

波斯匿王有一天在静室参禅悟道的时候心生念想到：世间有三大现象是非常

不可爱的，令人憎恶的，也是不敢想象的。是哪三大现象呢？分别是衰老、病变和死亡。他想到这里，就站起身来去到舍卫国祇树给孤独园佛陀住所，顶礼佛足之后坐在一旁就把自己之前的念想如实告诉了佛陀。

佛陀开示道："确实如此。正因为世间有这三大不可避免的现象，才会有十方三世一切诸佛的出世。假如世间无有这三大现象，十方三世一切诸佛也就不会出现在这世间，更不会讲经说法普度众生了。车驾再豪华，也有毁败的一天。身体再好，也有衰老病变和死亡的时刻。世间万物，无不处在无常变易之中，都在经历成住坏空的过程。无论是多么殊胜庄严的色身，最终都会消亡。就算是寿满百年，最终也都难逃一死。无论是多么强健有力的身体，只要遇到病变所有力气都会即时衰退甚至是消失，在经历衰老和病变折磨之后，无不面临死亡的惨痛结局。正因为如此，就应当静下心来参禅悟道，精进修习了脱生死不再轮回的正确方法，了知生死因缘已尽的涅槃境界真实情况，保持内心如如不动的强大心力，抵御和无视魔界的种种诱惑与干扰，从而超越生死轮回证入到不生不灭寂静清凉的涅槃境界。"

比丘们听完佛陀的开示，比丘们皆大欢喜，信受奉行。

（六八）

有一天，波斯匿王来到舍卫国祇树给孤独园佛陀住所，顶礼佛足之后坐在一旁请教道："世尊，应当布施到何处呢？"

佛陀开示道："随心所欲，哪里都可以布施的啊。"

波斯匿王又问道："世尊，布施到哪里才能够获得大果报呢？"

佛陀说道："你的这个问题跟前面的是两回事。我来问你，你就根据心意回答。两军交战，大敌当前时，有一位强壮有力的武士前来请求为你冲锋陷阵，你考察的结果是他既不懂兵法，也不会使用武器，就连射出的箭也是软弱无力，毫无杀伤力。每一次的冲锋陷阵其结果都是吓得止步不前，甚至是拔腿就逃。大王，对于这样的人你会重用他吗？会不会给他非常多的赏赐呢？"

波斯匿王回答道："我肯定不会重用这类人。为什么呢？因为这种人在战场上毫无价值啊。"

佛陀又问道："大王，假如有婆罗门、人民和贱民也都具足同样的问题出现在面前向你请战时，你还会重用这类人并给予很多的赏赐吗？"

波斯匿王回答道："不会啊。"

佛陀又问道："假如有正当年富力强且武艺超群有勇有谋的人出现在你面前请战时，你发现他不光是武艺高强，深通兵法，箭无虚发，且能够无惧生死敢于冲锋陷阵，你还会用他吗？会不会给他重赏呢？"

波斯匿王说道："这样的人我肯定会重用啊，也会给予丰厚奖赏啊。"

佛陀开示道："同样道理，那些修行未能够圆满具足的沙门和在家修行人就跟那些无勇无谋的人一样，不能够成为世人的福田。而只有那些圆满修行的人才算得上是真正的福田，布施供养他们才会得到大果报，得到大利益，那些殊胜果报会越来越猛烈。那什么才是圆满修行呢？指的是彻底断除了贪欲、嗔恚、惛沉、掉悔以及对佛法僧三宝的疑惑这五大覆盖，满足了无学、圣戒、禅定、解脱知见和从三界六道的轮回中解脱出来证得圣果的人们。大王，行军打仗需要的是有勇有谋且技艺高超的人，对于这种人就应当给予丰厚的奖赏和合适的职位，而不应当去考量他的出身。有些人能够广行十善，忍受世间一切羞辱，明了四大圣谛的真理，证得了四双八辈的圣位，对于这种人的布施供养就应当不应该去观察他们的出身，而要衡量他们的修为。供养的物质包括住处、饮食、卧具和医药，供养的对象也应当是那些圆满受持圣戒的人。世人要想渡过宽广大河，无非是修建舟桥，这样一来不光是利益了自身，也同样利益到了后来人。又好比倾盆大雨，使得大地一切草木都得以滋润。那些信心坚定的功德主们，因为多闻聪慧而能够舍弃一切悭嫉，广修供养，也劝化他人一起共襄圣举，这样的人就好比是在电闪雷鸣中下的倾盆大雨，使得方方面面都能够得到大利益，获得了大功德，将在以后证得涅槃之乐。"

佛陀开示完毕，比丘们皆大欢喜，信受奉行。

（六九）

有一天，波斯匿王来到舍卫国祇树给孤独园佛陀住处，顶礼佛足之后坐在一旁请教道："世尊，婆罗门种姓的人是不是累生累世都在婆罗门家庭出生呢？刹帝利种姓的人是不是累生累世都在刹帝利种姓家庭出生呢？"

佛陀开示道："你不应该秉持这样的知见。为什么呢？因为世间有四种人，一种人来自于光明，也去往光明世界。二种人虽来自光明世界，却去到了幽冥世界。第三种人虽来自于幽冥世界却去到了光明世界，第四种人是来自于幽冥世界，又去到了幽冥世界。第四种人出生在贫穷下贱之家，或者是身体羸瘦，肤色极黑，盲聋喑哑，六根不全，尽其一生都在被他人驱使而不得自在。这样的人由于今生身行恶业，口出恶言，心念不善，身坏命终之后堕在地狱饱受众苦。这就是来自幽冥世界去到幽冥世界的义理所在，就好比是好不容易刚从厕所爬了出来却又掉进另外一个厕所。而有些人虽然出生在贫穷下贱之家，或者是身体羸瘦，肤色极黑，盲聋喑哑，六根不全，尽其一生都在被他人驱使而不得自在。但由于他在今生今世能够身口意广修十善，在身坏命终之后就得以生到天上。这样的人就好比是从地上爬起坐到了床上，又从床上坐到了车上，又从车上骑到了马上，又从马上换乘到了大象的背上，又从象背上升到了豪华的宫殿之中。这就是虽来自于幽冥世界却又生到了光明世界的义理所在。有的人出生在豪贵之家，富可敌国，身形端庄，有大威力，这样的人就属于光明世界的人。但这样的人群中有些人却在有生之年身口意广造恶业，从而在身坏命终之后堕入地狱受苦。就好比是有人被赶出豪华的宫殿而堕入了粪坑一般。这样的人其结局就属于来自于光明世界却去到了幽冥世界。而有的人出生在豪贵之家，财富无量富可敌国，眷属众多，相貌堂堂极为端庄，有较大的威力。尽管如此，在他这一生中广修十善从而在身坏命终之后直接生到了天上。就好比他离开一处宫殿又去到了一处更为华丽的宫殿一般。

“大王，你应当知道，有些人不但贫穷还缺乏正知正见，嗔恚之心非常严重，嫉妒之心也是非常强烈，经常以恶意去感觉观照心外之物，见到那些出家人或者是在家的修行人持戒严谨和广学多闻，就会心生嫉妒进而嗔恚之心生起，接着就谩骂嘲笑羞辱他们。就算是他们有一定的财物，也不会想着去布施奉献，还会嘲笑诋毁谩骂那些修习布施的人。凭着这些行为形成的业力，就会堕入地狱。这样的人就属于来自于幽冥世界也去到幽冥世界。

“大王应当知道，有些人虽然贫穷，但却乐善好施，有着虔诚的信仰无有嗔恚之心，经常以惭愧之心去布施供养修行人，对于那些持戒严谨及广学多闻的修行人，都是非常恭敬，见到他们都会站起身来合掌问讯。在今生今世之中，都广行十善，不光是身心力行，也劝导他人广修供养，见到他人的善举也都会随喜赞叹。这样的人在身坏命终之后就会生到三十三天。这就是虽来自于幽冥世界却去到了光明世界的义理所在。

“大王，有些人虽大富大贵却嗔恚之心非常重，生性贪婪无有知足常起嫉妒之心，邪知邪见非常浓厚，对出家人和在家的修行人以及持戒严谨广学多闻的人不生起恭敬之心。甚至是见到他们不要说去供养布施，就连最起码的尊重也没有，还妄加羞辱和谩骂。这样的人身坏命终之后就会堕入到地狱。这就是从光明世界来却又去到了幽冥世界的义理所在。

“大王应当知道，有些富贵人家对佛法僧三宝建立起坚固不坏的信心，无有嗔恚之心，具足惭愧，舍弃了悭贪之心，见到出家人或者是在家的修行人以及持戒严谨和广学多闻的人就会非常之恭敬，今生今世广行十善，不光是自己身心力行，也处处劝导他人广修供养，见到他人的善举也随喜赞叹，广为宣扬。在身坏命终之后因为果报的成熟就会往生在忉利天。这就是来自于光明世界又去到了光明世界的义理所在。”

佛陀开示完毕，比丘们皆大欢喜信受奉行。

（七〇）

一天中午，波斯匿王在中午时分疲惫不堪来到佛陀住所，顶礼佛足之后坐在一旁，佛陀问道：“大王，你为何如此疲惫？”

波斯匿王回答道：“世尊，政务繁忙，国事众多需要料理，散朝之后就来到了这里，是以显得非常疲惫。”

佛陀问道：“大王，我随意问你，你也随心而答。

“假如有一位诚实无欺的人来到了你的面前说道：‘有上连于天，下接于地且来自东南西北四大方向的超级大石山正在往都城移动，所到之处，无论是植物或者是动物无一逃脱，都被碾得粉碎。’大王，当你听到这样的消息会怎么办呢？”

波斯匿王回答道：“世尊，真到了那时，我也无计可施，只有崇信佛法并依教奉行，除此之外，再也没有其他任何方法了。”

佛陀问道：“为什么会有这样的认为呢？”

波斯匿王回答道：“世尊，就算是贵为大国国王，拥有世界上最精锐的军队也无计可施，刀枪剑戟，毫无用处。咒术钱财，无可奈何。一切名闻利养，再也无心顾及。正因为如此，世尊，我才会说要广修善法，远离虚妄，除开崇信佛法再也没有任何上上之策了。”

佛陀赞叹道：“确实如此，大王。衰老大山能够摧毁一切青壮身形，病变大山能够摧坏一切强健，死亡大山能够坏掉一切生命，衰耗大山能够坏掉一切荣华富贵、妻室儿女和所有资财。大王，这四座高耸入云无人可以逃过的大山正日日夜夜向有情众生步步紧逼，一切有智之人都会通过修习佛法使之能够逃过此劫而不再受到任何伤害。”

佛陀开示至此，又总结道：“四方有大山，深厚广无边。四方逼迫来，无人可逃潜。军队不能敌，咒术干瞪眼。财宝无用处，一切都玩完。如是无常山，老病死衰减。常灭一切法，三界总无安。任何修行者，哪怕戒圆满。一切毁无余，无一得幸免。是以有智人，广行十大善。尊崇于三宝，培福广无边。三业常清净，天下美名传。功德圆满后，证入大涅槃。”

佛陀开示完毕，比丘们皆大欢喜，信受奉行。

（七一）

有一天，波斯匿王来到舍卫国祇树给孤独园佛陀住处，顶礼佛足之后坐在一旁。当时，有长发梵志七人、裸形外道七人和一衣外道七人也住在了祇洹中。这二十一人身材高大，当时都在精舍门口徘徊。那波斯匿王见到这二十一人，恭恭敬敬站起身来双手合十朝门外喊道：“诸位尊者，我是波斯匿王。诸位尊者，我是波斯匿王。诸位尊者，我是波斯匿王。”佛陀就问道：“大王，你为什么对他们如此恭敬呢？”

波斯匿王说道：“世尊，住在我国证得阿罗汉圣果的人有三位是最为殊胜的，而这三人就在其中。”

佛陀问道：“你都不能够知晓他人心事，如何就轻易断定他们是证得阿罗汉圣果的人呢？跟这些人久处一段时间，用心去观察他们的举止言行，才能够知道他们的修为。无论是这些人能够圆满持戒，或者是有破戒之举，只有长期相处一段时间，那些聪明智慧的人才能够得知，而那些愚痴之人是不可能知道的。就好比有人的六亲眷属中，有没有过世的人都能够了然于心。有些人在遭受厄难时有没有作出伤害之事，或者是与女人来往甚密，有没有作出违犯圣戒的事情，这些都要通过深入细致的观察才能够得知。他的修行符不符合清净无染的梵行，是否具备世出世间的智慧，只有智者才听其言，察其行之后才能够善加分别，得知其果位。”

波斯匿王赞叹道：“善哉，世尊，您的开示真是太对了。一个人的品性到底如何，只有长久相处，细致观察其言行举止之后才能够得知。要想知道他是否具足大智慧，只有智者在相处一段时间之后才能够得知，不能够只凭一时观察就草率定性。有些时候我也派人穿着他们的服饰去到其他国家做间谍，完成任务之后就大力封赏他们使之能够幸福生活。是以，我才能够知道佛陀刚才所说确实是大善之说。”

波斯匿王又说道：“世尊，您刚才的开示我也是知道的，只是刚才仓促之间没有来得及细致观察就对他们盲目生起恭敬之心。”

佛陀开示道：“不可以貌取人，也不可以刚认识就轻易相信对方。有些人看起来像罗汉，而实际上是俗人一个。因为他们不能够摄制六根，对种种善行与恶行都不能够如理如法分别。就好比有人把铜制品挂在耳朵上，不知道的人们还以为是金子一样。有些人愚痴昏闇，对世间万有的绝对真相一无所知，外表看起来好像是贤达善良之人，而内心却是恶毒之人。这类人善于伪装自己，使得许许多多的人追随于他，就好像是贤圣一样。”

佛陀开示完毕，比丘们皆大欢喜，信受奉行。

（七二）

有一天，五位国王汇聚一处，大家都在畅所欲言议论世间之中五欲之乐哪一种是最为殊妙。有一位国王就说道：“五欲之乐中，美色是最为殊妙的。”还有一位国王说道：“五欲之乐中，美声最为殊妙。”

一位国王道：“五欲之乐中，美味是最为殊妙的。”

一位国王道：“香气最为殊妙。”

一位国王道：“细滑的感觉最为殊妙。”

这五位国王的心意各不相同，都再三强调自己的意见是最正确的。就在大家僵持不下时，有人就提议到佛陀住所去请教佛陀。

当这五位国王来到佛陀住所顶礼佛足之后坐在一旁，有人就把来意原原本本告诉了佛陀。佛陀开示道：“喜欢美色的人就会被美色所迷，就算是再有更好的美色出现，他也不会去关注其他。喜欢美声、美味、香气、细滑的感觉等等都是如此，都会认为自己最喜欢的才是最为殊妙。只要不喜欢，就算是再好的出现，他们也同样不会去留心。”

当时有一位名叫卑嶷的婆罗门站起身来，偏袒右肩，右膝着地双手合十说道：“世尊，我有话说，惟愿世尊允许。”

卑嶷说道：“鸯伽大王有着世上独一无二的宝铠，而摩揭提国的国王却得到了最大的利益，佛陀这位无上之宝就出自这个国度，威名远播就如同须弥山王。又好比最好的莲华绽放，使得整个湖水周围都闻到了香气。佛陀就好比是正当中午的太阳，光明普照着整个世界。如来的智慧之力，就好比是正在燃烧的特大猛火，使得茫茫群生都能够开启无上智慧。无论是谁有什么样的疑惑，只要来请教佛陀就无一不大彻大悟的。”

五位国王听完卑嶷的赞美，各自脱下身上的宝衣赏给了他。五位国王非常欢喜，再一次顶礼佛足之后就告辞而去。国王们走后不久，卑嶷就把这五件宝衣又供养了佛陀。

比丘们听完佛陀的开示，皆大欢喜信，受奉行。

（七三）

有一天，身形肥胖的波斯匿王气喘吁吁来到舍卫国祇树给孤独园佛陀住所，顶礼佛足之后就在一旁坐下。佛陀说道：“大王如今已经是太过肥胖了，连走路都有些困难了，呼吸起来也是有些急促了。”

波斯匿王说道：“确实如此，世尊，我也非常惭愧，也常常讥讽自己。”

佛陀说道：“世人应当对饮食的摄入适当予以控制，这样做的好处就是身体轻便，所受的痛苦也少，还能够适当延长寿命。”

波斯匿王很是欢喜，扭头就告知侍者乌带道：“你以后就在我吃饭时把世尊刚才所说的话重复说给我吧，我每日赏赐你一百个金钱。”

乌带回答道：“好的，大王。”

佛陀又为波斯匿王讲述开示了佛法，使之心生欢喜而后沉默不语。波斯匿王见状也就再一次顶礼佛足告辞而去。

自此以后，乌带在波斯匿王吃饭时就可以朗诵佛陀的开示，波斯匿王所吃的饮食也就相对减少许多，身形也就逐渐瘦了下来，身子也就变得灵活得多。而后不久，波斯匿王来到佛陀住所，顶礼佛足之后说道：“世尊，我如今对您的教导信受奉行，在现世生活中就得到了无量的快乐。由于节食的缘故，使得我当下就得到了莫大的利益。皈命顶礼证得无上正等正觉的佛陀。”

（七四）

有一天，一位名叫阿修罗盐的年轻人来到舍卫国祇树给孤独园佛陀住所，这位年轻人不护口业，出言不逊，在佛前以粗鄙之语骂辱他人。佛陀开示道："广行十善的人不会有嗔恚，这类人会广行布施说诚实语。无有嗔恚无有害意的人，要远远胜过心怀恶意的人。而那些悭贪成性常打妄语且亲近恶人的人，心中嗔恚积累得如同高山。嗔恚就好比是烈马，制伏烈马需要辔勒，制心务要智慧。而我如今已经成为调驭丈夫，就说明我善于调驭内心生起的种种恶不善法。"

阿修罗盐听了佛陀的开示，非常惭愧，随即忏悔道："我实在是非常愚痴闇钝，居然敢在佛陀面前大放厥词辱骂他人，所作所为是为不善。惟愿大慈大悲的世尊接受我的忏悔。"

佛陀开示道："年轻人，我知道你的心意，因为怜愍的缘故接受你的忏悔。使你从今往后，善法增长，在生死轮回解脱的修行路上再无退转。"

佛陀开示完毕，比丘们皆大欢喜信受奉行。

（七五）

有一位名叫卑嶷的年轻人来到了舍卫国祇树给孤独园佛陀住所，他站在佛前出言不逊，以种种不堪入耳的言语辱骂佛陀。佛陀见他说完之后就问道："每逢节假日你家来了许多客人时会不会准备美味佳肴款待他们呢？"

卑嶷回答道："会啊。"

佛陀又问道："假如他们不吃的话，那你是如何处理那些美味佳肴的呢？"

卑嶷回答道："那就自己吃啊。"

佛陀说道："如是如是。你来到如来住处用种种难听的言语羞辱于我，而我也不曾接受这些言语。就好比世人有所布施，而要有人接受才算得上是成功。如果有人挨骂，或者是被责打而还嘴还手的话，那么这样的施舍行为才会形成事实，如果不还嘴或者是还手，那么对方的行为也就会落空。"

卑嶷说道："我听先前长老大德说过，'如果世间有证得无上正等正觉的佛陀出世，无论是谁当面怎么样羞辱他，佛陀也不会生起烦恼或者是动怒。'而我如今辱骂你，而你居然动怒生起烦恼了。"

佛陀说道："没有嗔恚的人，那嗔恨之心从哪里来呢？已经调顺正确生活方式的人是不可能有任何嗔恚之心的，这一点你应当非常之清楚。面对嗔恚不曾以牙还牙，那么就难起事端，这样的行为无疑也是非常之殊胜的。而没有嗔恚之心是要远远胜过有嗔恚心的人，广行十善的人要比广造诸恶的人优胜许多。既没有嗔恚之心，也没有恼害之心的人是难能可贵的，这类人会经常与贤圣聚在一起。而那些悭贪成性常打妄语且亲近恶人的人，心中嗔恚积累得如同高山。嗔恚就好比是烈马，制伏烈马需要辔勒，制心务要智慧。而我如今已经成为调驭丈夫，就说明我善于调驭内心生起的种种恶不善法。”

佛陀开示完毕，比丘们皆大欢喜信受奉行。

（七六）

有一天，佛陀在舍卫国祇树给孤独园空地经行散步，一位名叫婆罗突逻阇的婆罗门来到佛陀面前，不问青红皂白地就把佛陀给辱骂一番，希望借此激怒佛陀。佛陀见他骂完，也就不再吭声。那婆罗门见佛陀保持沉默就说道：“你如今已经被我骂得一声不吭了，我也知道你输得一塌糊涂了。”

佛陀说道：“不争强好胜，寂灭所有情欲，就能够使人心平气和，不急不躁。”

婆罗门道：“瞿昙。我实在是有大过错，愚昧无知，所作所为无一是善，如今我已经知道了。惟愿世尊接受我真诚的忏悔。”

佛陀说道：“确实如你所说，我以大慈大悲的心接受你的忏悔，使你善法增长，在生死轮回的解脱修行路上不再退转。”

婆罗门见佛陀接受了他的忏悔，生大欢喜，顶礼佛足右绕三匝就告辞而去。

（七七）

一天清晨，佛陀从舍卫国祇树给孤独园出来去往城里化缘，有一位名叫突逻阇的婆罗门远远望见佛陀，就一阵小跑过来辱骂佛陀，又双手捧起一把泥土朝佛陀脸上扬去，忽然一阵风吹来，那飞出去的泥土顿时被吹回，搞得他自己灰头土脸。佛陀见状说道：“对于没有嗔恚心的人以嗔恚，又毁谤行为清净的人，就好比是仰天洒土，结果是污染了自身。就好比是农夫种田，随着播种的种子就有什么样的收获。世事也是如此，种瓜得瓜，种豆得豆。行善得善报，造恶得恶报。”

婆罗门心生惭愧，忏悔道：“我实在是有大过错，愚昧无知，所作所为无一是善，如今我已经知道了。惟愿世尊接受我真诚的忏悔。”

佛陀说道：“确实如你所说，我以大慈大悲的心接受你的忏悔，使你善法增长，在生死轮回的解脱修行路上不再退转。”

婆罗门见佛陀接受了他的忏悔，生大欢喜，顶礼佛足右绕三匝就告辞而去。

（七八）

有一天，有一位名叫返戾的婆罗门听说佛陀从拘萨罗国云游到了舍卫国祇树给孤独园，于是想到：我应当去到沙门瞿昙那里，如果他有言说，我就跟他唱反调。想到这里，他随即收拾行装去到了佛陀住所，见佛陀被数不清的弟子们团团围绕着正在讲经说法。佛陀见他到来于是就沉默不语，婆罗门道："您为什么不讲经说法了呢？我正想洗耳恭听呢。"

佛陀说道："你来意不善，想要吹毛求疵，正话反说，心不清净，嗔恚之心甚是强烈。在这种状况下始终是无法正确领会诸佛所宣讲法义的真实义理。如果能够随顺善意，远去不信之心，远离所有恼害和嫉妒的念想，以恭恭敬敬之心来聆听法义的话我就为你宣说殊胜微妙的佛法。"

婆罗门见佛陀识破了他的心念，于是想到：沙门瞿昙已经知道了我的心念。很是惭愧，随即站起身来顶礼佛足后说道："我确实是有罪过，之前的意念属于不善之业。惟愿世尊接受我的忏悔。"

佛陀因为怜愍的缘故，接受了他的忏悔。返戾很是欢喜，顶礼佛足之后就告辞而去。

（七九）

有一天，有一位名叫无害的年轻人来到了舍卫国祇树给孤独园佛陀住处，问候已毕就坐在一旁说道："瞿昙，我的名字叫无害。因为这个名字的缘故，会不会再去伤害其他众生呢？"

佛陀开示道："你的身体、言语和意识都没有伤害他人之行为，所以才会被称之为无害。"

比丘们听完佛陀开示，皆大欢喜信受奉行。

（八〇）

有一天，住在舍卫国祇树给孤独园的佛陀穿好袈裟手持钵具去到舍卫城化缘，当他按照次第来到婆罗突逻阇大婆罗门家门口，婆罗门很是欢喜，随即取来佛陀钵具装满美味佳肴奉献给佛陀。如此第二日第三日佛陀都来到了他的家门口，那婆罗门就想到：这光头沙门怎么会接连三天都来到我的家门口化缘，难道是留恋我的饮食之美吗？

佛陀即时知道了他的心念，随即说道："天上下雨是没完没了，而地上的庄稼也是没完没了的生长和成熟。修行人是没完没了的化缘，而功德主们也是没完没了的布施并没完没了地生到天上，也同样是没完没了的接受殊胜果报。妇女们是一次又一次的怀孕，也是一次又一次地的生养。无穷无尽的牛奶，也经历没完没了的提炼而成了酥罗。有情众生是没完没了的经历生生死死、死死生生，经历没完没了的忧悲苦恼，遗留的尸体也是没完没了的被烧掉或者是被埋在坟墓里。只要断除结使去除客尘除灭情欲之后，也就再也不会经历无休止的生生死死、死死生生了，至于忧悲苦恼和恩爱别离所带来的痛苦也就不复存在了。"

婆罗门听完佛陀的开示，生大欢喜，心中建立了最为殊胜的信心，随即取下佛陀手中的钵具装满饮食呈现给佛陀，而佛陀因为已经做了开示的缘故不再接受他的供养了，婆罗门道："世尊，您如今已经不接受我供养的饮食了，那这饭食应该怎么办呢？应该给谁呢？"

佛陀开示道："以我佛眼所见，三界之中无论是天人、魔众、梵天以及其他任何人等都不能够消化得了这钵饭。你把这钵饭就倒在无虫的水中或者是草地上吧。"

婆罗门依言就把这饭食倒进了水里，刚刚倒进，那水中顿时浓烟滚滚，爆炸之声接连不断。婆罗门大惊，沙门瞿昙的神力真是世之罕有，这么点饭食都能够有如此之大的变化。婆罗门见状就双膝跪倒在地，顶礼佛足之后说道："惟愿世尊允许我出家。"

佛陀随即说道："善来，比丘。"话音刚落，这位婆罗门须发自落，袈裟自然穿在了身上，获得了具足戒，成为佛陀座下的一位沙门。不久之后，因为他的昼夜精勤修习正知正见，应当具足的行为都已经圆满，本有的重担都已经舍弃，清净无染的梵行得以建立，即身成就证得了阿罗汉圣果，本心从三界六道的轮回中解脱了出来。

（八一）

有一段时间，佛陀住在了舍卫国祇树给孤独园。

当时，舍卫城中有一位名叫婆私吒，属于婆罗门种姓的女人对佛法僧三宝建立了清净无染的信心并皈依在了三宝门下，对苦集灭道四大圣谛也深信不疑。由于她全面掌握了苦集灭道这四大真理，证得了初果。有一天，她朝佛陀所在的方向双膝跪倒在地，恭恭敬敬双手合十念诵道："皈命顶礼证得无上正等正觉的如来。如来身是真金之色，身光一旬，身形方正如同尼俱陀树，讲经说法，世间第一。是这娑婆世界第七位成就佛位的世间大雄，我的世尊。"

她的丈夫见状，生大嗔恚之心，怒骂道："你真是贱民一个啊，是谁在蛊惑你这如此愚痴的人呢？你不对那些知识渊博的婆罗门大德们心生恭敬，却要去礼拜那些秃头黑瘦的出家人。这些沙门，整日里跟耶那逻延那些断子绝孙的人打成一团，还相互吹捧。既然你对他们的信心如此深厚，我倒要去找你的师父辩论比试一番。"

她说道："我不见天上人间任何人等能够与佛陀辩论，既然你自不量力，那就去到佛陀住所去试试吧。"

她丈夫来到佛陀住所，问候已毕坐在一旁就问道："要如何才能够高枕无忧？要去掉什么才能够心无挂碍？什么现象能够害死有情众生？我希望瞿昙沙门为我解说。"

佛陀开示道："摧坏嗔恚之心能够使人高枕无忧，也只有去掉嗔恚才能够做到心无挂碍，嗔恚也能够害死有情众生，这些道理你应该搞清楚。而灭除了嗔恚就能够赢得圣贤的一致赞叹，把嗔恚去掉之后也就无忧无虑了。"

婆罗门听了恍然大悟，对佛陀随即生起了清净无染的信心。佛陀见时机成熟，又为他开示布施持戒得以生天，爱欲是导致不净和苦恼的根本。要想得到真正的快乐，只有出离三界证入到不生不灭寂静清凉的涅槃境界才能够得到。而要想恢复内心清净，就必须广行十善，断绝十恶，自净其意才能登陆彼岸。婆罗门听到这里，心开意解，非常欢喜。佛陀见他接触离苦得乐的正法时机已经成熟，就为他开示苦集灭道四大真谛。

婆罗门听完佛陀的开示，其心地就好比是白净布匹一般可以染成任何颜色一般。他当即在座位上全面掌握四大圣谛。了知世间万有绝对真相，再也没有任何疑惑了。更不会追随他人去学习参访，对世间万相再也不会有任何畏惧了。

婆罗门当即站起身来双手合十说道："世尊，我已出离疑海，对佛法僧三宝再无任何疑惑了。从今往后直到寿命终结，我都是佛陀的在家弟子，不杀，不盗，不淫，不妄语和不饮酒。"说完这段话，他顶礼佛足之后就欢欢喜喜告辞而去。

他回到家中，他妻子就问道："你去找我师父辩论输赢如何？"

婆罗门说道："你说的没错，在这世上，无论是天、魔、梵等等所有人等都不能够与佛陀相辩论，你把我的衣服给我吧。"

他妻子赶紧把衣服给了他，他穿好之后又来到佛陀住所请求出家，佛陀随即安排一位比丘为他剃度并授具足戒。婆罗门出家之后精进修行，专心致志，在不久之后即证得了阿罗汉圣果，出离了三界。

（八二）

有一天，一位名叫摩佉的婆罗门来到舍卫国祇树给孤独园佛陀住所，问讯已毕坐在一旁请教道："世尊，如果我的家中来了一个人，或者是两个，三个乃至更多的人向我求援，我都能够尽力满足他们的所须。世尊，我这样的布施能不能够获得大福报呢？"

佛陀开示道："确确实实能够获得大福报。如果能够满足多人的布施请求，所获得的福报是无量无边的。"

摩佉说道："我今生今世喜欢修习种种供养法会并为求取更多的福德而广修供养，我今天向世尊请教几个问题：一是如何才能够从三界中解脱出来？二是要如何祭祀才能够生到梵天使寿命无有极限？三是要如何去做才能往生在善道？"

佛陀开示道："在举办祭祀法会时，能够以欢喜之心在早中晚三个时候进行布施行善，会因为广大善行而使内心欢喜。随着内心安详的布施，就能够使未来逐渐远离种种过患。只要善于断除对世间万有的贪欲，就能够从三界六道中解脱出来而不再轮回。如果能够修习慈悲喜舍四无量心，才算得上是真正最到位的祭祀，也能够导致善处的往生，甚至是生到寿命极其长远的梵天之上。"

摩佉婆罗门听完佛陀的开示，生大欢喜心，顶礼佛足之后就欢欢喜喜告辞而去。

（八三）

一天，有一位名叫刹利波罗毗空的婆罗门来到舍卫国祇树给孤独园佛陀住所，问候已毕坐在一旁说道："刹利长久以来都勤学苦练种种苦修之法，结果都没能够得到清净。我后来勤学苦读婆罗门教三大经典，才得以清净。"

佛陀说道："你所谓的清净，其实是一点儿也不清净。"

婆罗门问道："那您所说的清净是什么呢？要如何才能够得到无上清净呢？"

佛陀开示道："枯竭如同淤泥般的爱欲，除灭嗔恚和愚痴，就能够得到无上清净。正见、正思维、正语、正业、正命、正精进，这就是获得无上清净的解决之道，经常修习正确的观念和正确的禅定。只要能够使正确的禅定得以增广，就能够断尽贪欲、嗔恚和愚痴这三大导致轮回的毒根。"

婆罗门听罢佛陀的开示，很是欢喜，连声说道："您已经将清净之道和获证方法解释得非常清楚了。世尊，我家事所累，要赶紧回去了。"

佛陀说道："婆罗门，你随意吧。"

婆罗门很是欢喜，顶礼佛足之后就告辞而去。

（八四）

一天，有一位婆罗门来到舍卫国祇树给孤独园佛陀住所，问讯已毕就站在佛前说道："要如何去做才能够使得戒行圆满并具足三千威仪？要修习什么样的行为和成就什么法的修持才算得上是真正有智慧的婆罗门？"

佛陀开示道："只要能够严谨受持种种圣戒，就能够使戒行圆满并具足三千威仪。能够知道自己在此之前无量劫以来轮回过程中所发生的一切，能够观察到三界六道的详细情况，以及断尽导致轮回的结使进而从中解脱出来而不再轮回。要想使本心从中解脱出来，就必须断除一切欲念。只要成就了这三种智慧，我就说他是真真正正有智慧的婆罗门。"

婆罗门很是欢喜，顶礼佛足之后就告辞而去。

（八五）

一天早晨，佛陀带着阿难离开舍卫国祇树给孤独园去到舍卫城化缘，路经一粪土堆积的贫民窟时发现一对年纪甚大的老夫妻浑身颤抖地依偎在一起，佛陀指给阿难尊者看后说道："这对老人本来在年少时就可以成为舍卫城中第一富豪，如果能够出家就会出离三界不再轮回，证得阿罗汉圣果。若在青年时代能够用心经营的话，就会成为舍卫城中数一数二的大富人家。如果在这个时候出家，就会证得第三果阿那含圣果。如果在壮年时代用心经营的话，就会成为舍卫城第三大富豪。能够在那个阶段出家的话，也会证得初果须陀洹圣果。而如今年迈昏花，体弱多病，再也没有能力经营事业，也不能够精勤修习善法，就更不可能成就任何一种圣果了。青春年少不修梵行，也不用心经营事业，就好比老鹳雀守着空空的水池，只是等待渐渐饥渴而死了。这对老人年轻时不修梵行，又不经营事业，只是一味追求五欲之乐，现如今只有弯腰驼背地住立在贫瘠之地了。”

比丘们听到佛陀的开示，皆大欢喜，信受奉行。

（八六）

一天，一位年迈体衰的婆罗门来到了舍卫国祇树给孤独园佛陀住所，他之前一直是无恶不作，不信因果，不培植福报的人。他来到佛陀面前问讯已毕坐在一旁说道：“世尊，我之前由于不信因果，不相信善有善报恶有恶报的说法而无恶不作，众善不为，如今我年迈体衰即将去世，却内心惶惶无所依靠。”

佛陀说道：“如是，如是。”

婆罗门道：“善哉，瞿昙。请您为我讲经说法吧，以期我在未来的轮回路上能够得到真实义理，从而获得安乐。”

佛陀开示道：“你说的没错。你在之前身口意三业不作善行，毁犯禁戒，不修福德，即将命终时也没有找到皈依处。就好比有人想要逃避死亡，却去到舍宅隐藏起来以期能够得到救护一般，而这些举动都是徒劳无功而不可得的。正因为如此，你此时此刻应当广行十善，杜绝十恶。只要身口意三业都属于善行，那么未来就能够往生到更好的境界。”

佛陀继续开示道：“人生百年，寿命短暂。生老病死，实属必然。生命无常，瞬息万变。中青壮年，已成昨天。余命无几，衰老病变。临到死前，方知求变。福德资粮，几乎不全。要想逃离，皈依佛前。诸恶不作，广行十善。断诸结使，证入涅槃。”

（八七）

一天，有一位老眼昏花的老婆罗门来到舍卫国祇树给孤独园佛陀住所，问候已毕坐在一旁说道：“世尊，我在这之前广造众恶，未曾培福，也未修善，更不用说去修行远离怖畏的方法了。如今我年老体弱多病，恐在世不久了。善哉，瞿昙。请您为我讲经说法，使我在身坏命终之际能够有所救护，不至于堕落到三涂八难之地。”

佛陀开示道：“生老病死，乃世间最为难办的事情，就像猛火烧山一样。正因为如此，才应当要广行十善，杜绝十恶。而你之前都不修善业，如果你从今往后能够广行十善，那就是你最好的救度，能够在身坏命终之后往生到天上去。也只有如此，才是你最好的救护，才是你最好的皈依逃避之处。又好比家宅失火，惟有把家中最有价值的资财转移到最安全的地方才是上上之策。而生老病死这样的无常大火，无时无刻不在焚烧众生，是以应当及时广修福慧，周济贫穷才是。世间资财，本属于国家、盗贼、水、火所共有，一旦死亡，所有资财也就不复存在，舍离世人，不可能带到下一世中。惟有布施培福的业行才能够如影随形，就好比是坚牢宝藏一样，无论是谁都不可能侵夺得了。而那些悭贪不修布施的人，就属于浑浑噩噩的人，能够广行布施周济贫穷的人才算得上是觉悟的人。”

佛陀开示完毕，比丘们皆大欢喜，信受奉行。

（八八）

有一天，有一位名叫乌答的年轻人来到舍卫国祇树给孤独园佛陀住所，问候已毕坐在一旁请教道：“瞿昙，我如法如律经营事业赚钱来供养父母，又用正当义理使他们得到快乐。这样的行为会不会得到大福报呢？”

佛陀开示道：“这样的供养会得到大福报。不光是你，所有这样行事的人都会获得无量无边的福业。有人能够如此对待父母，就等同于大梵天王在家，等同于阿阇黎在家，等同于诸天在家，等同于三界诸天天子或天主。为什么这样说呢？大梵天王因为依照正理供养父母的功德而得以在梵天为王。有人想要供养阿阇黎的话，家中父母即是阿阇黎。假如要礼拜阿阇黎，则应当先礼拜父母。有人想要火供，也应当供养父母。有人想要供奉诸天，就应当事先供养父母。供养好父母，就等同于供养诸天。无论是供养大梵天王，或者是火神，甚至是阿阇黎和三界诸天，都应当奉养家中父母双亲。不光是今生今世能够得到好的名声，来世也会生到梵天。”

（八九）

有一天，一位名叫优北伽的年轻人来到舍卫国祇树给孤独园佛陀住处，合十问讯之后坐在一旁请教道：“世尊，婆罗门教教徒如理如法通过化缘积聚到的钱财用来举办大型的祭祀并广泛动员其他人参与，这样的祭祀法会我们是应当参与呢？还是不应当参与？”

佛陀开示道："无论是采用马的油脂，或者是人的油脂，或者是牛的油脂，以及种种美食来作为祭祀用品，就算是作业广大无边，也是被一切贤圣所谴责和毁呰。用杀害动物去祭祀也不是正确的祭祀方法，这些祭祀方法也都属于邪恶的方法，是所有贤圣所共同反对和抵制的。正确的祭祀方法是始终都不恼害众生，更不会伤害其他众生的生命，采用其他没有生命的物品来祭祀才是正确的。如果能够举办这一类的祭祀法会，各方贤圣才会亲临现场，此时此刻就应当尽心竭力以清净之心布施供养他们。如果能够布施供养给那些修习清净无染梵行的人，那才是真正殊胜的大福田。也只有这样的祭祀法会，才算得上是福业广大的祭祀法会。假如举办这一类的祭祀法会，如法聚集钱财，以净水洗干净手后恭恭敬敬亲自奉上，就能够赢得诸天的心生信敬。也只有这样去做，才能够为人为己获得莫大利益和殊胜的大果报。而这样的祭祀法会，只有那些具有大智慧的人才能够举办，也只有他们才能够生起清净无染的信心，甚至是使他们的本心从中解脱出来。由于没有恼害众生，得到了世间的所有快乐，以后才会往生在殊胜之处，这就是有智慧的人举办大型祭祀法会不一样的地方。"

佛陀开示完毕，优北伽生大欢喜，高高兴兴告辞而去。

（九〇）

有一天，一位名叫优北伽的年轻人来到舍卫国祇树给孤独园佛陀住处，合十问讯之后坐在一旁请教道："世尊，婆罗门教教徒如理如法通过化缘积聚到的钱财用来举办大型的祭祀并广泛动员其他人参与，这样的祭祀法会我们是应当做呢？还是不应当去做呢？"

佛陀开示道："在不扰乱危害众生的前提下主办的祭祀法会都是清净的，一切梵行修习者都会摄受，在现世中能够美名远播。只要能够远离战争和斗诤，这样的祭祀法会是值得赞叹的，也会被十方诸佛所共同称赞。在祭祀法会过程中，就应当以清净恭敬之心去布施供养那些应当供养的人。至于布施供养哪些人才能够获得广大无边的利益，那就是以如理如法的方式聚集财富用来布施供养就连三界诸天都信仰恭敬的人，能够以清净身心恭恭敬敬亲自参与到祭祀布施活动中去，这样的行为就能够为自己和他人带来无量无边的大利益，必定能够获得大果报。而这样的祭祀法会，只有那些具有大智慧的人才能够举办，也只有他们才能够生起清净无染的信心，甚至是使他们的本心从中解脱出来。由于没有恼害众生，得到了世间的所有快乐，以后也会往生在殊胜之处，这就是有智慧的人举办的大型祭祀法会不一样的地方。”

佛陀开示完毕，优北伽生大欢喜，高高兴兴告辞而去。

（九一）

一天，一位名叫佛移的小伙子来到舍卫国祇树给孤独园佛陀住所，问候已毕坐在一旁请教道：“世尊，我们这些在家人要如何去做才能够在今生今世获得大利益并能够幸福快乐呢？”

佛陀开示道：“在家人如果能够做到这四大方面，就能够在今生今世获得大利益并能够幸福快乐。是哪四大方面呢？一是精勤，二是守护诸根，三是得到大善知识的指导，四是按照正确的义理生活。什么是精勤呢？指的是无论是为国王服务的大臣，或者是农夫，或者是通过劳动获得报酬而生活的人，只要能够兢兢业业忠于职守勤奋努力，就算是遇到再大的困难都能够持之以恒，坚持到底，终不荒废。这就是精勤。

“什么是守护诸根呢？指的是通过如理如法获得的财富，要想方设法不被王家掠夺，不被盗贼抢劫，不被水火所伤，不被一切怨家侵损，不生恶行之子。这就是守护诸根的义理所在。

“什么是大善知识的指导呢？指的是能够亲近到具足大善知识的朋友。这样的朋友终不作奸犯科，也不放纵自己，更不会贪恋饮酒，所有言语无不诚实无欺，更不会欺骗他人。能够与这样的人结为亲友，使没有生起的烦恼不再生起，已经生起的烦恼能够及时除灭。还没有生起的喜乐使之生起，已经生起的喜乐不再退失。

“什么是正确的义理生活呢？指的是能够量体裁衣，根据实际情况来开源节流，不浪费任何财物，奢简得中。好比有些人吃优昙果，刚开始时树上还有很多，结果在吃的过程中醉卧七日，待他醒来时果实都已经消失得无影无踪了。有些人在积累到一定财富之后，既不愿意享用，也不愿意布施，宁愿辛苦自己让钱财在那里睡大觉。对于这类人，人们都会鄙视他们如同禽兽。是以应当根据自己拥有的财力合理安排生活，谨慎理财，不奢侈，但也不过度简朴。这就是正确义理生活的含义。”

佛移又请教道：“世尊，又要如何去做才能够不光是令今生今世得到大利益，还能够令未来世得到大福报呢？”

佛陀开示道：“只要做到四件事就可以不光是令到今生今世得到大利益，也同时让未来世也能够得到大福报。是哪四件事呢？分别是正信、守戒、布施和广闻。什么是正信呢？指的是对佛法僧三宝有着正确且金刚不坏的信仰。守戒指的是坚守不杀生、不盗取、不邪淫、不妄语和不饮酒这五大根本戒律。什么是布施呢？指的是布施供养无论是在家或出家的修行人，布施供养父母师长和弱势群体。无论是饮食，还是衣物、卧具、医药等生活必需品，都能够尽量满足。什么是广闻呢？指的是通过接触佛法从而对苦集灭道四大圣谛如是了知，这就是广闻的义理所在。”

佛陀继续开示道：“精勤于事业，守护于财富，亲近于善友，正理养生命，坚信于三宝，受持五戒律。广学多闻法，断除于悭贪。如是修行之，速获清净道。如是八修法，今生获大利。身坏命终后，往生天上乐。”

佛陀开示完毕，佛移生大欢喜，信受奉行。

（九二）

有一段时间，佛陀住在了弥绨罗国庵婆罗园中。

有一位名叫婆私吒的婆罗门女教徒在接二连三的经历丧子之痛后心意狂乱，赤身裸体游走世间。有一天，她神思恍惚来到了弥绨罗庵婆罗园，当时佛陀正被数不清的弟子们团团围绕讲经说法。那婆私吒远远望见佛陀，狂乱的心意顿时得以止息，惭愧之心顿时生起，随即蹲在地上捂住面部。佛陀立即吩咐阿难尊者找出一件衣服让她披上，然后阿难尊者带着她来到了佛陀面前，顶礼佛足之后坐在了一旁。

佛陀开示道：“布施持戒得以生天，爱欲导致本心不净，乃是一切苦恼的根本。只有出离三界不再轮回才能够登陆不生不灭寂静清凉的涅槃境界。”婆私吒听完佛陀的开示，恍然大悟，本心得以远离种种爱欲、覆盖和导致轮回的结使，佛陀见状又为之开示了苦集灭道四大圣谛。婆私吒大彻大悟，彻底了解佛法的真谛，全面掌握了四大真谛的无上妙法，断除了所有的疑惑，证得了圣果，再也不会被其他人的言教所左右，在生死轮回解脱之路的修行路上再也不会退转了。她当即站起身来，再一次顶礼佛足双手合十恭恭敬敬祈请道：“世尊，如今我已经超越三大恶道的轮回而不再经历。我今日在您面前发愿：从此以后尽其一生，我都皈依在三宝门下，成为在家的女众佛弟子。在有生之年中，都尽心竭力奉行不杀、不盗、不邪淫、不妄语和不饮酒这五戒。”而后就顶礼佛足欢欢喜喜告辞而去。

过了不久，她的第七个儿子也死亡了，她既不忧愁，也不苦恼，更没有出现神志不清的现象。她的丈夫婆罗突逻阇感到非常奇怪，不禁问道：“你在过去遇到丧子之痛时悲伤到茶不思饭不想的境地，而如今我们的第七个儿子也死了，你身为慈母，为何不见你流泪伤悲呢？”

婆私吒就说道：“自从无量劫轮回以来，我摄受的身体是无量无边不可计算，由于恩爱的缘故，子子孙孙是无穷无尽，难以估量。在轮回过程中，死亡的子孙也同样是无穷无尽的。在经历无穷无尽的轮回过程中，所遭受到的痛苦更是无穷无尽。如今我已经通达生死和六道轮回的真相，是以如今再无悲戚哀念之情。”

她的丈夫非常奇怪，就问道：“你刚才所说的我怎么会从来就没有听说过呢？是在哪里听到的这些呢？”

婆私吒回答道：“那是我在弥绨罗庵婆罗园中听到佛陀如是为我开示的，佛陀为我开示世间万有的绝对真相和断除一切痛苦的解决方案，让我们修习八大正道，从而能够安安稳稳证入到涅槃境界。”

她丈夫很是高兴，就说道：“那我也去拜见佛陀，请他为我开示，以期能够免除我丧子之痛。”

婆私吒就说道：“佛陀的色身如同真金颜色，发出的身光遍满方圆四十公里。他已经永远断尽所有烦恼，超度了生死激流而不再轮回。这样的导师能够调伏一切众生，许许多多的众生都得到了他的启蒙劝化，所以大家都称呼他为真济。那你就赶紧去拜见佛陀吧。”

她丈夫很是欢喜，即时出发去往佛陀住所，他远远望见佛身发出的光芒威光显赫，于是倍生恭敬。当他来到佛陀面前顶礼佛足之后坐在一旁。佛陀以他心通的威神力观察到他的根基，于是为他开示了无上甚深的微妙佛法，婆罗门当即证悟佛法，随即祈请出家并得到了佛陀的开许。他出家之后精勤修习，就在当晚成就了宿命通、天眼通和漏尽通的修持，佛陀随即授记他证得了阿罗汉的果位，并更名为善生。

善生尊者随即打发车夫回家中告知婆私吒道：“你应当对我心生随喜。为什么呢？因为我在佛陀的指导下精勤修习，成就了宿命通、天眼通和漏尽通的修持，佛陀随即授记我证得了阿罗汉的果位。”

当婆私吒听说之后非常欢喜，告诉车夫道："你带回来的真是好消息，我就把这匹骏马和一千个金币赏赐给你。"

那车夫拒绝道："我也用不着骏马和金币了，我要去佛陀住所听经闻法。"

婆私吒赞叹道："你能够如此实为大善。如果能够出家的话也能够很快证得阿罗汉圣果。"她随后又告知女儿道："你就在家好好护持这个家吧，我也要去出家。"

她的女儿孙陀利就说道："我的父亲都能够舍弃世间荣华富贵而出家寻求生死轮回的解决之道，我还有什么不能够放下的？我也要追随父母出家修行，手持瓦钵四处化缘来修行佛法。"

婆私吒赞叹道："你的想法真是太好了，今生今世一定能够尽快除尽爱欲，远离种种导致轮回的结使而证得阿罗汉圣果。"

她带着女儿孙陀利出家之后不久皆枯竭了生死苦海证入到了不生不灭寂静清凉的涅槃境界。

（九三）

有一段时间，佛陀住在毗舍离国大林之中。有一天，佛陀穿好袈裟手持钵具去到城里化缘。吃完饭后收好衣钵洗完脚后就在一棵大树底下跌跏趺坐。

当时，有一位名叫郁凑罗突逻阇的婆罗门因为奶牛走失而到处寻找，经过六日的辛苦寻找都不见其下落。他来到了大林之中远远望见佛陀安坐在树下，只见佛陀容貌奇特，六根寂定，心意安然，身体肤色发出耀眼的光芒。当他见到如此殊胜景象之后感到非常惊奇，于是来到佛前问道："为什么比丘都喜欢在僻静之地安住呢？这样思惟的结果又是什么呢？"

佛陀回答道："我不会患得患失，也不会有任何忧愁烦恼。你不要以为我跟你们一样生活在烦恼之中。"

婆罗门说道："那这里真如您所说确实是清静之地啊。不知道您有没有空听我讲述一下家中发生的事情啊，您如今在这树林里心意安然跌跏趺坐，没有丢失牛的烦恼，不受苦寻六日的痛苦，这种日子真是极乐无比啊。您不种水稻，所以也不用担心天气如何，也不需要担心稻穗出不出得来，世间红尘种种经营劳作的繁琐您都已经彻底舍离，自然也就不会有任何烦恼去面对。因为您寂灭了所有情欲，所以能够安住在快乐之中。我堆积的草堆已经长达七月，里面藏满许许多多的毒蛇和毒虫，使得我烦恼无比，而您却不会去面对这些烦心事而安住在快乐之中。您也不会有七个那么多难以管教的儿子和女儿，所以不会为子女操心，也不会担心女儿会死了丈夫再回到家来，也不会担心债主前来催债，也不会担心房屋毁坏或者是空无一物，一贫如洗，更不会被老鼠在空无一物的屋子里调皮打架使得我难以入眠。你也没有丑陋不堪还习行卑劣的丑妇，会在半夜三更把人赶出去和随时随地辱骂您，当众羞辱您。这些烦恼和痛苦您都没有，所以说您是天底下最快乐的人。”

佛陀说道：“你的所说句句属实，你有如此众多的烦恼，而我又安住在极乐境界之中。你假如不断除贪爱和憎恨，那就始终也避免不了痛苦和烦恼的侵袭。而要想得到真正的快乐，那就必须彻底断除所有爱欲和情执。”

开示到这里，佛陀见他心开意解，为他演说正法的时机已经成熟，于是为他开示苦集灭道四大圣谛的真理，婆罗门非常之欢喜，随即双膝跪倒在地，双手合十恭恭敬敬祈请佛陀恩准他出家修行。佛陀答应了他的请求，他出家之后精勤修习，不久之后即证得了阿罗汉圣果，出离了三界而不再轮回。尊者郁溱罗突逻阇即身成就了阿罗汉圣果之后心生欢喜，而后说道：“我如今已经是非常之欢喜了，根据大仙所说的义理去精勤修习从而登陆了涅槃彼岸，不再轮回，对世间万有再无任何取舍了。我见到世尊真是不虚此行啊，遇到了佛陀证得了道果。”

（九四）

有一天，住在婆罗婆村的佛陀在去村里化缘的时候遇到了暴风雨，佛陀躲雨去到了婆罗门们汇聚的地方。那些婆罗门远远望见佛陀向他们走来就问道：“你这位剃发道人修的是什么法呢？”

佛陀回答道：“我所修持的法有些是你们知道的，也有你们所不知道的。不要刻意去巴结或降伏亲友和王族，也不要想着去降伏包括妻子在内的其他人等，当父母处于衰老阶段时就应当恭敬孝养他们而不能听之任之。在众人汇聚之地假如没有贤良或善根深厚之人在场的话，就不要为之演说如法言语。只有在断除贪嗔痴三毒的前提下，所说的教理才是如理如法的。”

婆罗门们听了很是欢喜，随即说道：“您真是对婆罗门教的教义太了解了。来，请上座吧。”当佛陀坐好之后婆罗门们再度祈请道：“请您为我们再度演说妙法吧，我们洗耳恭听。”

佛陀又开示道："对于沉默不语的人是无法去辨别他有没有智慧，但只要他一开口，就可以立即了知分别。如果所说的法义能够引导去到涅槃界，这样的妙法就应当广而告之。弘扬正法利益群生的法义，树立其贤圣所树立的宝幢，都要借助于言语。所以，在机缘成熟的情况下，就不应当保持沉默而应该宣讲正法。"

佛陀开示到这里，站起身来随即走了出去。

（九五）

有一段时间，佛陀带着侍者优婆摩那尊者云游在拘萨罗国，这个国家有一位名叫天敬的婆罗门修建了客栈为南来北往的旅人提供住宿方便。这一天，佛陀带着优婆摩那尊者也住在这里。当时，佛陀的背部很疼，优婆摩那尊者穿好袈裟手持钵具来到了天敬婆罗门家门口。当时，天敬正在庭院之中理发，他望见尊者就问道："您身穿袈裟手持钵具站在我家门口，需要我提供什么样的帮助呢？"

优婆摩那尊者回答道："大阿罗汉善逝释迦牟尼如来背痛需要药水，故此前来找你化缘。"

天敬随即派人取出药品献给了尊者，尊者回到佛陀身边就赶紧涂抹好，佛陀的背痛也就即时而得以止息。

到了第二天清晨，天敬来到了佛陀住所，问候已毕就坐在一旁。佛陀问道："作为婆罗门教徒，要如何去做才能够获得大果报？什么时候才是最佳布施时？在什么样的福田中布施才能够获得殊胜的果报？"

天敬婆罗门回答道："对婆罗门教所有典籍都能够全面掌握，父母也都是婆罗门血统而无有杂乱，容颜也是端正庄严，这样的婆罗门就属于三明婆罗门。如果能够布施供养这类人，就能够获得大果报。这类人就是世间最为殊胜的福田。"

天敬婆罗门反过来问道："那您又是如何认为的呢？"

佛陀开示道："知道自己的过去未来三世轮回的情况，见到三界六道的真实场景，了断生死不再轮回，并成就了种种神通力，这就是三明。只有布施供养给这类人，才能够获得大果报，也只有这类人，才是世间真正的大福田。"

天敬婆罗门听完佛陀的开示，很是欢喜，高高兴兴拜辞而去。

（九六）

有一段时间，云游在拘萨罗国的佛陀住在了娑罗林。有天早晨，一位出自婆罗门种姓的农夫因为耕种的关系来到了佛陀栖身之所，他说道："世尊，我是因为耕田在附近的缘故才会喜欢这片树林，而您又是为什么喜欢呆在这片树林里呢？"

佛陀说道："我在这片树林里无所作为，我早已拔断了爱欲这轮回之根，世间万有对我来说都如同浮云。虽然处在树林之中，我的内心全然没有树林的概念。我已经永远弃舍了世间所乐，在禅定之中断除了一切染着。"

婆罗门赞叹道："您确确实实成就了佛陀圣果的修持，成为世间极尊，已经灭除了导致轮回的所有结使，远离了所有积蓄，断除了六道无休止的轮回，是世间有情无上之士，所以被称之为世尊。"

婆罗门说完之后就高高兴兴告辞而去。

（九七）

有一段时间，云游在拘萨罗国的佛陀住在了娑罗林。娑罗林外有一位婆罗门带着五百位年轻人修学。那位婆罗门经常念及如来，希望如来尽快来到此地，他有很多疑惑一直都没能够解除。

有一天，他派弟子们去到树林里砍柴准备火供，弟子们在砍柴的过程中发现端坐在大树下的佛陀，只见佛陀相貌庄严，世之稀有，如真金般的身体发出的光芒赫然光辉。这些年轻人赶紧抱着各自采集的柴火回到婆罗门住处并说道："和尚，您不是常常念叨想要见到如来吗？那如来如今已经来到这片树林，正在一棵大树底下跌跏趺坐。您赶紧过去吧。"

婆罗门随即来到佛陀住处，问候已毕坐在一旁说道："这树林极其茂盛，独处其中让人心惊胆战，您为何独自一人在此跌跏趺坐，修习禅定难道不感到恐惧吗？又听不到悦耳的音乐可以令自己赏心悦目，能够如此乐意安住其中，真是闻所未闻啊。您是想成为大梵天王那样的世界自在之主呢？还是想成为像帝释天那样的三十三天自在之主呢？您独自一人安住在这令人毛骨悚然的森林里修习如此苦行，想要得到什么呢？"

佛陀回答道："那些欲望深重的人，由于疑惑甚多的缘故，使得对种种境界心生染着而不自知。而导致生死轮回的所有结使，皆因无智而得以生起。我已经断除了无智的毒根，断灭所有结使，对世间万有无欲无求，自然也就不会曲意逢迎。在所有的善法中，证知到清净的涅槃境界，成就了无上的佛陀圣果，指导有缘众生修习四禅八定，远离世间万有的无尽欲望，使得他们也得以证入到涅槃境界而不再经历生生死死死死生生的无尽轮回。”

婆罗门说道：“我如今皈命顶礼在释迦牟尼世尊门下，您能够随心所欲自由自在进入到任何禅定境界之中，解悟世间万法的绝对真相，在天上人间所有的有情众生当中，独具稀有的三十二相，相貌庄严无与伦比，犹如雪山之王。您虽然在林中得到解脱，但又不被树林所染着，本心已经彻底从三界六道中解脱出来证入到了清净圆满不生不灭的涅槃境界，拔出了所有毒箭。如来所开示的种种妙法，是世间所有言论中最为殊胜的。如来的讲经说法，如同狮子吼，所开示的苦集灭道四大真谛，唤醒了数以亿亿万万不可计算的沉迷众生，使他们得以超越生死，渡出苦海。如来不光是自己超度生死苦海，也成功度化无量无边的众生得以登陆涅槃彼岸，从此以后永恒安住在极乐境界之中。我如今皈命顶礼在如来座下，期望如来世尊也把那生死轮回解决之道无上妙法开示于我，也使得我远离所有怖畏，早日得渡生死苦海。如来安住在这树林，使得我无上荣幸于您这位能够除灭众生无尽烦恼的人天大导师。”

婆罗门说完这段话后，就欢欢喜喜告辞而去。

（九八）

有一段时间，云游在拘萨罗国的佛陀住在了孙陀利河岸边，有一天，住在河对岸的婆罗门来到了佛陀住所，问候已毕坐在一旁问道：“您打算去这河里沐浴吗？”

佛陀知而故问道：“在这河里洗澡能够带来什么样的利益呢？”

婆罗门回答道：“这条河是远古时候仙人度化众生的地方，如果能够在这河中沐浴的话，就能够洗净身上所有罪恶使之恢复清净鲜洁，而这是最吉祥的事情啊。”

佛陀说道：“世间任何河流都无法洗除已经做过的任何恶业，那些罪业深重的人就算是在这些河流里洗浴千百万年，也终究洗不掉所犯的恶业，以及造成烦恼的所有垢秽。如果一个人心意真正清净，圆满受持圣戒，就会常常反省自己身口意的所有行为是否清净，是否如法如律。能够修持清净行为的人，就会圆满具足所有戒律，不会去伤害任何有情众生，也不会盗取任何财物，不会淫欲，也不会打妄语。深信因果的人，自始至终都不会嫉妒任何人。只有正法之水，才能够洗净心中尘垢，也只有在正法之水中，才能够洗净所有罪业。而世间所有水流，无论是喝下去，或者是沐浴身体，怎么可能除得去心中污垢和所有恶业呢？既然不能够洗净心中污垢和罪业，那么饮用它们或者是沐浴又有什么用呢？我如今以真实不虚的言语希望能够调顺你的知见，只有能够舍弃所有嗔恚，不伤害任何物类，这才是真真正正能够净化人心的水。如果能够去到清净戒律这样的河，就能够洗除心中的尘劳。虽然不能够去除色身上的污垢，但能够去除内心的尘垢。对于那些内心险恶残害众生的人，冥顽不化广造众多恶业的人，就算是整日里泡在世间水中千百万年长久沐浴，都不能够除去那些恶业。”

婆罗门听了佛陀的开示，恍然大悟，连声赞道：“善哉善哉。您说得太好了，世间之水只能够洗除身上污垢，而心中尘垢和恶业，就无能为力了。”

（九九）

有一段时间，佛陀住在了拘萨罗国的孙陀利河边。

有一天黎明时分，新理完发的佛陀把头用衣服盖上坐在孙陀利河边趺跏趺坐。当时，孙陀利河对岸的婆罗门由于祭祀规则须将祭祀之物送给其他婆罗门而在这个时刻过河寻找其他婆罗门。当他经过佛陀面前时被佛陀知道了，随即取下衣服轻咳一声。婆罗门见到佛陀以为佛陀不是婆罗门种姓就打算转身再去寻找，随即又想到：理发的人未必就不是出家人，在婆罗门种姓的族群中也有理发的人，我不如去问问他，于是就问道：“您是哪里人？种姓是什么？”

佛陀回答道：“没有必要对其出生之地刨根问底，而应当询问是如何修行的。木头虽小，却可以生火，卑贱的种姓之中也会出生贤达人物，也同样可以出生善于调伏内心的人。一个人只要具足惭愧之心，就能够广修善行，精勤调顺内心的种种欲念，从而能够渡过生死激流登陆涅槃彼岸。这类人都能够收心定意，具足清净无染的种种梵行。既然你要将祭祀所剩下的物品布施出去从而广集福德善根的话，就一定布施给这类的大善丈夫。”

婆罗门回答道：“我如今遇到了真正应当祭祀的高人，也只有供养在此处才能够获得大功德。依照我的观察，您确确实实属于那种已经脱离六道轮回证入到涅槃彼岸的那类大善丈夫。过去在发放祭祀剩余物品时，都没有遇到过像您这样殊胜微妙的可施之处。”

佛陀见他将物品呈上时开示道：“之前你没有布施的打算，经我说法之后才生起供养之心，对于这类的供养，是不应当接受的，这也是古法所要求的，是故我不应当接受你的供养。为什么呢？因为我之前为你作出了开示。世间所有除灭了无尽烦恼的圣贤，应当接受世间人的种种供养。而要想广种福田，就应当在这一块领域中尽力供养。要想广修福业，我就是世间最为殊胜的福田。”

婆罗门很是惊愕，无奈问道：“那这些饮食应当布施给谁呢？”

佛陀说道：“我不见世间任何人等能够消化得了这些饮食，就算是三界诸天、魔众和梵天都不能够做得到。你把这些饮食倒进干净无虫的水里去吧。”

婆罗门依言就将这些饮食倒进了孙陀利河里，刚倒进水中，那水里忽然发出了巨大的哧溜哧溜声，就像是烧红的大铁丸被放在了冷水里一般。那婆罗门大惊失色，身毛倒竖，为了平息心中的恐惧，就赶紧找柴生火。

佛陀说道：“你收集柴草生火以为就能够得到清净？只有福薄无智的人才会如此去做。婆罗门，你应当放弃你的错误修为，修行内心之火，并使其越燃越大不会断绝，也只有这样去做，才是真真正正的祭祀。你应当对佛法僧三宝建立起坚固的信心并以清净之心去布施供养，而你如今憍慢之心非常之重，就算是车载斗量也难以做到。那嗔恚之毒犹如浓烟，也好比是把油料倒进了火堆，言语非常恶毒，心里满是嗔恚，不能够调顺恶意使之成为善法又怎么能够称之为大丈夫？如果能够以坚定信心为河，圣戒为渡河途径，那么这样的修为就能够广泛获得善根深厚的人高度赞赏。能够去到这样的河里洗浴，这才是你们常常念诵的毗陀咒。也只有这样做，才能够灭除种种恶业而得以渡过生死大河而进入到涅槃彼岸。以正法为河，对瞿昙的教导信受奉行，这才是真真正正的清净之水，也是一切善根深厚的人所最为珍贵的。能够去到这样的河里洗浴的人，才算得上是有智慧的人。这样的人可以在身体既不打湿也不污秽的情况下得以渡过生死激流而登陆涅槃彼岸。以诚实之语调顺六根，使之不再造作种种恶业，从而圆满修习清净无染的梵行。在所有的修行之中，忍辱和惭愧才是最为殊胜的。我如今把洗浴的真义告诉于你，就是希望你能够如实了知其真相。”

婆罗门听完佛陀的开示，恍然大悟，随即把火具丢在了一边，恭恭敬敬双手合十祈请道：“惟愿恩准我在佛法中出家受具足戒，成为您座下弟子在佛法中修行。”

佛陀同意了他的祈请，并为他受了具足戒。这位尊者出家之后，精勤修习，克服种种困难，专心致志收心摄意，安住僻静之地，远离种种放纵行为，不跟任何人来往，勤修戒定慧，除尽贪嗔痴，不久之后即身成就证得了阿罗汉圣果，再也不会在这三界六道投胎转世了。

（一〇〇）

有一段时间，佛陀住在舍卫国祇树给孤独园。有一天，一位梳着发髻的婆罗门来到了佛陀住处，问候已毕坐在一旁说道："外部的头发可以梳理盘起来，而内心的头发该怎么办呢？而这些发髻，又有谁能够去除呢？"

佛陀开示道："聪明智慧的人圆满受持圣戒，广学多闻得以启迪智慧，只要能够专心致志精勤修学，就一定能够除掉所有导致轮回的髻发。"

婆罗门又问道："外部的头发可以梳理盘起来，而内心的头发该怎么办呢？而这些发髻，又怎样才能够去除呢？"

佛陀开示道："无论是眼睛，还是耳根、鼻根、舌根和身体，都有意识和种种忆念，而精神和色身不再延续，心意就已经寂灭。如果能够达到这样的境地，就真真正正断除了所有髻发了。"

（一〇一）

佛陀在优楼频螺聚落泥连河岸菩提树下成佛不久，在趺跏趺坐过程中生起如是念想：世人无有恭敬之心，不能恭敬顺从尊长的教诲，对万事万物无所忌惮，纵情于五欲之乐中而永远失去义利。如此一来，生老病死忧悲苦恼等无穷无尽的痛苦就会没完没了的如影纠缠。如果世人都能够孝敬双亲，侍奉尊长，对尊长的教诲依教奉行，如此一来，就能够满足方方面面的期望而得到大义利。如果能够这样修持，无论在哪里都会非常之安乐。

想到这里，佛陀又想到在这世间，无论是天人，还是魔界，或者是梵天界和修行人，有没有人在戒、定、慧、解脱所具备的知见和解脱程度等方面优胜于我的，如果有，我就应当去亲近依止他并恭敬供养他。当佛陀用佛眼遍观世界以后发现，居然没有任何一个人在这些方面超过得了他的。

佛陀又想到：我所觉悟掌握到的正法，我应当亲近、供养、恭敬并以真诚之心去尊重他。为什么呢？无论是已经成为过去的，或者是当下驻世的，或者是未来即将成就的十方三世一切诸佛都依止在正法之中，并亲近供养尊重正法。

娑婆世界之主大梵天王随即知道了佛陀的心念，即时出现在佛陀面前说道：

“世尊，您刚才的念想确实是如此，真实不虚。十方三世一切诸佛之所以除去一切烦恼，都是依止正法为师的缘故。亲近并依止在正法之中，这也是十方三世一切诸佛所共同遵循的法则。所以，要想尊重自己，就必须首先尊重恭敬于正法。所以，我们应当时时意念诸佛教导，尊重供养亲近依止在无上大法之中。”

大梵天王赞叹完佛陀，随喜之后顶礼佛足告辞而去。

（一〇二）

在优楼频螺聚落泥连河侧菩提树下成就佛位不久的一天，佛陀思惟到：只有一条修行之道能够使茫茫众生得到清净，使其远离种种苦恼的折磨，除灭种种不善恶业使之获得正法所带来无量无边的大利益。这条修行之道就是四大念处。这四大念处指的是什么呢？分别是观察身体的真相，观察感受的真相，观察心念的真相，观察世间万有与我的真相。如果修行人不能够如实观察这四大现象，就会远离成就贤圣的方法和远离圣道。一旦远离致圣之道，也就等于远离甘露。如果远离甘露，则免不了生老病死忧悲苦恼的折磨。这样的人，是不可能从生死苦海中彻底脱离出来的。如果能够修习这四大念处，即等于亲近成为贤圣。亲近贤圣，就等于亲近成为贤圣的解决之道。如果亲近成为贤圣的解决之道，即等于亲近甘露之法。亲近甘露之法，极有可能免除了生老病死忧悲苦恼的侵袭。免除了生老病死忧悲苦恼的侵袭，这样的人就能够脱离生死轮回的苦海。

大梵天王随即知道了佛陀的心念，心想：我应当去到如来住处随喜劝善。想到此处，大梵天王随即从天上消失来到佛陀面前，行完顶足礼站在一旁说道：“世尊，您刚才心中所念真是太好了。确实是如此啊，在世间所有修行方略当中，只有这个方法才能够出离生死苦海，修行人都应当精勤修习。而世人要想彻底远离世间八苦的折磨，也只有这一条道才能够达到目的。如果能够精勤修习这个方法，就好比鹤飞虚空，一去就再也不会回头。释迦牟尼世尊，功德圆满成佛未久，就能够如法忆念这个登陆涅槃彼岸的方法。世间一切正确的导师，都本着慈悲为怀普度众生的心念，广为弘扬这个修行之道，从而令到一切有缘众生能够超越生死渡出苦海，登陆到不生不灭寂静清凉的涅槃境界。古往今来十方诸佛也都是因为这修行之道从而圆满所有修行得渡生死苦海。什么是度呢？指的是调伏内心妄念使得恢复本心清净，超越生死轮回激流，登陆涅槃彼岸。世间是生死轮回的境界，解知世间万有的绝对真相，为那些善根深厚的人宣说明示如此殊胜的佛法。就好比是千里奔流的黄河，最终都归于大海。致圣之道也是如此，佛陀出世为世人开示显现了涅槃界的真相。就好比是奔流到海的恒河一样，这个修行方法也把修行者导向了涅槃彼岸。您所开示的无上妙音，是我们闻所未闻的啊。惟愿世尊为了度脱那些无时无刻不在面临或经历生老病死的人，广转法轮，处处讲经说法，使得他们都能够皈命在如来座下。”

说到这里，大梵天王再一次顶礼佛足，而后隐没而去。

（一〇三）

一天深夜，大梵天王来到舍卫国祇树给孤独园佛陀住所，他发出的身光照亮了整座园林，顶礼佛足之后坐在一旁说道：“刹帝利种姓是最为尊贵的，而您已经成就明行足的修持，成为了人天之间最为殊胜的人。”

佛陀认可道：“确实如此。”

大梵天王见佛陀认可了他的说法，很是欢喜，顶礼佛足之后随即消失在人间回到了天上。

（一〇四）

有一段时间，云游在拘萨罗国的佛陀与比丘们住在了一寺院里。当时，佛陀给大众开示时着重强调了安住在寺院的好处，大梵天王知道了佛陀的开示，随即在天上消失来到了人间，出现在了佛陀面前，顶礼佛足之后坐在一旁说道：“安住在僻静之地参禅悟道，就能够断除一切导致轮回的结缚。如果做不到，就应当与僧团成员住在一起。在在处处都应当生起正确的念想，调伏六根不使纵情于妄念，以平等清净之心去到人间化缘。在能够圆满严谨奉持圣戒的情况下，就应当独处空旷僻静之地参禅悟道，放下所有恐怖畏惧，安住在无所畏惧之中，断除所有懦慢，以金刚不坏的信念安住在其中，对所接触的佛法不应心生疑惑。一千位大阿罗汉们都是在这样的环境中了断生死，证得圣果。证得斯陀含圣果的人有二百五十多人和一千一百多位证得须陀洹圣果的人修行经历也是如此。他们都能够在僧团的影响下修学正确的离苦得乐解决之道，再也不会经历三大恶道的轮回。那些证得圣果的人们之所以不愿意宣说这些，都是因为担心世人不信不懂得恭敬才守口如瓶，不愿意宣扬这些。”

大梵天王说完这段话，再一次顶礼佛足之后就消失在人间回到了天宫。

（一〇五）

有一段时间，佛陀与五百位证得阿罗汉圣果的比丘们住在了释迦族的迦毗罗卫国的一处森林里。当时，有十大世界的大威德诸天来到了佛陀住处拜望如来和僧团，佛陀就为他们演说开示随顺涅槃的佛法。有四大梵天的天子见状就一起从天宫消失，即时出现在佛陀面前，顶礼佛足之后站在了一旁。第一位梵天子说道：“今日这树林里集会了如此之多的圣众，我们之所以来到这里，是为了拜望圣众们，并不是以不善之心前来破坏僧团成员团结的。”

第二位梵天子说道：“比丘们以诚实之心精勤修行，务令心安意定，就好比优秀的驯马者，无论多么顽劣的马匹都能够使之得以驯服，更好地为人类服务一样。优秀的比丘也是如此，能够制服六根不使妄心乱动，从而本心面对种种外境的诱惑能够使之如如不动。”

第三位梵天子说道：“就好比野马被人驯服，能够很好地为人类服务。那些心意得以驯服的比丘们也是如此，他们拔掉了贪嗔痴三大毒柱，斩断了爱欲这样的天堑。之所以能够出现阿罗汉，那都是因为世尊这样的大导师所调教出来的大龙象。”

第四位梵天子说道：“人世间凡是皈命于佛陀的人，身坏命终之后都能够生到天上去。”

四大梵天子说完这些话之后，再以恭敬之心行完顶足礼而后告辞而去。

（一〇六）

一天深夜，大梵天王来到了王舍城迦兰陀竹林精舍佛陀住处，当时佛陀正在入定，大梵天王见不是时候正准备转身离去，他以天耳听到了提婆达多的亲友瞿迦梨比丘正在诽谤舍利弗和目犍连两位尊者，于是来到瞿迦梨门口敲门说道：“瞿迦梨，瞿迦梨，你应当对舍利弗和目犍连两位尊者生起清净无染的信心，这两位尊者心净柔软，具足梵行。你这样诽谤他将会导致在未来世的轮回中饱受众苦煎熬。”

瞿迦梨就问道：“你是谁？”

大梵天王回答道：“我是大梵天王。”

瞿迦梨问道：“是不是佛陀授记证得阿那含圣果的那位大梵天王？”

大梵天王回答道："是啊。"

瞿迦梨问道："证得阿那含圣果的人不再来到这里，那你为什么还来？"

大梵天王听了心生此念道：不应该跟这样的人说那么多。于是说道："想要去测量无量恶法，是所有智者最不应该去干的事情，否则，必定带来莫大的伤害。"

说完这段话，大梵天王来到了佛陀住所，顶礼佛足之后坐在一旁，就把之前的因缘详详细细告诉了佛陀。佛陀说道："确实如此。要想测量无量恶法，只会为凡夫之人带来无穷无尽的烦恼。世人驻世，伤人之斧，藏在口中。因为恶口而自伤其身。应当给予赞叹的却去毁谤，而应当毁谤的人却被赞叹。这类恶贯满盈的人最终面临的是无穷无尽的痛苦而不见哪怕是一丝丝的快乐。瞿迦梨诽谤佛门圣贤而造下极重罪业，身坏命终之后将经历百千地狱的痛苦煎熬。当年阿浮陀也是因为这个原因而堕入到地狱之中。"

大梵天王听了佛陀的开示，很是忧郁，再一次顶礼佛足告辞而去。

（一〇七）

有一段时间，佛陀住在了舍卫国祇树给孤独园。

有一天，小胜善闭梵和小胜光梵这两位梵天之子想要去人间参见佛陀，大梵天王见状就问道："你们这是准备去哪里呢？"

两位天子就回答道："我们准备去到人间去拜见世尊。"

大梵天王说道："你看我真金般的身体发出的光芒屏蔽了梵天所有的光芒，你为何不来拜访我却要去到佛陀住所拜见他呢？"

两位梵天子就说道："你的身光虽然能够胜过梵天所有人的光芒，但这身光也带来了许许多多的忧患。那些去处无明得到世出世间的大智慧且从三界中彻底解脱出来的圣者们就绝对对你的身光不感兴趣。"

两位梵天子说完就消失在天上来到了佛陀住所，顶礼佛足之后坐在一旁就把之前与大梵天王的对话原原本本告诉了佛陀，佛陀说道："梵天子，你们所言确实如此。那大梵天王的身体确实是能够发出足以胜过梵天中任何一位梵天子的身光，但他的身光带来的只是无穷无尽的烦恼和隐患。有智慧的人是绝对不会被其身光所迷惑的。"

接着，佛陀为两位梵天之子开示了精妙殊胜的佛法使之心大欢喜，这两位梵天子欢欢喜喜再一次顶礼佛足之后就即时回到了天宫。

（一〇八）

有一段时间，佛陀住在了舍卫国祇树给孤独园。

有一天，大梵天王心生邪见道：我这梵天坚固不坏，也无需经历生死轮回。不可能出现来到这里又去到其他世界的事情。

佛陀即时知道了他的心念，随即在人间消失来到了大梵天王的宫殿，大梵天王见佛陀到来很是欢喜，随即说道："大仙，我这梵天坚固不坏，也没有生死现象的存在，假如有人说这里的人死后又去到其他世界，这个说法是非常不正确的。"

佛陀说道："这梵天也是时时刻刻处在无常变易之中，而你为何今日要心生永恒之想？这梵天已经是江河日下，正处在败坏之中，你为何要生起这世界坚固不坏之想？此处也属不定，而你却心生不变之想。明明此处有生死，而你却熟视无睹说这里的人无有生死往来，而真真正正无有生死往来的殊胜之处你却不知道。"

大梵天王说道："七十二位梵天子都在这里消失，来无影去无踪，而这里所有的天人们都知道我，而这里只有我才不会退失。"

佛陀说道："你所谓的长寿，其实是非常之短暂。而我知道你的驻世时间，虽然是与天地齐寿，也只不过是一劫而已。"

大梵天王问道："世尊，您的智慧无穷无尽，已经超越生老病死这四大自然规律，能够为茫茫众生开示世间之绝对真相。我想请教的是，我前世造就的是什么业，受持的是什么戒行？而得以今生今世安住在这大梵天之上，寿命居然如此之久远。"

佛陀开示道："在过去世中，有一群强盗在打家劫舍时把村民抓捕起来并抢劫大量的财物，而你在当时孔武有力，解救了那帮受苦受难的人，再加上不加害任何众生，与那些人在长达一劫的时间里修行十善，乐善好施，广结善缘，还能够圆满持戒。你也经常梦见自己过去世中的一些片段。有一次你修习仙人行时遇到毒龙想要颠覆河上的大船杀害船上的人，结果你慈悲之心甚是猛烈，解救了这帮人。而你有今日之显耀，都是过去世修习圣戒的缘故。"

大梵天王说道："您确确实实能够知道我寿命的长短，而我其他的任何事情您也知道得一清二楚。您的身光非常明亮，能够屏蔽这大梵天所有人等的身光而无处不在，所以才会被天上人间所有有情众生赞叹不已，尊敬有加。”

佛陀接着为他演说了无上甚深微妙佛法，使之心大欢喜，随即从天上消失回到了人间。

（一〇九）

有一段时间，佛陀住在了舍卫国祇树给孤独园。

当时，有一位梵王心生邪见而说道：“我都不见有人能够出生在我的宫殿，更何况能够超越我的境界呢？”

佛陀即时知道了他的心思，随即消失在人间出现在了梵王宫殿的上空跌跏趺坐。憍陈如尊者见此情景也即时在人间消失去到了梵王宫在佛陀的东面跌跏趺坐。摩诃迦叶也即时出现在佛陀身边并在南面跌跏趺坐。大目犍连尊者即时出现在佛陀身边并在西面跌跏趺坐。阿那律尊者也在佛陀的北面跌跏趺坐。

佛陀告知梵王道：“你的所见所闻有没有算上你本人呢？你现在观察一下，这几位的身光容貌有没有比你的还殊胜呢？”

梵王说道：“是的，我已经看的非常清楚，你们身体发出的光明是我闻所未闻的。这些光明是我在此之前都未曾见到的，真是殊胜无比。从今往后再也不敢狂妄自大说这里是永恒不变的了。”

佛陀开示道：“此处也属无常变易之中，最终也都化为虚无而不得自在。”

而后佛陀为他演说了殊胜无比的佛法，就即时回到了祇树给孤独园。憍陈如尊者、摩诃迦叶尊者、阿那律尊者也先后为他演说佛法而后都即时从天上消失回到了原来的住处。

梵王问还没有离开的大目犍连尊者道：“世尊座下弟子中还有没有像您一样具足大威德神通力的人呢？”

大目犍连尊者回答道：“佛陀座下具足如此威德神通力的弟子们非常之多。他们都能够知晓古往今来所发生的一切事，能够看到有情众生生生死死死死生生的各种场景，断尽所有烦恼知晓他人内心世界的每一个意念，能够显现不可思议的神通力去教化茫茫群生，所以，你更应该对佛陀座下的弟子们心生恭敬。”

大目犍连尊者随后为他演说了佛法，而后也即时从天上消失回到了人间原先的住处。

（一一〇）

拘尸那竭力士生地娑罗林，佛陀临证入涅槃的时间越来越近，于是告知阿难道：“你去那两棵树之间为我铺设好座床吧。”

阿难尊者遵命，铺设好之后就来到佛陀面前，顶礼佛足之后坐在一旁说道：“世尊。座床已经铺设好了。”

佛陀站起身来走到铺设好的座床前右胁而卧，双足相垒，将心念安住在大光明之中，做好证入到涅槃境界的准备。

当时，拘尸那竭国有一位一百二十岁名叫须跋陀的梵志，深得当地人民的爱戴，大家都一致认为他是证得阿罗汉圣果的圣者。他听说佛陀今夜将舍弃有为之法证入到涅槃境界，于是想到：我还有许多疑惑还没能够得以解除，而这些疑惑只有瞿昙才能够解析清楚，我应当赶紧去拜访他，以免将来后悔。他想到此处，于是即时动身来到佛陀住处。当时阿难尊者正在经行，须跋陀就祈请道：“我听说沙门瞿昙今夜就要证入到涅槃境界，而我尚有许多疑惑还需要去请教他。”

阿难尊者说道：“梵志，佛陀已经非常之疲倦了，你还是不要去打搅他了。”

须跋陀说道：“我听说如来今夜就要证入涅槃境界，也曾经听闻证得无上正等正觉的如来出世是难逢难遇，就如同优昙钵花一样。而我现在还有疑惑急需得到开示，请您允许我去拜见佛陀。”如此说了三遍，阿难都以佛陀身体疲倦而拒绝通报。

佛陀以无尽天耳听到了他们之间的对话，于是告知阿难尊者道：“你不要阻止他前来，就让他过来吧。”

须跋陀听了非常之欢喜，高高兴兴来到佛陀面前问候已毕坐在一旁说道：“世尊。我有些疑惑还没能够搞清楚，允许我请教不？”

佛陀说道：“你随意吧。”

须跋陀随即问道：“世尊，其他教派的知见差别都非常之大，也都宣称自己的知见是世间唯一真理。我想请教世尊的是，他们这些教派的教主得到世出世间的大智慧了吗？”

佛陀开示道：“我三十一出家，如今已是五十余年。在这期间，我处处推广离苦得乐的种种善法，制定种种戒律指引有缘众生抵达涅槃彼岸。而世间其他有情众生由于无明覆蔽而不能够如实了解诸法实相，也就更不用说离苦得乐的种种正确方法了。如果能够按照八大正道的要求去修行，就能够证得初果乃至于第四果阿罗汉果位。如果不能够如法修持八大正道，不要说出离三界不再轮回证得阿罗汉圣果，就算是想证得初果也是不可能的。我在世间讲经说法普度众生，就如同狮子吼一样警醒了数不清的众生。而这样的正法，在此之前是其他教派的任何人所不能够掌握的，更不用说传承了。”

佛陀开示完毕，须跋陀当即远离尘垢，成就了清净无染的法眼。他当即恭恭敬敬双手合十说道：“世尊，我从此以后再也不会经历三恶道的轮回了。”他又向阿难尊者说道：“善哉。阿难。您获得了无量无边的大利益，能够在如来座下成为他的弟子并且随侍在佛陀左右。而我如今也得到了莫大善利，我想在佛法中出家。”

阿难尊者双手合十祈请道：“世尊，须跋陀想在佛法中出家修行。”

佛陀随即说了一句：“善来，比丘。”

佛陀话音刚落，须跋陀须发自落，袈裟着身，随即得授具足戒。刚得戒，须跋陀随即证得了阿罗汉圣果。须跋陀心道：我不忍心见到世尊证入涅槃界，那我先走吧。须跋陀随即舍弃生命证入到涅槃境界。而后不久，佛陀也相继示灭。

当时，有一位比丘就说道：“佛陀在双树间证入涅槃，那伸向四周的树枝周围纷纷扬扬洒下了各式各样的花瓣，都落在了佛陀的身上。之所以会出现花雨缤纷的景象，都是因为佛陀证入到涅槃境界的缘故。”

忉利天天主释提桓因说道：“世间万有无不处在无常变易之中，有生就必定有灭。当导致生的因缘灭尽之后，就会证入到不生不灭寂静清凉的涅槃境界之中。”

娑婆世界之主大梵天王说道：“世间之中有生就必定有死。就算是具足独有十大威力的世间无与伦比的佛陀也概莫能外，如今世尊这位大圣极尊也舍弃世寿证入到涅槃境界了。”

阿那律尊者说道：“一切正法之主意识得以止住，呼吸已经中断。如来所成就的一切都已经彻底满足。如今证入到涅槃境界，本心早已不再有任何怖畏，舍弃了所有感受，就如同油尽灯枯。灭尽情欲和万有证入到涅槃境界，心意得以彻底解脱而不再轮回了。”

当时在场的许许多多人见到佛陀示灭，都悲恸不已。七日之后，阿难尊者围着佛陀遗体右绕七圈而说道：“大慈大悲的世尊遗体如同世间真正清净的宝物，世间之火根本就无法点燃他的遗体。”佛陀运用他的莫大神力，使熊熊大火从自身燃起，那些用来缠绕世尊遗体的千匹白净之布居然可以毫无损伤。

(一一一)

有一段时间，佛陀住在了舍卫国祇树给孤独园。

有一位名叫旷野的比丘尼化完缘吃完饭就准备去到得眼林，一直想要扰乱僧团修行的波旬见状就变成一个年轻人站在路边问旷野比丘尼道：“你要去什么地方啊？”

旷野比丘尼回答道：“我要去到僻静之地参禅入定。”

波旬就说道：“在这世间之中，哪有什么人能够从三界六道的轮回中解脱出来呢？既然如此，那你跑到深山老林僻静之地又能够干些什么呢？你如今风华正茂，年轻貌美，为什么不能够及时行乐呢？一旦衰老病变，后悔又有什么用呢？”

旷野比丘尼听完波旬的话就心想：这是谁呢？他为什么要来扰乱我的修行呢？是人？还是非人鬼神呢？想到此处，她随即入定观察，发现是波旬想要退失她的道心，于是说道：“世间自有解脱者，这些都已证知。魔王波旬好愚鄙，不解离苦之正道。整日被贪所驱使，沦落三界不止息。五欲之乐终堕落，贪欲之苦甚怖畏。世间所有忧悲恼，皆因爱欲为缘起。追念爱欲苦无尽，万般苦恼由此生。贪欲乃是众苦本，断除爱欲苦海竭。灭除无明智慧生，证得圣果安乐境。不生不灭得自在，无所作为涅槃城。”

波旬见旷野比丘尼识破了他的心计，非常懊恼悔恨，满面羞愧即时消失在人间回到了天宫。

(一一二)

有一段时间，佛陀住在了舍卫国祇树给孤独园。

苏摩比丘尼吃完饭后拿好坐具准备去到得眼林中参禅打坐，波旬变化成婆罗门站在路边说道：“大德这是准备去哪里呢？”

苏摩比丘尼回答道：“我要去到寂静处入定参禅。”

波旬就说道：“自古以来，一切仙圣所证得的境界是我们这些凡夫俗子所难以企及的。依照你如此粗鄙污秽的智慧，那更是不可能的。”

苏摩比丘尼一听，随即入定观察此人身份，发现是波旬前来试图扰乱她的心性，于是说道：“我无所作为，只是专注于修习禅定中观见超凡入圣的方法。作为修行人，如果还执着于分别男女相，那他的修习就不可能有任何成果。在我心里，已经不存在男女相的分别，为什么就不能够达到其他仙圣所成就的境界呢？只要能够断除所有对三界万有的贪爱，灭除了所有无明，全面掌握了世出世间的大智慧，就能够证入到不生不灭寂静清凉的涅槃境界。所以，波旬，这次你输了。”

波旬见苏摩比丘尼识破了他的心计，非常懊恼悔恨，满面羞愧即时消失在人间回到了天宫。

（一一三）

有一段时间，佛陀住在了舍卫国祇树给孤独园。

有一天，翅舍憍昙弥比丘尼吃完饭就带着坐具朝得眼林走去，在一棵大树底下跌跏趺坐，准备参禅入定。波旬见状就想去扰乱她的修行，变成一个年轻人出现在她的面前说道：“你为何独自一人满怀心事坐在这大树底下呢？难道是有丧子之痛？或者是想要找男人成为你的丈夫吗？”

比丘尼心想：这是谁呢？他为什么前来扰乱我的修行呢？随即入定观察，发现是波旬前来想要扰乱她的心性，她说道：“我已经断除了所有恩爱，对世间万有无欲无求，更不会有要孩子的念想。我如今端坐在这森林里，既无烦恼也无忧愁。只要能够断除所有对三界万有的贪爱，灭除了所有无明，全面掌握了世出世间的大智慧，就能够证入到不生不灭寂静清凉的涅槃境界。所以，波旬，这次你输了。”

波旬见比丘尼识破了他的心计，非常懊恼悔恨，满面羞愧即时消失在人间回到了天宫。

（一一四）

有一段时间，佛陀住在舍卫国祇树给孤独园。

有一天，莲华色比丘尼吃完午饭后去到得眼林的一棵大树底下跌跏趺坐，参禅入定。波旬为了扰乱她的修行，于是变成一位年轻人出现在她面前说道：“你独自一人如同鲜花一般坐在那娑罗树下参禅打坐，也不见有人陪同护法，难道你不担心那些愚痴之人来伤害你吗？”

莲华色比丘尼心想，这是谁在这里扰乱我的修行呢？是俗人？还是鬼神呢？

当她入定观察之后发现是波旬，于是说道："就算是千千万万个如同你一般的盗贼出现在我面前，也动不了我一根汗毛，是故有什么值得我畏惧的？"

波旬道："我如今打算隐身进入你的腹中，或者是你的双眉之间，让你找不到我。"

莲华色比丘尼说道："我的本心已得大自在，善于修持如意禅定，断绝了各种导致轮回的结缚，再也不会怖畏魔军的各种侵袭。我已经除尽种种结使，彻底拔尽了导致轮回的三大毒根。所有怖畏根本都已经除尽，是以在这世间无所畏惧了。我现在安住在此，对你都毫无畏惧之心，就算是你的眷属悉数出动，我也不会感到丝毫畏惧。只要能够断除所有对三界万有的贪爱，灭除了所有无明，全面掌握了世出世间的大智慧，就能够证入到不生不灭寂静清凉的涅槃境界。所以，波旬，这次你输了。"

波旬见莲华色比丘尼识破了他的心计，非常懊恼悔恨，满面羞愧即时消失在人间回到了天宫。

（一一五）

有一段时间，佛陀住在了舍卫国祇树给孤独园。

有一天，石室比丘尼吃完午饭带着坐具往得眼林进发，波旬为了扰乱她的修行就变成一个年轻人出现在她面前说道："众生是谁造就的？谁又造就了众生？为什么会被命名为众生？众生又将往何处去？"

比丘尼一听来者不善，于是入定观察发现是波旬，于是回答道："众魔生邪见，以为有众生。本无因缘汇，实无一众生。比如众缘合，方才有车用。五蕴也如此，因缘和合成。业力缘聚会，业尽无一成。只要能够断除所有对三界万有的贪爱，灭除了所有无明，全面掌握了世出世间的大智慧，就能够证入到不生不灭寂静清凉的涅槃境界。所以，波旬，这次你输了。"

波旬见石室比丘尼识破了他的心计，非常懊恼悔恨，满面羞愧即时消失在人间回到了天宫。

（一一六）

有一段时间，佛陀住在了舍卫国祇树给孤独园。

有一位比丘尼吃完午饭收拾好坐具走向得眼林，波旬见状又想扰乱她的心性，于是变成一个年轻人站在路边说道："是谁造就的色像？色像又造就了谁？色像又是如何出现的？最终又往何处去？"

比丘尼一听来者不善，于是入定观察发现是波旬，于是回答道："色像并非是自然形成，也非靠他人造就。只因众多因缘和合而有，也因众缘乖离而消失。就好比是播种在土地的种子，因土壤、水份、温度而发芽生长。因为五蕴和十八界和合的缘故，才会形成色像。因苦而生长，也因苦而散坏。只要能够断除所有对三界万有的贪爱，灭除了所有无明，全面掌握了世出世间的大智慧，就能够证入到不生不灭寂静清凉的涅槃境界。所以，波旬，这次你输了。"

波旬见比丘尼识破了他的心计，非常懊恼悔恨，满面羞愧即时消失在人间回到了天宫。

（一一七）

有一段时间，佛陀住在了舍卫国祇树给孤独园。

有一天，毗阇耶比丘尼从王园精舍来到得眼林，坐在一棵树下参禅入定。波旬为了扰乱她的修行就说道："你风华正茂，靓丽动人，而我正值青春年少，强壮有力，不如携手人间，共享世间荣华富贵。为何一个人独坐在这荒郊野外，而不愿意跟我在一起呢？"

毗阇耶比丘尼一听来者不善，于是入定观察发现是波旬，于是回答道："莺歌燕舞，纵情声色，那是你最喜欢干的事情，而不是我的选择。人间所有的快乐，以及天界的五欲之乐，你自己去体会享受吧。这些都不是我所需要的。只要能够断除所有对三界万有的贪爱，灭除了所有无明，全面掌握了世出世间的大智慧，就能够证入到不生不灭寂静清凉的涅槃境界。所以，波旬，这次你输了。"

波旬见比丘尼识破了他的心计，非常懊恼悔恨，满面羞愧即时消失在人间回到了天宫。

（一一八）

有一段时间，佛陀住在了舍卫国祇树给孤独园。

有一天，有一位名叫折罗的比丘尼吃完午饭去到了得眼林。在一棵大树下跌跏趺坐，参禅入定。波旬为了扰乱她的心性就变成一个年轻人出现在她面前说道："人生在世，就要快快乐乐享受五欲之乐。你是听谁说未来不再投生呢？"

折罗比丘尼一听来者不善，于是入定观察发现是波旬，于是回答道：“有生必有死，无尽苦痛纠缠系缚不止。因为想要断除一切痛苦，就必须断除种种求生的欲望。贵为三界法王的释迦牟尼世尊，为我们演说开示了世间真谛大法。造就了苦因，就必定出生在苦海，是以皆当舍离之。世人要想超凡入圣，就必须修持八大正道，从而趋向涅槃境界。世尊如是教导我，而我也非常之喜欢这教法，我也亲身证知了佛陀所传承开示的法义，从而不喜欢再生。只要能够断除所有对三界万有的贪爱，灭除了所有无明，全面掌握了世出世间的大智慧，就能够证入到不生不灭寂静清凉的涅槃境界。所以，波旬，这次你输了。”

波旬见比丘尼识破了他的心计，非常懊恼悔恨，满面羞愧即时消失在人间回到了天宫。

（一一九）

有一段时间，佛陀住在了舍卫国祇树给孤独园。

有一天，优波折罗比丘尼从王园精舍出发来到了得眼林，在一棵大树下跌跏趺坐，参禅入定。魔王波旬见状就想破坏她的修行，扰乱她的道心，就变成一个年轻人出现在她的面前问道：“阿利耶，你打算往生在何处呢？”

优波折罗比丘尼回答道：“我再也不会去投胎转世了。”波旬说道：“忉利天、夜摩天、兜率天、化乐天、他化自在天这些天界都是极其快乐的地方，你应当发愿往生在那里，去安享那殊胜微妙的快乐。”

优波折罗比丘尼道：“天界虽好，却不是久留之地。邪知邪见，终归是魔众境界。世间万有，无不处在无常变易之中而无一刻宁日，而愚痴无知的凡夫俗子，始终无法摆脱魔众境界而辗转在三界六道之中。世间好比是熊熊大火中的火宅，狼烟四起。而远离是非之地，安住在涅槃境界之中，则是我的快乐所在之处。只要能够断除所有对三界万有的贪爱，灭除了所有无明，全面掌握了世出世间的大智慧，就能够证入到不生不灭寂静清凉的涅槃境界。所以，波旬，这次你输了。”

波旬见比丘尼识破了他的心计，非常懊恼悔恨，满面羞愧即时消失在人间回到了天宫。

（一二〇）

有一段时间，佛陀住在了舍卫国祇树给孤独园。

有一位名叫动头的比丘尼从王园精舍出发来到了得眼林，在一棵大树下跌跏趺坐，参禅入定。魔王波旬见状就想破坏她的修行，扰乱她的道心，就变成一个年轻人出现在她的面前说道：“世间有九十六种教派，你最喜欢哪一派？”

比丘尼回答道：“哪一派我都不喜欢。”

波旬说道：“那是谁为你剃除的头发？居然自号为比丘尼。愚痴至极的你，居然不喜欢其他教派。”

动头比丘尼回答道：“那九十六种教派的人，个个都被种种邪知邪见所把持，从而辗转轮回在魔众编制的生死之网。出自释迦族的大世尊，是世间之中无与伦比的伟岸大丈夫，圆满了所有修行，具足了一切功德，降伏了魔众的侵袭，成就了无上佛果，安坐在道场为有缘众生开演离苦得乐的殊胜佛法。佛陀能够教化我，使我断除了所有导致轮回的结使，除尽了造就苦海的恶因，超越了生死苦海，登陆了涅槃彼岸，彻底从烦恼和轮回中解脱了出来。只要能够断除所有对三界万有的贪爱，灭除了所有无明，全面掌握了世出世间的大智慧，就能够证入到不生不灭寂静清凉的涅槃境界。所以，波旬，这次你输了。”

波旬见比丘尼识破了他的心计，非常懊恼悔恨，满面羞愧即时消失在人间回到了天宫。

（一二一）

有一段时间，佛陀住在了萨婆国竭阇池岸。时值十五月圆之夜，佛陀在跟僧团演说戒律。面对皓月东升，婆耆奢尊者想到：我想要用月亮作比喻来赞叹世尊。想到此处，婆耆奢尊者站起身来双手合十说道：“世尊，我有话说，惟愿您慈悲开许。”

佛陀说道：“有什么话你就说吧。”

婆耆奢尊者说道：“一轮圆月处在万里无云的虚空之中，光明遍照了整个世界，无人不喜悦。释迦牟尼世尊是世间的大导师，相貌端正庄严殊特无与伦比，美名遍满十方世界。白色莲花在皎洁的月光下分外妖娆，而红莲则在阳光之下开得更加娇艳。从佛陀处接受教化的人就如同那越开越艳的莲华，开发出过去的善根，使之能够洞悉世间绝对真相找对修行方法以期能够早日出离生死苦海不再辗转轮回在三界六道之中。”

婆耆奢尊者赞叹完毕，非常喜悦，高高兴兴地坐回了原位。

（一二二）

有一段时间，佛陀住在了舍卫国祇树给孤独园。

有一天，佛陀在数不清的弟子们团团围绕中讲经说法，当时，憍陈如尊者从其他地方来到了佛陀面前，行完顶足礼之后就坐在一旁。

婆耆奢尊者心道：我要在佛陀面前赞叹憍陈如尊者。想到此处，婆耆奢尊者站起身来双手合十祈请道："世尊，请您恩准我有所赞叹。"

佛陀说道："你随意吧。"

婆耆奢尊者赞叹道："上座比丘憍陈如，安处实语利乐众生，经常安住在清闲僻静之地，广学多闻深入经藏研习佛陀教法，严格约束制约自心生起的每一个心念，有大威德并具足了宿命通、天眼通和漏尽通，知晓他人的心意差别和善根深厚，真不愧为如来座下长子。我也至诚皈命顶礼如来世尊。"

赞叹完毕，婆耆奢尊者满心欢喜，高高兴兴坐了回去。

（一二三）

有一段时间，佛陀住在了舍卫国祇树给孤独园。

有一天，舍利弗尊者在讲堂里为众僧讲经说法，他的声音悦耳动听，具足一切义理，使得在场的比丘们都心意喜乐，心有所悟，安住无为之境，法喜充满。

当时，也在其中的婆耆奢尊者发心要赞叹舍利弗尊者，于是站起身来，正了正衣服，双手合十说道："惟愿尊者恩准我有所说。"

舍利弗尊者说道："你随意吧。"

婆耆奢尊者随即赞叹道："善哉善哉舍利弗，通达世出世间的大智慧，对一切法的正与邪如实了知，为广大比丘僧们如理如法宣说开示。在这讲堂之中，发出了微妙殊胜的法音，使听闻者无不欢喜踊跃，法喜充满，百听不厌。"

婆耆奢尊者说完这段话，就满心欢喜地坐回了原位。

（一二四）

有一段时间，佛陀与五百位证得阿罗汉的比丘们住在龙山之侧。到了月圆之夜，佛陀在比丘们面前趺跏趺坐演说圣戒，大目犍连尊者观察到在场的比丘们都已经彻底断除对世间万有的所有爱欲。婆耆奢尊者也在其中，他想到：我今夜要在佛陀和众僧面前有所赞说。想到此处，他站起身来，整了整衣服，双手合十恭恭敬敬说道："世尊，请恩准我有话要说。"

佛陀说道："婆耆奢。你有话就说吧。"

婆耆奢尊者随即说道："世间至高无上的商主，住在了龙山之侧。运用世出世间的无上智慧，抚慰了五百位比丘僧。大目犍连尊者运用神通力观察到这五百位比丘僧的本心都已经断除了所有欲念和导致轮回的结使，而这一切都是如来世尊教化普度的结果。世尊本身也超度生死苦海，不再轮回，这一身乃是他无尽轮回中的最后一身。我如今归命顶礼在瞿昙大师面前。"

（一二五）

有一段时间，佛陀与五百位证得阿罗汉圣果的比丘们住在了王舍城迦兰陀竹林精舍结夏安居。在这五百位证得阿罗汉圣果的比丘之外，只有阿难尊者还没有即身成就阿罗汉圣果，但佛陀已经授记他在这一生中必定证得阿罗汉果位。

到了七月十五的晚上，自恣时间已到，佛陀在比丘们面前跌跏趺坐，而后说道："你们应当知道，我是婆罗门，已经证知涅槃境界，此身是最后一身，再无轮回。我也是无上良医，善于拔治毒箭所带来的伤害。而你们都是我的儿子，也都是从我心口诞生，是我法子，从正法化生。如今我也在这自恣之时展开批评与自我批评，请你们评议我在身口意三大方面有没有什么过失。"

舍利弗尊者站起身来，整了整衣服，双手合十说道："世尊，正如佛陀所说，您是真正的婆罗门，已经证知涅槃境界，这一身将是无尽轮回中的最后一身。您是无上良医，善于治疗拔出所有毒箭。而我们都是您的儿子，从您心口诞生，是您法子，从正法而生。我们并不曾见到如来身口意有哪怕是少许过失。为什么这样说呢？世尊能够使不能够调伏者得以调伏，不能够寂灭心意者得以寂灭，使烦恼者得以清凉，未证入涅槃者得以证入涅槃。如来是知道离苦得乐正法的人，是指示离苦得乐正道的人，是演说正道的人，是天上人间所有一切众生离苦得乐的导师。在未来世中，如来的弟子会一直世世代代永远传承下去。世尊的教法，作为弟子的我们应当按照相应次第渐次修行，随顺正法，在在处处时时刻刻都要拥护亲爱种种善法。我们并不曾见到世尊的身口意有什么过失。世尊。惟愿您批评指正我在身口意方面的过失。"

佛陀告知舍利弗道："我不见你有什么过失。为什么呢？因为你坚守清净无染的圣戒，广学多闻，深入经藏，对世间万物少欲知足，远离繁华场所，安居闲静之地，修行精进，具足四禅八定，建立并安住在世出世间的般若智慧之中。在这世间，除了如来之外，其他任何人的智慧都不及你。你在在处处讲经说法，普度众生，心无嫉妒。见到他人有才能就会随喜赞叹。为四众弟子讲经说法从无厌倦。正因为如此，你的身口意三业不曾有一丝一毫的过失。”

舍利弗尊者问道：“世尊，在座的这五百位比丘在身口意方面有什么过失吗？”

佛陀开示道：“我不见这五百位比丘在身口意方面有任何过失。为什么呢？因为他们都是证得阿罗汉圣果的圣者，已经断尽所有烦恼，应当具足的修为都已经圆满，舍弃了所有重担，得到了真实不虚的大利益。断除了所有导致轮回的结使，建立了正知正见使本心都已经从三界六道的无尽轮回中得以解脱了出来。正因为如此，我不见在座的五百位比丘在身口意方面有丝毫过错。”

舍利弗再度请教道：“世尊始终不会去讥讽任何人的小毛病，也不会刻意去审视这五百比丘的身口意过失。世尊，在座的五百位比丘当中，有多少人具足宿命通、天眼通和漏尽通？有多少人是修持四禅八定从而解脱的？又有多少人是因为修习世出世间般若智慧从而解脱的呢？”

佛陀开示道：“在座的比丘当中有九十位具足了宿命通、天眼通和漏尽通，有一百八十位是因修持四禅八定从而解脱的，余下的都是修习般若智慧得以解脱的。”

舍利弗尊者感叹道：“这五百位比丘远离所有尘垢，无有腐败，悉皆真实。”

也在其中的婆耆奢尊者心道：佛陀如今也在自恣，我应当即时随喜赞叹佛陀。想到此处，婆耆奢尊者站起身来，整理好衣服，恭恭敬敬双手合十祈请道：“世尊，我有话说，惟愿恩准。”

佛陀说道：“婆耆奢，你有话就说吧。”

婆耆奢尊者随即说道：“在这十五月圆之夜，五百位比丘与佛陀欢聚一堂。这些比丘都已经彻底斩断所有结使和束缚，再也不会在这世间投胎转世了。他们诚心亲近清净无染的世尊，本心因此得以恢复清净再也不会再轮回。断除了生死轮回的所有因缘，烦恼已尽不再有懊悔，除去了贪爱、憍慢和对世间万有的追求，拔出了爱欲毒箭灭除了贪爱，人中狮子再也不会有任何形式的追求，断尽了所有结缚灭除了怖畏，就如同转轮圣王被文武百官簇拥围绕，云游十方直至到大海之滨，又好比赢得了一场关键性的战役从此得以国泰民安。至高无上的商主座下弟子们都已经具足了宿命通、天眼通和漏尽通，灭除了导致生死轮回的所有因缘，这些人都是佛陀座下的真正弟子，远离了所有垢秽恢复了绝对的清净。是以我皈命顶礼在世尊座下。”

（一二六）

有一段时间，佛陀住在了舍卫国祇树给孤独园。

有一天，婆耆奢尊者在僻静之地禅修时发现自己的意念纷纭，不能够集中，不禁悲从中来，他想到：我如今失去了大善之利。出家之人，甚为难得。出家之人如果还有留恋世俗之心，就不是什么难得的事了。我如今就是退失善心而得到恶心，我今当说心多过恶厌患的法语。想到此处，他随即说道："舍弃所有喜欢的或者是不喜欢的，舍弃对衣食住行和对种种感觉的嗜好，不造导致烦恼的恶因和不逢导致烦恼的恶缘，所有爱欲皆是众生最喜欢追求的，而能够断除对世间万有爱欲的人才是真正的比丘。所有感觉皆源自意念，而世人都被美好适意的感觉所染着。如果能够不被种种感觉所左右，不对胜意的感觉产生爱欲，这样的人就属于真正的比丘，而那些言谈举止都显得非常之粗鲁并口出恶言的人则不是比丘。爱乐于种种感受，强化沉淀于意识之中，念想于眼耳鼻舌身这五根，这是世俗之人的典型特征。如果能够远离对世间万有的爱欲、念想和执着，不受心外客尘的污染，这就是真正的解脱。世间一切有为之法，无论大地虚空或有形之物，最终归宿都是化为乌有。当知道世间万有的绝对真相之后，就会心生厌离，从而生发出离心。为人处事也就不会受外界所扰，保持一颗纯真的心灵而不会曲意逢迎随波逐流，不会与世人一般同流合污。虽然也在滋养色身，但为的是积功累德以期未来能够出离三界不再轮回的大利益。我也希望能够与这样的大善之人一样，能够证入到不生不灭寂静清凉的涅槃境界之中。”

（一二七）

有一段时间，佛陀住在了舍卫国祇树给孤独园。

有一天，婆耆奢尊者和阿难尊者相伴去到城里化缘，在路途中婆耆奢尊者见到一位美女就心生欲想。婆耆奢尊者发现自己不净念想之后就自责道："这念想不能够为出家的我带来任何利益。我的寿命极其难得，生起欲念之心，实属不善。我宁愿舍弃生命，也不应该出现这种不净欲念。这样的行为，不是我这出家人所应该有的。为什么呢？见到美女居然会生起如此念想。这样的念想对我来说，确实是不合时宜的。”于是他就向阿难尊者说道：“我的内心充满了欲念，使得我饱受煎熬，惟愿尊者为我说法，使我内心中的欲念能够得以及时清除。”

阿难尊者说道：“如果生起颠倒念想，烦恼和痛苦就会折磨你的内心。以为色像是清净的，就会生起爱欲。是以应当建立所有色身都是不净这样的正确观念。如果能到僻静之地独自参禅，就能够迅速灭除贪欲。不要被烦恼和痛苦所左右，应当静下心来观察万事万物的缘起，和无常变易且不由我自主的本性，安下心来用心观察这色身本是不洁之物组合而成的臭皮囊，还无时无刻不在经历生老病死的整个过程，如此正确的观念一旦建立，就会极度厌恶生死轮回。深入经藏广学多闻之后就会建立起世出世间的般若智慧，随之除去了慢、过慢、慢过慢、我慢、增上慢、卑慢、邪慢这七种傲慢和导致轮回的结使，从而枯竭生死苦海登陆到不生不灭寂静清凉的涅槃境界。”

（一二八）

有一段时间，佛陀住在了舍卫国祇树给孤独园。

有一天，有一位长者举办供养大会，宴请佛陀和僧团，佛陀在僧团比丘们的环绕下去到长者家应供。当时，轮到婆耆奢尊者在精舍值日。佛陀走后不久，有许多女人来到了精舍，其中有一位绝色美女。婆耆奢尊者见到不禁心潮起伏，生起欲想。念想刚起，就被婆耆奢尊者即时发觉，他想到：我刚才心生妄想，失去了大利益，人身难得，生命无常。如果心生此念，就是不善。宁愿舍弃寿命也不能够被这妄念所驱使，这样的念想也不是我这出家人所应该有的。为什么呢？因为我刚才见到了漂亮女人就心生欲念，我应当言说法语，厌恶之前的忧患之想。他想到此处，随即说道：“我舍弃世间所有，孑然一身跟随佛陀出家修习清净无染的梵行，就是为了去除无明还归我本心的清净。如今确实被无明所追逐而失去了本具有的善心，就好比纵容牛群跑到他人的庄稼地里任意啃食禾苗一样。世人追求五欲之乐也是如此，贪着于嗜好而无有惭愧之心。如果不能够以圣戒精制的话，势必会损害善法禾苗。就好比精通十八般武艺和精于射箭术的武士，如果有一千人这样的队伍，那这支队伍的战斗力就基本上是无坚不摧。比丘只要具足正知正见，就会用智慧之力断灭所有的爱欲与感觉。如此一来，寂灭情欲客尘尽除之后就会安住在极乐境界之中。我亲自在佛陀那里得知世间有辟支佛和阿罗汉这两种人出得三界不再轮回，而这也是我一直以来所最喜欢的和所追求的。我孤身一人安住在树林之中僻静之地参禅入定，约束身口意使之不再放逸，严格按照佛陀的教诲依教奉行，安住在正法之中，就是为了在身坏命终之后能够证入到不生不灭寂静清凉的涅槃境界。这样的恶念，我怎么能够追随呢？”

（一二九）

有一段时间，佛陀住在了舍卫国祇树给孤独园。

有一天，婆耆奢尊者在许多德行兼备的比丘们住处心生憍慢，当他发觉这一恶不善法之后心生惭愧，想到：我刚才失去了大利益，不光是害了自己也损害了对方。人身难得，出家修习梵行更是难逢难遇，我既然都已经得到了就更应该谨小慎微，防微杜渐。不应当对出家人心生轻慢，以为自己修行好就轻蔑那些德行兼备的比丘们。我应当演说法语厌恶那轻慢之心。

想到此处，他随即说道：“作为一位修行人，应当舍弃所有傲慢，不应当贡高我慢，沾沾自喜，不要因为傲慢而使修行境界退失，否则，就何必当初了。一切众生都为傲慢所害，而最终都堕入地狱受无量苦。是故我如今不应因为自己辩才无碍而生起憍慢之心。如果一个人能够远离憍慢，就会舍弃所有障碍和覆盖，以清净之心恭恭敬敬善待当下，就能够成就宿命通、天眼通和漏尽通的修持。时时刻刻在在处处都保持谦卑，这样的人才算得上是真正的比丘。就像憍陈如、舍利弗、目犍连等等诸位证得阿罗汉圣果的大尊者们，时时刻刻都在反省自己，对所有导致轮回的结使都非常之厌恶并远离了一切贡高我慢。”

（一三〇）

有一段时间，佛陀住在了舍卫国祇树给孤独园。

有一天，婆耆奢尊者通过精进不懈的努力修行，终于成就了宿命通、天眼通和漏尽通的修持，他心道：我终于成就了三明的修持，应当给予赞叹。于是说道：“我过去就像是醉汉一般游历了许许多多的地方，在云游的过程中遇到了佛陀，获得了莫大福利。大慈大悲的佛陀为我开示了离苦得乐的正法，使我对佛法僧三宝建立了金刚不坏的信心，从而决定皈命在如来座下出家修习清净无染的梵行。佛陀这位天人之师在普度众生时不分男女老幼，无论年龄阶段和身体状况，佛陀都视之为亲友，能够根据其根器深浅给予恰到好处的指引，使众生都得以去除无明，指引其修行路径和方法，以及入门处。所谓的入门处指的是苦集灭道四大圣谛，心动为因，无明推动，六道轮回而受大苦。因见苦而得以出家修习八大正道，拔济有缘众生得以出离生死苦海，安隐趋向涅槃圣境。我因能够节制身心行为，对佛陀的教导信受奉行，精进修行，如今得以圆满具足所有修行，成就了宿命通、天眼通、漏尽通的修持，成功登陆涅槃彼岸，圆满完成了佛陀的教诲。”

（一三一）

有一段时间，佛陀住在了舍卫国祇树给孤独园。

有一天，佛陀在普会讲堂跟比丘们开示道：“我今天为大家介绍四句法语，你们要认真聆听，用心思量。是哪四句法语呢？第一是一切言说皆应符合善业，这是一切贤圣都一直遵循的原则。第二是说出的每一句话都必须是皆大欢喜且并非是粗俗不堪的。第三是说出的每一句话都必须是真实不虚不属于打妄语。第四句是说出的每一句话都应当与正法相应而不应当与非法相应。”

婆耆奢尊者听完佛陀的开示，心道：佛陀如今为大家开示四句之法，而我应当赞叹这些法义。想到此处，婆耆奢尊者随即站起身来，双手合十恭恭敬敬说道：“世尊，我有话说，惟愿得到您的恩准。”

佛陀说道：“你随意吧。”

婆耆奢尊者随即说道：“所有言说既不恼害自己也不伤害他人，这样的话语就属于善说。说出的每一句话都属于对方喜欢听的话而且不会造作任何过恶，十方三世一切诸佛所有的言说都是导向涅槃极乐境界，能够断除所有苦因苦缘和苦果的所有善说与实语，能够使之脱离三界不再轮回的法语是最为无上的。实语顺应根基使之得以升华的言语能够得到莫大利益，在有生之年都能够安住在实语之中就属于善根深厚的大丈夫。”

（一三二）

有一段时间，佛陀住在了舍卫国祇树给孤独园。

有一天，佛陀在普会讲堂中为比丘们开示道：“能够治疗四种病的良医应当成为国王的老师，是哪四种病呢？第一种是善能知晓各种病，第二是知道病的缘起，三是当病生起时能够及时治愈，四是已经治好的病不再复发。能够如是治病的人当属当世良医。而佛陀也成就了四种大法，证得了无上正等正觉的如来也是无上良医，也拔济众生四种毒箭。是哪四大法义呢？指的是苦集灭道四大圣谛。世间的生老病死忧悲苦恼这些毒箭并非是世间良医就能够治好的。就算是良医们能够治愈出生的痛苦因缘或者是断除，也不知道造成衰老、病变、死亡、忧悲苦恼等身心所遭受的痛苦及其因缘，更不要说如何断除这些痛苦的解决方案了。而这些造成痛苦和烦恼的因缘和彻底根除的解决方案只有如来这位无上良医才能够知道。正因为如此，如来才能够被称之为无上良医。"

当时，婆耆奢尊者也在法会现场，他听完佛陀的开示心道：我应当随喜赞叹如来的开示。想到此处，他站起身来整了整衣服，双手合十恭恭敬敬说道："我今皈命顶礼在佛前。大慈大悲的佛陀悲愍那些尚在生死苦海中沉沦的众生，讲经说法普度众生，为他们拔出所有导致轮回的毒箭。世间良医只能够治疗身体上的病变，而如来治病则要比那些世间良医高明许多。如来以智慧为方便，解决治愈那些蒙蔽心性导致无明的种种眼膜。世间良医只能够治愈四大和合之身，而佛陀则能够详细分别地水火风空识这六界和六根、六境和六识的真相，从而找出方法治愈贪嗔痴三毒汇集之身所产生的重病，这在所有的医生当中，是至高无上的。正因为如此，我如今才会皈命礼敬瞿昙这位无上导师。世间有很多的高明医生虽然治愈了许许多多的病人，却没有办法阻止这些病情的再度复发。而如来这位无上良医所诊治的对象，都被彻底拔出了苦根而得以证入到不生不灭寂静清凉的涅槃境界，并且远离生死轮回再也不会在这世间投胎转世了。在如来的诊治下，有无量阿僧祇数众生因此而受益。我如今告知在座的同修们，应当对如来所传承的教法信受奉行，从而能够在如来的指引下早日拔出射中身心的毒箭，顺利出离生死苦海证入到涅槃境界。也正因为如此，我才心悦诚服至诚恭敬皈命在瞿昙世尊足下。"

（一三三）

有一段时间，佛陀住在了王舍城迦兰陀竹林精舍。当时，住在第一旷野林中的尼瞿陀劫波比丘病重，得到了他的徒弟婆耆奢尊者的大力护持照顾，不久之后尼瞿陀劫波比丘身坏命终，证入到涅槃境界。婆耆奢尊者火化他的遗体建塔供养了舍利之后就离开住处云游来到竹林精舍。到了第二天，婆耆奢尊者吃完午饭收拾好衣钵之后就来到佛陀住处，顶礼佛足之后恭恭敬敬双手合十说道："我今天想要请教佛陀一个问题，还望佛陀以无量之智慧为我解除疑惑。我师父前些日子在旷野城里身坏命终证入涅槃，他自出生以来就有大福德，摄守身口意三业不使放纵，精勤修习清净无染的梵行，赢得了社会各界的一致赞誉。”

佛陀随即说道：“你所说的那位比丘名叫尼瞿陀劫波。”

（一三四）

有一段时间，佛陀住在了舍卫国祇树给孤独园。当时，憍陈如尊者、颇发耆贤跋沟尊者、摩诃南尊者、耶舍尊者、那毗摩尊者、罗牛齢尊者、舍利弗尊者、摩诃目犍连尊者、摩诃迦叶尊者、摩诃俱絺罗尊者、摩诃劫宾那尊者、阿那律尊者、难陀迦尊者等许许多多大尊者也都在佛陀周围造屋居住。有一月的月圆之夜诵戒布萨之日，佛陀在比丘们面前趺跏趺坐，当时，婆耆奢尊者也在其中，他站起身来，双手合十恭恭敬敬祈请道：“世尊，我有话说，请恩准。”

佛陀说道：“你随意吧。”

婆耆奢尊者随即说道：“在座的长老高僧，都是已经干竭所有欲爱，弃舍世间所有而无所畏惧，所作所为行住坐卧无不恰到好处，也不贪着嗜好五欲之乐，远离一切垢秽，具足所有世出世间的般若智慧。正因为如此，他们才会成为大比丘。”

（一三五）

有一段时间，佛陀住在了舍卫国祇树给孤独园。

当时，婆耆奢尊者在毗舍佉鹿子母讲堂中病重，富匿听说后前来探望，婆耆奢尊者嘱托道：“请你前往世尊住所，顶礼佛足之后转达我对世尊的问候，问问他的身体状况如何。”

富匿遵命来到佛陀住所，顶礼佛足之后坐在一旁就把婆耆奢尊者的问候转达给了佛陀并祈请道：“世尊，婆耆奢尊者病重日盛，恐时日无多，不久就要证入到涅槃境界。惟愿世尊屈驾前去看望他。”

佛陀沉默不语，接受了他的祈请。

富匿见佛陀答应了他的祈请，非常欢喜，赶紧回去将这喜讯告知了婆耆奢尊者。

佛陀结束禅定之后随即来到了婆耆奢尊者的住处，婆耆奢尊者见到佛陀出现在他的面前，喜不自胜，强撑病体就想起床给佛陀顶礼，佛陀阻止道：“你别起来了。”

当佛陀坐好之后就问道：“你身体上的痛苦还能够忍受不？饮食情况怎么样？”

婆耆奢尊者回答道：“世尊，我的病痛是越来越剧烈了。我的头就像被壮士使劲捶打，我的腹部就像被大力士用刀捅一样，身体就像是被熊熊大火所炙烤一样。世尊，我今夜就将证入到涅槃境界，想要最后一次赞叹佛陀。”

佛陀说道：“你随意吧。”

（注：本经文赞叹语缺失）

（一三六）

有一段时间，佛陀住在了舍卫国祇树给孤独园。

一天深夜，有一位身光甚为明亮的天人来到佛陀住所，顶礼佛足之后坐在一旁说道：“安住寺院之中，寂灭所有情欲精勤修习清净无染的梵行，每日里只吃一餐，使得修行人个个都是和颜悦色。”

佛陀开示道：“对已经过去的不再愁念，对未来也没有期望。当下安住在正知正见之中，延续身命不为追求欲念只为修行，心不随外境所动而无有挂碍，是以能够和颜悦色。而世间凡夫就如同把嫩草放在了正当中午的太阳光下暴晒，把自己烤得燋干。”

天人很是欢喜并说道：“我在过去也曾见到过证入涅槃的修行人，而您也在长久以来都舍弃了所有怖畏，超度了世间所有爱欲。”

说完这段话，再一次顶礼佛足之后就消失在人间回到了天宫。

（一三七）

有一段时间，佛陀住在了舍卫国祇树给孤独园。

一天深夜，有一位身光甚为明亮的天人来到佛陀住所，顶礼佛足之后坐在一旁说道：“那些贡高我慢自以为是的人是很难得以调伏的，他们装模作样修习禅定，却是在放纵自己的身心。因为他们放纵六情的缘故，所以不能够出离生死苦海从而证入到涅槃境界。”

佛陀开示道：“只要舍弃了贡高我慢，经常修习四禅八定，不去念想执着世间万有，知道万事万物的绝对真相，就不会放纵身心的任何行为，也就能够从生死苦海中彻底解脱出来。也因为不放纵的缘故，就能够渡过生死激流证入到不生不灭寂静清凉的涅槃境界。”

天人很是欢喜并说道：“我在过去也曾见到过证入涅槃的修行人，而您也在长久以来都舍弃了所有怖畏，超度了世间所有爱欲。”

说完这段话，再一次顶礼佛足之后就消失在人间回到了天宫。

（一三八）

有一段时间，佛陀住在了舍卫国祇树给孤独园。一天深夜，有一位身光炽盛的天人来到了佛陀住所，顶礼佛足之后坐在一旁请教道：“世尊，要如何去做才能够使福业日夜增长？要如何持戒才能够使身坏命终之后直接往生到天上去？”

佛陀开示道：“园林中植树造林，河流中安住舟船渡桥，大路上凿井为路人解决饥渴，多造客舍方便旅者。这些行为就能够在日夜中福业广为增长，能够受持正法清净无染的圣戒，在身坏命终之后就会生到天上去。”

天人很是欢喜，说道：“我在过去也曾见到过证入涅槃的修行人，而您也在长久以来都舍弃了所有怖畏，超度了世间所有爱欲。”

说完这段话，再一次顶礼佛足之后就消失在人间回到了天宫。

（一三九）

有一段时间，佛陀住在了舍卫国祇树给孤独园。一天深夜，有一位身光炽盛的天人来到了佛陀住所，顶礼佛足之后坐在一旁请教道：“世尊，要如何才能够得到大威德之力？要如何才能够获得庄严色身？要如何才能够得到安乐？要如何去做才能够获得清净无染法眼的建立？要如何去布施才能够获得大功德？惟愿如来为我开示。”

佛陀开示道：“布施饮食得到大威德之力，布施衣物就会得到端正色身，布施车马就能够获得安乐，布施明灯就能够获得清净无染的法眼。布施房屋，如理如法教导弟子，把离苦得乐的正法完整无误传承下去，这样的布施就会有大功德。”

天人很是欢喜，说道：“我在过去也曾见到过证入涅槃的修行人，而您也在长久以来都舍弃了所有怖畏，超度了世间所有爱欲。”

说完这段话，再一次顶礼佛足之后就消失在人间回到了天宫。

（一四〇）

有一段时间，佛陀住在了舍卫国祇树给孤独园。一天深夜，有一位身光炽盛的天人来到了佛陀住所，顶礼佛足之后坐在一旁请教道："世尊，世间之中，无论是天上的人，或者是人间的人，都因饮食而欢喜，假如没有饮食的话，那也就再也欢喜不起来了。"

佛陀开示道："假如能够以清净之心欢欢喜喜去布施，无论投生在哪里，都能够丰衣足食，获得衣食无忧的大福报。"

天人欢喜道："世尊，您开示得太好了。我回忆上古年间有一位名叫迟缓的国王在东南西北四大城门以及繁华街头举办饮食无遮法会，当时，王后、太子、宰相、大臣等都要求要参与进来。于是国王就把东南西北四门的布施事宜都交给他们去经办，并把所有功德回向给国中人民。后来，仓库管理人员前来报告库存即将枯竭，国王随即安排道：'你先把仓库所留下的全部用尽，从今往后，你把所收上来的税收一半入库，一半用作布施法会用。'世尊，我在那时都能够如此精进修行布施，长夜培福，以致在未来的轮回中总是获得了殊胜的果报，过着非常幸福的生活。所得到的福报总是无穷无尽，如同我今日所获得大福报一样。正因为如此，我才会随喜赞叹世尊的开示微妙无比，实属真理。"

这天子说完之后，随即站起身来再一次顶礼佛足，而后消失在人间回到了天宫。

（一四一）

有一段时间，佛陀住在了舍卫国祇树给孤独园。一天深夜，有一位身光炽盛的天人来到了佛陀住所，顶礼佛足之后坐在一旁请教道："世尊，远在故国他乡，什么人才可靠？家庭之中什么人才可靠？在经营事业中什么人才可靠？后世之中谁才是亲人？"

佛陀开示道："远在他乡时同伴最可靠，在家中时慈母最可靠，在经营事业时团队才是可靠的，在后世之中能够福慧双修积功累德的人才是亲人。"

天人很是欢喜，说道："我在过去也曾见到过证入涅槃的修行人，而您也在长久以来都舍弃了所有怖畏，超度了世间所有爱欲。"

说完这段话，再一次顶礼佛足之后就消失在人间回到了天宫。

（一四二）

有一段时间，佛陀住在了舍卫国祇树给孤独园。一天深夜，有一位身光炽盛的天人来到了佛陀住所，顶礼佛足之后坐在一旁请教道："世尊，人生寿命不定，时时刻刻都有可能死亡，无常变易形影不离，寿命短促只在呼吸之间。衰老不断侵蚀人身，人却竟然只能够面对而束手无策、无计可施。人类自打出生以后，就无时无刻不在战战兢兢中以怖畏之心面对死亡。惟有福慧双修广集功德以期未来能够安住在天堂之上。"

佛陀开示道："人生寿命不定，时时刻刻都有可能死亡，无常变易形影不离，寿命短促只在呼吸之间。衰老不断侵蚀人身，人却竟然只能够面对而束手无策、无计可施。人类自打出生以后，就无时无刻不在战战兢兢中以怖畏之心面对死亡。而世人要想不再经历生死轮回，就必须寂灭世间情欲，舍弃五欲之乐，对世间万有不再深陷其中而生执着。"

天人很是欢喜，说道："我在过去也曾见到过证入涅槃的修行人，而您也在长久以来都舍弃了所有怖畏，超度了世间所有爱欲。"

说完这段话，再一次顶礼佛足之后就消失在人间回到了天宫。

（一四三）

有一段时间，佛陀住在了舍卫国祇树给孤独园。一天深夜，有一位身光炽盛的天人来到了佛陀住所，顶礼佛足之后坐在一旁请教道："世尊，光阴荏苒，日月如梭，时光不暂住，生命不久住。青壮成过去，恐怖死神临。为了涅槃境，应当勤修福。"

佛陀开示道："光阴荏苒，日月如梭，时光不暂住，生命不久住。青壮成过去，恐怖死神临。见到生死苦，而生大畏怖。舍弃世间乐，情欲当寂灭。客尘尽除后，涅槃境界住。"

天人很是欢喜，说道："我在过去也曾见到过证入涅槃的修行人，而您也在长久以来都舍弃了所有怖畏，超度了世间所有爱欲。"

说完这段话，再一次顶礼佛足之后就消失在人间回到了天宫。

（一四四）

有一段时间，佛陀住在了舍卫国祇树给孤独园。一天深夜，有一位身光炽盛

的天人来到了佛陀住所，顶礼佛足之后坐在一旁请教道："世尊，作为修行人，应当思维什么？应当舍弃什么？应当修行什么？应当成就什么？能够穿越生死激流而不再经历生死苦海的人算得上是真正的比丘吗？"

佛陀开示道："要思维如何才能够断除贪欲、嗔恚、睡眠、掉举和疑惑这五大覆盖清净本心的不善之法，应当舍弃沉迷执着于五欲之乐，应当增益修行信根、进根、念根、定根、慧根这五大超凡入圣的根本，成就修持圣戒、四禅八定、般若智慧、生死解脱所必备的知见和从三界六道的轮回中彻底解脱。能够穿越生死激流而不再经历生死苦海的人算得上是真正的比丘。"

天人赞叹道："在成就佛位之前，您也曾经历生死轮回的苦海熬煎，如今已经证知涅槃而不再经历生死轮回。所有怖畏都已经弃舍，也超度了世间所有恩爱。"

说完这段话，天人再一次顶礼佛足之后就消失在人间回到了天上。

（一四五）

有一段时间，佛陀住在了舍卫国祇树给孤独园。一天深夜，有一位身光炽盛的天人来到了佛陀住所，顶礼佛足之后坐在一旁请教道："世尊，什么人虽在睡眠中也算是清醒的？什么人虽然是清醒的却还是处在睡梦之中？本心为什么会被尘垢污染？要如何去做才能够恢复清净？"

佛陀开示道："能够受持五戒的人虽昏睡也属于清醒，不能够受持五戒的人虽清醒却也属于昏睡。心中被贪欲、嗔恚、睡眠、掉举和疑惑这五大不善之法覆盖住清净本心，就属于被这五大尘垢所污染。成就修持圣戒、四禅八定、般若智慧、生死解脱所必备的知见，就能够除尽尘垢使本心得以恢复清净。"

天人很是欢喜，说道："我在过去也曾见到过证入涅槃的修行人，而您也在长久以来都舍弃了所有怖畏，超度了世间所有爱欲。"

说完这段话，再一次顶礼佛足之后就消失在人间回到了天宫。

（一四六）

有一段时间，佛陀住在了舍卫国祇树给孤独园。一天深夜，有一位身光炽盛的天人来到了佛陀住所，顶礼佛足之后坐在一旁请教道："世尊，世人如有子孙，便心生欢喜。如果能够拥有巨大的财富，也心生欢喜。在来世中如果能够再度摄受人身，也同样心生欢喜。假如没有身体，世人就不可能有欢悦之心。"

佛陀开示道："如果有子孙，就会为子孙而生忧愁烦恼，拥有大量的财富，是苦恼的根本。而身体是一切忧愁苦恼的本源，如果不再摄受身体，就是寂灭情欲清除客尘之后的涅槃极乐境界。"

天人很是欢喜，说道："我在过去也曾见到过证入涅槃的修行人，而您也在长久以来都舍弃了所有怖畏，超度了世间所有爱欲。"

说完这段话，再一次顶礼佛足之后就消失在人间回到了天宫。

（一四七）

有一段时间，佛陀住在了舍卫国祇树给孤独园。一天深夜，有一位身光炽盛的天人来到了佛陀住所，顶礼佛足之后坐在一旁请教道："世尊，什么样的生活方式能够带来义利？什么人才是最亲近的人？众生依靠什么才能够存活于世？应当如何去做才能够聚集大财富？"

佛陀开示道："广种福田才能够带来莫大的义利，妻子才是最亲近的人，众生依靠饮食才能够存活于世，能够精勤经营才能够聚集大财富。"

天人很是欢喜，说道："我在过去也曾见到过证入涅槃的修行人，而您也在长久以来都舍弃了所有怖畏，超度了世间所有爱欲。"

说完这段话，再一次顶礼佛足之后就消失在人间回到了天宫。

（一四八）

有一段时间，佛陀住在了舍卫国祇树给孤独园。一天深夜，有一位身光炽盛的天人来到了佛陀住所，顶礼佛足之后坐在一旁说道："世尊，一切至爱莫过于儿子，所有财富中牛是第一的。所有的光明之中，莫过于太阳。世界上的水系，深广莫过于海洋。"

佛陀开示道："世间至爱，莫过于自己的身体。世上最为珍贵的财富，莫过于能够接受正法的教导。般若智慧是世间第一光明，而大雨，才是世上最为深广的。"

天人很是欢喜，说道："我在过去也曾见到过证入涅槃的修行人，而您也在长久以来都舍弃了所有怖畏，超度了世间所有爱欲。"

说完这段话，再一次顶礼佛足之后就消失在人间回到了天宫。

（一四九）

有一段时间，佛陀住在了舍卫国祇树给孤独园。一天深夜，有一位身光炽盛的天人来到了佛陀住所，顶礼佛足之后坐在一旁说道："世尊，人类之中，国王最为殊胜。而牲畜之中，牛是最好的。妻室之中，处女是最好的。在所有的儿女之中，长子是最好的。"

佛陀开示道："证得无上正等正觉的如来是人类中最为殊胜的，在牲畜之中能够供主人骑乘的才是最好的。能够在有生之年保持贞洁的妻室才是优胜的，能够孝顺父母的儿子才是最好的。"

天人很是欢喜，说道："我在过去也曾见到过证入涅槃的修行人，而您也在长久以来都舍弃了所有怖畏，超度了世间所有爱欲。"

说完这段话，再一次顶礼佛足之后就消失在人间回到了天宫。

（一五〇）

有一段时间，佛陀住在了舍卫国祇树给孤独园。一天深夜，有一位身光炽盛的天人来到了佛陀住所，顶礼佛足之后坐在一旁说道："世尊，什么生来就是优胜的？而什么是入地最为优胜的？什么种子是最为优胜的？在播种过程中谁是最好的？"

当时，之前有一位来访的天子前身是农民，他说道："禾苗生来最为殊胜，种子入地最为第一。耕牛是应该拥护的，有儿子一起耕种是最好的。"

之前发问的天子回头说道："我没有问你，我请教的是佛陀。"

佛陀开示道："生起智慧是最为殊胜的禾苗，无明灭除是最为殊胜的。亲近佛陀是最为殊胜的，而如来座下的比丘僧是最为殊胜的福田。"

天人很是欢喜，说道："我在过去也曾见到过证入涅槃的修行人，而您也在长久以来都舍弃了所有怖畏，超度了世间所有爱欲。"

说完这段话，再一次顶礼佛足之后就消失在人间回到了天宫。

（一五一）

有一段时间，佛陀住在了舍卫国祇树给孤独园。一天深夜，有一位身光炽盛的天人来到了佛陀住所，顶礼佛足之后坐在一旁说道："世尊，世间是如何生成的？又是如何和合的？对于世间万有有几种爱？所有苦恼又是如何形成的？”

佛陀开示道：“喜爱色声香味触法这六种外境而生成世间，眼根接触色身、鼻根接触气味、耳根接触声音、舌根接触味道、身根接触外境，意根接触忆念。对于世间万有也只有六种爱，喜、怒、哀、乐、爱、恶等六种情感导致了所有痛苦的产生。”

天人很是欢喜，说道：“我在过去也曾见到过证入涅槃的修行人，而您也在长久以来都舍弃了所有怖畏，超度了世间所有爱欲。”

说完这段话，再一次顶礼佛足之后就消失在人间回到了天宫。

（一五二）

有一段时间，佛陀住在了舍卫国祇树给孤独园。一天深夜，有一位身光炽盛的天人来到了佛陀住所，顶礼佛足之后坐在一旁说道：“世尊，是什么导致轮回在生死苦海？是什么在感知苦恼？又是什么在世间得大自在？”

佛陀开示道：“意念导致轮回世间，意念在感知苦恼，也是意念在世间大自在。”

天人很是欢喜，说道：“我在过去也曾见到过证入涅槃的修行人，而您也在长久以来都舍弃了所有怖畏，超度了世间所有爱欲。”

说完这段话，再一次顶礼佛足之后就消失在人间回到了天宫。

（一五三）

有一段时间，佛陀住在了舍卫国祇树给孤独园。一天深夜，有一位身光炽盛的天人来到了佛陀住所，顶礼佛足之后坐在一旁说道：“世尊，导致轮回在世间的结缚是什么？又要如何才能够得到解脱？要断除什么才能够证入到涅槃境界？”

佛陀开示道：“爱欲是导致轮回的结缚，舍弃爱欲才能够得到解脱。也只有彻底断除爱欲这结缚，才能够证入到不生不灭寂静清凉的涅槃境界。”

天人很是欢喜，说道：“我在过去也曾见到过证入涅槃的修行人，而您也在长久以来都舍弃了所有怖畏，超度了世间所有爱欲。”

说完这段话，再一次顶礼佛足之后就消失在人间回到了天宫。

（一五四）

有一段时间，佛陀住在了舍卫国祇树给孤独园。一天深夜，有一位身光炽盛的天人来到了佛陀住所，顶礼佛足之后坐在一旁说道："世尊，什么能够覆盖世间万有？什么能够一直围绕在身边？什么能够结缚众生无休止轮回在世间？要如何去做才能够安住在世间？"

佛陀开示道："衰老覆盖了世间万有，死亡一直围绕在身边，欲爱结缚了众生使之无休止轮回在世间，所作所为如理如法才能够安住在世间。"

天人很是欢喜，说道："我在过去也曾见到过证入涅槃的修行人，而您也在长久以来都舍弃了所有怖畏，超度了世间所有爱欲。"

说完这段话，再一次顶礼佛足之后就消失在人间回到了天宫。

（一五五）

有一段时间，佛陀住在了舍卫国祇树给孤独园。一天深夜，有一位身光炽盛的天人来到了佛陀住所，顶礼佛足之后坐在一旁说道："世尊，是什么迷惑了世间众生使之轮回在生死苦海？是什么和合才出现了世间万有？是什么污染了众生？又是什么形成了幡幢？"

佛陀开示道："无明迷惑了众生使之轮回在生死苦海，贪爱和染着和合形成了世间万有。嗔恚污染了众生，贡高我慢形成了幡幢。"

天子又问道："问世间，谁无盖障？又有谁断除了所有爱欲？谁的本心不再有污染？谁又彻底放倒贡高我慢这幡幢？"

佛陀开示道："如来不再有盖障，以正知正念得到了解脱。如来不再有盖障，也断除了所有爱欲造成的结缚，本心不再有任何尘垢，彻底倾倒了贡高我慢的幡幢。"

天人很是欢喜，说道："我在过去也曾见到过证入涅槃的修行人，而您也在长久以来都舍弃了所有怖畏，超度了世间所有爱欲。"

说完这段话，再一次顶礼佛足之后就消失在人间回到了天宫。

（一五六）

有一段时间，佛陀住在了舍卫国祇树给孤独园。一天深夜，有一位身光炽盛

的天人来到了佛陀住所，顶礼佛足之后坐在一旁说道："世尊，世人的财富之中什么是最为殊胜的？世人应当修习什么善行，形成的快乐是最为殊胜的？什么行为在所有滋味中是第一的？寿命之中什么是最为殊胜的？"

佛陀开示道："在所有的财富中，对佛法僧三宝的金刚不坏的信仰是最为殊胜的，如法如律修习十善业所获得的快乐果报是最为殊胜的，说真实语不打妄语是所有滋味中第一等的，而所有的寿命中，慧命是最为殊胜的。"

天人很是欢喜，说道："我在过去也曾见到过证入涅槃的修行人，而您也在长久以来都舍弃了所有怖畏，超度了世间所有爱欲。"

说完这段话，再一次顶礼佛足之后就消失在人间回到了天宫。

（一五七）

有一段时间，佛陀住在了舍卫国祇树给孤独园。一天深夜，有一位身光炽盛的天人来到了佛陀住所，顶礼佛足之后坐在一旁说道："世尊，人在生死之间什么是第二伴侣？教授什么才能够道向涅槃界？比丘乐于修行什么法才能够断除一切结缚？"

佛陀开示道："人于生死间，对佛法僧三宝的坚定信念是第二伴侣，般若智慧才能够教授众生道向涅槃境界，断除爱欲和烦恼，才是作为了断生死不再轮回而出家修习梵行的比丘们应当修行的法要。"

天人很是欢喜，说道："我在过去也曾见到过证入涅槃的修行人，而您也在长久以来都舍弃了所有怖畏，超度了世间所有爱欲。"

说完这段话，再一次顶礼佛足之后就消失在人间回到了天宫。

（一五八）

有一段时间，佛陀住在了舍卫国祇树给孤独园。一天深夜，有一位身光炽盛的天人来到了佛陀住所，顶礼佛足之后坐在一旁说道："世尊，什么样的善行才能够伴随终身？什么样的善行才能够使之安住在生死轮回的解脱路上不再退转？什么样的宝物才是真真正正的宝物？什么样的财物是盗贼无论如何也盗抢不走的？"

佛陀开示道："受持圣戒的善行才能够伴随终身，对佛法僧三宝建立起金刚不坏的信念才能够使之在生死轮回解脱修行路上不再退转，具足世出世间的般若智慧才是世人应当真正拥有的宝物，而福业是任何强盗所不能够盗取的。”

天人很是欢喜，说道：“我在过去也曾见到过证入涅槃的修行人，而您也在长久以来都舍弃了所有怖畏，超度了世间所有爱欲。”

说完这段话，再一次顶礼佛足之后就消失在人间回到了天宫。

（一五九）

有一段时间，佛陀住在了舍卫国祇树给孤独园。一天深夜，有一位身光炽盛的天人来到了佛陀住所，顶礼佛足之后坐在一旁说道：“世尊，众生是什么生成的？是什么驱使使之辗转在轮回路上？众生为什么无休止地在生死轮回的苦海里沉沦挣扎而不能够解脱？”

佛陀开示道：“欲爱生成了众生，意念驱使众生使之辗转在轮回路上无休止地在生死轮回的苦海里沉沦挣扎而不能够解脱。”

天人很是欢喜，说道：“我在过去也曾见到过证入涅槃的修行人，而您也在长久以来都舍弃了所有怖畏，超度了世间所有爱欲。”

说完这段话，再一次顶礼佛足之后就消失在人间回到了天宫。

（一六〇）

有一段时间，佛陀住在了舍卫国祇树给孤独园。一天深夜，有一位身光炽盛的天人来到了佛陀住所，顶礼佛足之后坐在一旁说道：“世尊，众生是谁所生成的？是什么驱使使之轮回在生死苦海中？在生死轮回的过程中什么才是最可怕的？”

佛陀开示道：“众生因爱而生，意念导致轮回。生死沉沦之中，痛苦最为可怕。”

天人很是欢喜，说道：“我在过去也曾见到过证入涅槃的修行人，而您也在长久以来都舍弃了所有怖畏，超度了世间所有爱欲。”

说完这段话，再一次顶礼佛足之后就消失在人间回到了天宫。

（一六一）

有一段时间，佛陀住在了舍卫国祇树给孤独园。一天深夜，有一位身光炽盛的天人来到了佛陀住所，顶礼佛足之后坐在一旁说道：“世尊，众生是谁所生成的？是什么驱使使之轮回在生死苦海中？在生死轮回的过程中什么才是最可怕的？”

佛陀开示道：“众生因爱而生，意念导致轮回。生死沉沦之中，业力最为可怕。”

天人很是欢喜，说道：“我在过去也曾见到过证入涅槃的修行人，而您也在长久以来都舍弃了所有怖畏，超度了世间所有爱欲。”

说完这段话，再一次顶礼佛足之后就消失在人间回到了天宫。

（一六二）

有一段时间，佛陀住在了舍卫国祇树给孤独园。一天深夜，有一位身光炽盛的天人来到了佛陀住所，顶礼佛足之后坐在一旁说道：“世尊，什么行为乖离正道？什么日夜飞逝？什么是梵行的尘垢？又是谁在恼害世间？什么样的澡浴不需要水？惟愿世尊为我开示。”

佛陀开示道：“贪欲乖离正道，人命日夜飞逝，女人是梵行的尘垢，也是女人在恼害世间，专心致志精勤修习清净无染的梵行胜过了世俗的洗澡之水。”

天人很是欢喜，说道：“我在过去也曾见到过证入涅槃的修行人，而您也在长久以来都舍弃了所有怖畏，超度了世间所有爱欲。”

说完这段话，再一次顶礼佛足之后就消失在人间回到了天宫。

（一六三）

有一段时间，佛陀住在了舍卫国祇树给孤独园。一天深夜，有一位身光炽盛的天人来到了佛陀住所，顶礼佛足之后坐在一旁说道：“世尊，什么是所有事物中最为殊胜的？什么在在处处都是最为上等的？什么法能够在世间得大自在？”

佛陀开示道：“在所有的事物中，色身、感受、思想和行为是最为殊胜的，广修善法在在处处都是最为上等的，色身、感受、思想和行为能够在世间得大自在。”

天人很是欢喜，说道：“我在过去也曾见到过证入涅槃的修行人，而您也在长久以来都舍弃了所有怖畏，超度了世间所有爱欲。”

说完这段话，再一次顶礼佛足之后就消失在人间回到了天宫。

（一六四）

有一段时间，佛陀住在了舍卫国祇树给孤独园。一天深夜，有一位身光炽盛的天人来到了佛陀住所，顶礼佛足之后坐在一旁说道："世尊，偈颂的缘起是什么？又要如何去分别呢？又要如何去依止呢？要如何去评断偈颂的好坏呢？"

佛陀开示道："偈颂的缘起是欲念，其中的文字是分别的依据，偈颂的内容是以偈颂的名字来展开的，要看偈颂内容的好坏主要是看其中所蕴含的义理。"

天人很是欢喜，说道："我在过去也曾见到过证入涅槃的修行人，而您也在长久以来都舍弃了所有怖畏，超度了世间所有爱欲。"

说完这段话，再一次顶礼佛足之后就消失在人间回到了天宫。

（一六五）

有一段时间，佛陀住在了舍卫国祇树给孤独园。一天深夜，有一位身光炽盛的天人来到了佛陀住所，顶礼佛足之后坐在一旁说道："世尊，如何才能够知道是国王的车驾？如何知道有火？如何知道一个国家的状况？如何知道女人的脾性？"

佛陀开示道："看幡幢就知道是否是国王的车驾，观察烟就知道火的状态，观察一国之主就知道国民的状况，观察她的丈夫就知道那个女人的脾性。"

天人很是欢喜，说道："我在过去也曾见到过证入涅槃的修行人，而您也在长久以来都舍弃了所有怖畏，超度了世间所有爱欲。"

说完这段话，再一次顶礼佛足之后就消失在人间回到了天宫。

（一六六）

有一段时间，佛陀住在了舍卫国祇树给孤独园。一天深夜，有一位身光炽盛的天人来到了佛陀住所，顶礼佛足之后坐在一旁说道："世尊，不生在欢喜园天，就不可能得到真正的快乐。欢喜园天是整个三十三天之中名声最为响亮的，也是三十三天的天人们最喜欢的去处。"

佛陀开示道："依照你婴孩般愚痴的智慧，是不能够真正理解快乐所蕴含的义理。世间真理，也只有那些证得阿罗汉的圣者们才能够如实了知。世间万有无不处在无常变易之中，时时刻刻在在处处都在生住异灭的过程中。当导致生灭的因缘不再时，就会寂灭所有情欲从而证入到不生不灭寂静清凉的涅槃境界之中。也只有那涅槃境界之中，才能够算得上极乐境界。”

天人很是欢喜，说道：“我在过去也曾见到过证入涅槃的修行人，而您也在长久以来都舍弃了所有怖畏，超度了世间所有爱欲。”

说完这段话，再一次顶礼佛足之后就消失在人间回到了天宫。

（一六七）

有一段时间，佛陀住在了舍卫国祇树给孤独园。一天深夜，有一位身光炽盛的天人来到了佛陀住所，顶礼佛足之后坐在一旁说道：“世尊，能够舍弃俗世之家和事业，断除于世间万法，常常教授他人离苦得乐的解决之道，这样的比丘算不上是大善比丘。”

佛陀开示道：“夜叉，你应当知道，世人之中有遇到苦难的人，那些有智慧的人不一定袖手旁观，不加救援，应当生起大慈大悲之心安慰并教导他们。作为证得阿罗汉圣果的他们也应当如此。”

天人很是欢喜，说道：“我在过去也曾见到过证入涅槃的修行人，而您也在长久以来都舍弃了所有怖畏，超度了世间所有爱欲。”

说完这段话，再一次顶礼佛足之后就消失在人间回到了天宫。

（一六八）

有一段时间，佛陀住在了舍卫国祇树给孤独园。一天深夜，有一位身光炽盛的天人来到了佛陀住所，顶礼佛足之后坐在一旁说道：“世尊，有些贤善之人的心里充满了惭愧，就好比那些骏马，不会被马龙头所约束一般。”

佛陀开示道：“一切世间人之中，那些能够修习惭愧之心的人能够远离所有恶不善法，就好比那些已经被调服的骏马。”

天人很是欢喜，说道：“我在过去也曾见到过证入涅槃的修行人，而您也在长久以来都舍弃了所有怖畏，超度了世间所有爱欲。”

说完这段话，再一次顶礼佛足之后就消失在人间回到了天宫。

（一六九）

有一段时间，佛陀住在了舍卫国祇树给孤独园。一天深夜，有一位身光炽盛

的天人来到了佛陀住所，顶礼佛足之后坐在一旁说道："世尊，不能够善知心内之法，却喜好修学心外之法的人，就属于那种沉睡不醒的人，但他终有清醒的时候。"

佛陀开示道："只要如实了知本心之法，就会对心外之法不感兴趣。那些烦恼断尽证得阿罗汉圣果的圣人们早已舍弃了所有恶法而对离苦得乐的究竟之法依教奉行。"

天人很是欢喜，说道："我在过去也曾见到过证入涅槃的修行人，而您也在长久以来都舍弃了所有怖畏，超度了世间所有爱欲。"

说完这段话，再一次顶礼佛足之后就消失在人间回到了天宫。

（一七〇）

有一段时间，佛陀住在了舍卫国祇树给孤独园。一天深夜，有一位身光炽盛的天人来到了佛陀住所，顶礼佛足之后坐在一旁说道："世尊，不能够对正法依教奉行，却依止于邪知邪见，这样的人就属于沉睡不醒的人。尽管如此，这类人也会有开悟的时候。"

佛陀开示道："能够对正法信受奉行的人是不会依止在邪知邪见之中，这类人已经超度欲爱而登陆彼岸，佛陀知道这些人已经证入到不生不灭的涅槃境界。"

天人很是欢喜，说道："我在过去也曾见到过证入涅槃的修行人，而您也在长久以来都舍弃了所有怖畏，超度了世间所有爱欲。"

说完这段话，再一次顶礼佛足之后就消失在人间回到了天宫。

（一七一）

有一段时间，佛陀住在了舍卫国祇树给孤独园。一天深夜，有一位身光炽盛的天人来到了佛陀住所，顶礼佛足之后坐在一旁说道："世尊，有些比丘已经证得阿罗汉圣果，除尽所有结使，断尽了一切烦恼。这些即身成就圣果的人们，为什么在言语中还有我，或者是不是我这样的说词呢？"

佛陀开示道："那些证得阿罗汉圣果的比丘们除尽了所有结使，断尽了所有烦恼，这是他们在世间所摄受的最后一身。他们的内心始终不会被所谓的我或者是不是我这样的概念所浸染。但是他们为了随顺世俗的缘故，在言语之中就会出现所谓的我，或者是不是我这样的说词。"

天人很是欢喜，说道："我在过去也曾见到过证入涅槃的修行人，而您也在长久以来都舍弃了所有怖畏，超度了世间所有爱欲。"

说完这段话，再一次顶礼佛足之后就消失在人间回到了天宫。

（一七二）

有一段时间，佛陀住在了舍卫国祇树给孤独园。

有一天，罗睺罗阿修罗王想要侵犯月天子，吓得月天子生极大恐怖，汗毛倒竖，赶紧来到佛陀住所，顶礼佛足之后说道："我如今皈命在大精进的如来足下，如来能够使得有缘众生都能够及时从苦海中解脱出来。我如今遭遇大难，请让我皈依在您的门下。世间最为尊贵的善逝、应供和大阿罗汉，我如今前来皈依于您。如来的大慈大悲，一定会使得罗睺罗阿修罗王放过我。"

佛陀开示道："明月行虚空，能灭一切暗。皎洁之光明，照得世间亮。月亮是世间之灯，罗睺罗应当放过他。"

罗睺罗阿修罗王听了佛陀的开示，心中恐慌不已，汗流浃背，浑身上下湿透，赶紧放过了月天子回到了宫中。

跋罗蒲卢旃见到此情此景，非常好奇，随即问道："大王何故惊慌如此？为什么会放过月天子？为何会浑身上下湿透，就好像大病一场。"

罗睺罗阿修罗王回答道："我刚才听到了佛陀的劝喻，我深知如果这次不放过月天子的话，我的头就会即时破为七分，再也安乐不起来了。"

跋罗蒲卢旃说道："佛陀出世，真是未曾有也。只要见过他的人都能够得到安隐快乐，就连阿修罗王也不得不放过月天子仓皇回到自己的境地。"

（一七三）

有一段时间，佛陀住在了舍卫国祇树给孤独园。一天深夜，有一位身光炽盛的天人来到了佛陀住所，顶礼佛足之后坐在一旁说道："世尊，不知道您是否还有牵挂？或者是还被管束？您还会不会被关押在牢狱里？或者是失去自由呢？"

佛陀开示道："我已经心无挂碍，所有恶不善法都已经彻底得以除灭。夜叉，你应当知道这些事情的。"

天子又问道："世尊，那为什么会心无挂碍呢？"

佛陀开示道："我既无母亲需要奉养，也无妻室需要照顾，更无子息需要呵护，就连欲爱都已经清除得干干净净，我还会挂碍什么呢？”

天子说道：“善哉善哉。好一个心无挂碍，得大自在。”

天人很是欢喜，说道：“我在过去也曾见到过证入涅槃的修行人，而您也在长久以来都舍弃了所有怖畏，超度了世间所有爱欲。”

说完这段话，再一次顶礼佛足之后就消失在人间回到了天宫。

（一七四）

有一段时间，佛陀住在了释翅鸠罗脾大斯聚落。

有一天清晨，理完发的佛陀用衣服包住头部正在跌跏趺坐，那村落的一位天神出现在佛前问道：“您忧愁吗？”

佛陀说道：“我又没有失去什么，有什么值得忧愁的？”

天神又问道：“那您欢喜吗？”

佛陀说道：“我一无所得，为什么要欢喜？”

天神又问道：“那您是既不忧愁也不欢喜吗？”

佛陀说道：“确实如此。”

天神十分不解，又问道：“既然如此，那您为何孤身一人在这荒郊野外跌跏趺坐呢？世人轮回在这世间，无非追求的是快乐，而您安住在这深山老林，又有什么快乐可言呢？”

佛陀说道：“我都没有任何烦恼，安住在从无尽轮回解脱出来的极乐境界之中，既不会患得患失，更不会有欢喜或者是忧愁扰乱我的心性。天神，这些你都应该是知道的，所以，我能够独自一人安住在这僻静清闲之地。”

天神不解，又问道：“您为何没有任何烦恼呢？为什么也没有欢喜呢？在这荒郊野外孤独安住又有什么乐趣可言呢？”

佛陀说道：“有欢喜，自然就会有烦恼。有烦恼，自然也就有欢喜。我因为没有欢喜，自然也就没有烦恼。没有烦恼，欢喜自然也就无从生起。这些道理你应该是知道的。”

天神很是欢喜，说道：“善哉善哉。好一个没有烦恼就没有欢喜，没有欢喜也就没有烦恼。正因为如此，您才能够在在处处时时刻刻都能够保持内心的清净而不慌乱。我在过去也曾见到过证入涅槃的修行人，而您也在长久以来都舍弃了所有怖畏，超度了世间所有爱欲。”

说完这段话，再一次顶礼佛足之后就消失在人间回到了天宫。

（一七五）

有一段时间，佛陀住在了舍卫国祇树给孤独园。一天深夜，有一位身光炽盛的天人来到了佛陀住所，顶礼佛足之后坐在一旁说道："世尊，轮回中的众生就好比端坐在钉床之上，头顶熊熊大火，是以应当精勤修习离苦得乐的正法，以期早日斩断所有导致轮回的爱欲和结使。"

佛陀开示道："众生就好比端坐在钉床之上，头顶燃起熊熊大火，觉悟的比丘应当精勤思惟，精进修行，从而去除种种邪知邪见，回归正道。"

天人很是欢喜，说道："我在过去也曾见到过证入涅槃的修行人，而您也在长久以来都舍弃了所有怖畏，超度了世间所有爱欲。"

说完这段话，再一次顶礼佛足之后就消失在人间回到了天宫。

（一七六）

有一段时间，佛陀住在了舍卫国祇树给孤独园。一天深夜，有一位身光炽盛的天人来到了佛陀住所，顶礼佛足之后坐在一旁说道："世尊，天女侍奉在左右，无常鬼却又在虎视眈眈，心中被愚痴把持轮回在无尽长夜之中，要如何去做才能够摆脱三界六道那无尽的轮回？"

佛陀开示道："正直是方法，无畏是精进，止语是快乐，清净覆盖心念，惭愧为车驾，正念是仆从，智慧是车夫，正见为引导。无论是男人与女人，如果能够乘上这样的车马，就一定能够舍弃色身和精神，远离种种爱欲以期断除生死，不再轮回，从而证入到不生不灭寂静清凉的涅槃圣境。"

天人很是欢喜，说道："我在过去也曾见到过证入涅槃的修行人，而您也在长久以来都舍弃了所有怖畏，超度了世间所有爱欲。"

说完这段话，再一次顶礼佛足之后就消失在人间回到了天宫。

（一七七）

有一段时间，佛陀住在了舍卫国祇树给孤独园。一天深夜，有一位身光炽盛的天人来到了佛陀住所，顶礼佛足之后坐在一旁说道："世尊，两眼、两耳、两鼻孔、嘴、生殖孔、肛门这九大门道和种种不洁之物组合而成的色身在行住坐卧的过程中无一不深陷在五蕴六尘的淤泥之中，从而饱受众苦煎熬。世尊，要如何去做才能够得以出离三界六道的无尽轮回呢？”

佛陀开示道：“断尽对世间万有的喜爱结使和爱欲贪爱这样的恶不善法，只要能够拔出欲爱这导致轮回的根本，就能够出离三界不再轮回，从而证入到涅槃境界之中。”

天人很是欢喜，说道：“我在过去也曾见到过证入涅槃的修行人，而您也在长久以来都舍弃了所有怖畏，超度了世间所有爱欲。”

说完这段话，再一次顶礼佛足之后就消失在人间回到了天宫。

（一七八）

有一段时间，佛陀住在了舍卫国祇树给孤独园。一天深夜，有一位身光炽盛的天人来到了佛陀住所，顶礼佛足之后坐在一旁说道：“世尊，为何身心世界都有种种结发，从而沦落在生死苦海？要如何去做才能够去掉种种结发？”

佛陀开示道：“持之以恒受持种种圣戒，修正心中意念使之符合正知正见，广学多闻一起安立般若智慧，精勤修学种种善法，这样的人才算得上是真正的比丘。也只有这样的比丘，才能够去掉种种结法使之不再沉沦在生死苦海。”

天人很是欢喜，说道：“我在过去也曾见到过证入涅槃的修行人，而您也在长久以来都舍弃了所有怖畏，超度了世间所有爱欲。”

说完这段话，再一次顶礼佛足之后就消失在人间回到了天宫。

（一七九）

有一段时间，佛陀住在了舍卫国祇树给孤独园。一天深夜，有一位身光炽盛的天人来到了佛陀住所，顶礼佛足之后坐在一旁说道：“世尊，想要真正出离世俗和烦恼之家，是非常难的，也是难逢难遇的。而那些愚痴无知的人出家作沙门就会遇到没完没了的障碍，这些人心中被怖畏占据而修行懈怠，不能够有效防禁身口意的种种行为，从而无有欢喜之心。世尊，我想请教的是，作为出家修习梵行的沙门应当遵循的法则是什么？又要如何去做才能够使念想和爱欲得大自在？又要如何去做才能够彻底去除这些？”

佛陀开示道：“作为比丘，应当覆蔽种种恶劣思想，就好像把头尾和四肢藏在龟壳，使想伤害它的机会都没有一样。作为比丘，不会依靠任何人，更不会去恼害任何众生。当比丘证入到涅槃境界之后，世间任何对他的议论与看法都会嘎然而止，再也不会有任何反应了。”

天人很是欢喜，说道：“我在过去也曾见到过证入涅槃的修行人，而您也在长久以来都舍弃了所有怖畏，超度了世间所有爱欲。”

说完这段话，再一次顶礼佛足之后就消失在人间回到了天宫。

（一八〇）

有一段时间，佛陀住在了舍卫国祇树给孤独园。一天深夜，有一位身光炽盛的天人来到了佛陀住所，顶礼佛足之后坐在一旁说道：“世尊，我最近行住坐卧都无精打采，闷闷不乐，食不甘味，寝不安枕，心意也越来越狭劣，越来越多的恶不善法覆障我，使我找不到超凡入圣的解决之道。”

佛陀开示道：“遇到这种状况时，就要精进修习布施、圣戒的受持，忍受所有侮辱，广学多闻和禅定，假以时日就能够见到超凡入圣的解决之道。”

天人很是欢喜，说道：“我在过去也曾见到过证入涅槃的修行人，而您也在长久以来都舍弃了所有怖畏，超度了世间所有爱欲。”

说完这段话，再一次顶礼佛足之后就消失在人间回到了天宫。

（一八一）

有一段时间，佛陀住在了舍卫国祇树给孤独园。一天深夜，有一位身光炽盛的天人来到了佛陀住所，顶礼佛足之后坐在一旁说道：“世尊，池水如何枯竭？流出去的水为何不回归？世间的痛苦和快乐，要如何去做才能够消尽？”

佛陀开示道：“当眼耳鼻舌身意这六根与色身、精神都消失得干干净净不再投生，这就是池水的枯竭。只要能够除尽所有导致轮回的结使和业行，世间所有苦乐也就断除得干干净净，再也不会出现在这世间了。”

天人很是欢喜，说道：“我在过去也曾见到过证入涅槃的修行人，而您也在长久以来都舍弃了所有怖畏，超度了世间所有爱欲。”

说完这段话，再一次顶礼佛足之后就消失在人间回到了天宫。

（一八二）

有一段时间，佛陀住在了舍卫国祇树给孤独园。一天深夜，有一位身光炽盛

的天人来到了佛陀住所，顶礼佛足之后坐在一旁说道："世尊，释迦牟尼如来这位世间大雄，少欲知足，身心不动，安住在僻静之地树林之中。我如今有疑惑想要请教瞿昙，痛苦是从哪里生起的？又应当如何去做才能够出离苦海？所有痛苦又消失在何处？还望得到您的开示，解除我的疑惑。"

佛陀开示道："世间有五欲之乐显现在意识之中，只要能够除断所有喜爱和欲念，就能够远离一切痛苦，这也是痛苦的出处，也就是苦海解脱之处。当喜爱和欲念灭尽之后，痛苦也就消失得无影无踪了。这也是你应当知道的。"

天人很是欢喜，说道："我在过去也曾见到过证入涅槃的修行人，而您也在长久以来都舍弃了所有怖畏，超度了世间所有爱欲。"

说完这段话，再一次顶礼佛足之后就消失在人间回到了天宫。

（一八三）

有一段时间，佛陀住在了舍卫国祇树给孤独园。一天深夜，有一位身光炽盛的天人来到了佛陀住所，顶礼佛足之后坐在一旁说道："世尊，世间万缘都不可攀，还无安身立命之处。在这生死激流无尽轮回中，谁能够保证不随波逐流？又有谁能够精勤修习从而超越生死渡过激流？"

佛陀开示道："清净受持于圣戒，修习般若智慧和四禅八定，以及四念处，如是修持之后，再难也都能够得度生死。远离爱欲等结使，不再摄受新的色身，对世间万有不再生起欢喜之心，如是修持就能够随波而不逐流，不会同流合污，从而出离三界不再轮回。"

天人很是欢喜，说道："我在过去也曾见到过证入涅槃的修行人，而您也在长久以来都舍弃了所有怖畏，超度了世间所有爱欲。"

说完这段话，再一次顶礼佛足之后就消失在人间回到了天宫。

（一八四）

有一段时间，佛陀住在了舍卫国祇树给孤独园。一天深夜，有一位身光炽盛的天人来到了佛陀住所，顶礼佛足之后坐在一旁说道："瞿昙，您如今能知一切众生被客尘所着情欲系缚以及解脱的实际情况吗？"

佛陀说道："确实如此。"

天人问道："您是如何知道的呢？"

佛陀说道：“我观察到的。你也知道我的本心已经彻底清净不再轮回。正因为我得以解脱的缘故，所以才能够如实了知世间众生的实相。”

天人欢喜赞叹道：“善哉善哉。随喜赞叹您如实了知一切众生被客尘所着情欲系缚以及解脱的实际情况。”

天人很是欢喜，说道：“我在过去也曾见到过证入涅槃的修行人，而您也在长久以来都舍弃了所有怖畏，超度了世间所有爱欲。”

说完这段话，再一次顶礼佛足之后就消失在人间回到了天宫。

（一八五）

有一段时间，佛陀住在了舍卫国祇树给孤独园。一天深夜，有一位身光炽盛的天人来到了佛陀住所，顶礼佛足之后坐在一旁说道：“瞿昙，您确定已经渡过生死激流不再轮回了吗？”

佛陀回答道：“确实如此。”

天人说道：“茫茫苦海，生死激流，既无攀援之所，也无立足之处，您又是如何超度的呢？”

佛陀开示道：“如果我修行懈怠，必定会被生死激流所吞没，继而沉沦在茫茫苦海之中。正因为我修行精进，所以才能够超越生死激流，渡过生死苦海。”

天人赞叹道：“善哉善哉。能够超越生死，渡过激流的确实是非常之难得稀有。我在过去也曾见到过证入涅槃的修行人，而您也在长久以来都舍弃了所有怖畏，超度了世间所有爱欲。”

说完这段话，再一次顶礼佛足之后就消失在人间回到了天宫。

（一八六）

有一段时间，佛陀住在了舍卫国祇树给孤独园。一天深夜，有一位身光炽盛的天人来到了佛陀住所，顶礼佛足之后坐在一旁说道：“世间众生无时无刻不处在惊惧忧恼之中，要如何才能够做到对已经得到的，或者是即将得到的财富利益保持一颗平常心而不再有欢喜或者是喜悦呢？惟愿如来为我详细解说。”

佛陀开示道：“一个有智慧的人应当艰苦修行，统摄六根，弃舍一切俗务，精勤修习清净无染梵行，除此之外更无其他人等能够出离生死苦海，不再轮回。如果不能够舍弃所有俗务而修习梵行，就会在长夜轮回中担惊受怕忧心忡忡，生老病死忧悲苦恼等无尽苦海如影随形，纠缠不止。如果能够舍弃世间万有，就能够除去所有隐患，不再经历生死。一旦证入到涅槃境界，也就再也没有忧悲苦恼等忧患的存在了。”

天人赞叹道：“善哉善哉。能够超越生死，渡过激流的确实是非常难得稀有。我在过去也曾见到过证入涅槃的修行人，而您也在长久以来都舍弃了所有怖畏，超度了世间所有爱欲。”

说完这段话，再一次顶礼佛足之后就消失在人间回到了天宫。

（一八七）

有一段时间，佛陀住在了舍卫国祇树给孤独园。一天深夜，有一位身光炽盛的天人来到了佛陀住所，顶礼佛足之后坐在一旁说道：“要如何去作才能够获得殊胜的色身？谁能够证入到涅槃境界？我们应当向他们学习什么？又应当如何供养诸天的天人们？”

佛陀开示道：“受持圣戒有智慧的人，善能修正自己身口意的行为，勤加修习四禅八定，克制约束身口意的行为，从而除去了所有痛苦。以正确的离苦得乐方法使心意得以解脱，这样的人就能够得到殊胜端正的色身。也只有这样的人，才能够证入到涅槃境界。也应当到这样的人之住处，学习种种善法。供养这样的人，就等于供养诸天天人。”

天人赞叹道：“善哉善哉。能够超越生死，渡过激流的确实是非常难得稀有。我在过去也曾见到过证入涅槃的修行人，而您也在长久以来都舍弃了所有怖畏，超度了世间所有爱欲。”

说完这段话，再一次顶礼佛足之后就消失在人间回到了天宫。

（一八八）

有一段时间，佛陀住在了舍卫国祇树给孤独园。一天深夜，有一位身光炽盛的天人来到了佛陀住所，顶礼佛足之后坐在一旁说道：“世尊，罗吒国的商贾尽管财富无量，但都还贪得无厌。为了获得更多的财富，彼此之间勾心斗角，明争暗斗，漂流在欲海狂潮之中。这些人要什么时候才能够舍弃种种欲爱呢？”

佛陀开示道：“舍弃所有俗务，舍弃妻室儿女和财产，以及自己所珍爱的一切，清除贪爱和愚痴，抛弃世俗之家，出家修习清净无染的梵行，就能够彻底断除导致轮回的欲结，不再生死苦海中漂泊，从此以后尽未来际都会与世无诤了。”

天人赞叹道：“善哉善哉。能够超越生死，渡过激流的确实是非常难得稀有。我在过去也曾见到过证入涅槃的修行人，而您也在长久以来都舍弃了所有怖畏，超度了世间所有爱欲。”

说完这段话，再一次顶礼佛足之后就消失在人间回到了天宫。

（一八九）

有一段时间，佛陀住在了舍卫国祇树给孤独园。

佛陀开示道：“有一天，拘萨罗国有五百辆车行进在沙漠之地，有一群盗贼发现了他们的踪迹就打算抢劫他们。当时有天神发现，就心道，我应当去看看那商团之中有没有智者，如果有的话我就设法保护他们使之不受伤害。如果没有，我就袖手旁观，置之不理。于是他来到车队面前，身体发出的光明照亮了整个车队。”

天神说道：“什么人虽处清醒之中却也是睡梦人？什么人虽在睡梦之中却也是清醒的？谁能够理解其中的义理请即时告诉我？”

商团之中有一位通达佛理的在家弟子回答道：“我虽在清醒之中也是睡梦之中，我虽在睡梦中却也是在清醒的状态中，我通达所有义理，可以回答你的任何提问。”

天神不解，问道：“你为什么会这样说呢？”

这位在家弟子回答道：“断除了贪欲、嗔恚和愚痴，断尽了所有烦恼的人证得阿罗汉圣果的比丘，他们就算是在睡梦中也是清醒的。因为他们不再轮回，不再经历生死苦海的沉沦。而那些不能够如实了知苦集灭道四大圣谛的人就算是在清醒状态下也是处在睡梦之中。因为他们不能够如实了知世间万法的绝对真相而还执着于虚妄。这个道理想必你这位天神会如是了知。”

天神非常之欢喜，连声赞叹道：“善哉善哉。您的回答真是太好了。我已经好久没有见到懂得佛法的兄弟了，今日一见真是让我大为欢悦，如今这个商团所有成员会因你的参与得以平安度过沙漠。”

佛陀开示完毕，比丘们皆大欢喜信受奉行。

（一九〇）

有一段时间，佛陀住在了舍卫国祇树给孤独园。

有一天，佛陀在普会讲堂开示道："在过去，输波罗城的在家佛弟子们有一次聚在一起时讨论爱欲的过患。有人说爱欲就像是白骨，有人说爱欲就像群鸟追逐的肉块，有人说爱欲好比是大粪之毒，有人说爱欲如同火坑，有人说爱欲如同人身上的疮，靠近火又痒又痛，又好比迎风而行的火炬，如果处理不当就会引火烧身。有人说爱欲如同梦幻泡影，毫无坚实之处。有人说爱欲如同假借，终究还是要扬长而去。有人说爱欲如同树上果实，乍一看很美，一旦到手就发现并非如此。有人说爱欲如同伤人的武器，最终会被武器所伤。有人说爱欲是导致不清净的根源，使得本心轮回在秽恶充满的世间。有人说爱欲如同不能够消化的食物，吐出来又非常臭等等说法观念都不一致。虽然他们都在苛责爱欲的过患，但他们一旦离开汇聚之地回到各自的家中时，就会忘乎所以，继续沉迷于声色犬马之中。

"普会讲堂的守护神见状很是不满，这些在家的佛弟子们在讲堂上还谴责爱欲的过患，而一旦离开这里就故伎重演，再度沦落红尘。再这样下去就会毁了他们，我得劝阻他们使得他们真正觉悟才是。主意一定，守护神就在他们的再度例会中说道：'你们在集会的时候都在议论爱欲的种种过患，而你们一出门口就忘得干干净净，依然沉浸在五欲之乐中，就好比深陷淤泥的老牛一般越陷越深。如今我观察到许许多多的在家佛弟子们，虽然也能够严谨受持五戒，也在深入经藏，广学多闻，也都知道沉迷爱欲的危害，但实际上并没有真真正正放弃爱欲的意愿，依然贪着男女之相，贪着于种种恶不善法。我在此奉劝你们应当远离舍弃这些非法之举，如法如律地在佛陀教法中精进修行，以期早日了断生死不再轮回，证入到不生不灭的涅槃境界之中。'

"这些在家佛弟子听了守护神的话，心生惭愧，纷纷忏悔自己的业行，解悟了正法，从此以后对爱欲深恶痛绝，于是大家都剃除须发，抛弃俗世之家，出家精勤修学解脱之道。在勤修戒定慧之后都证得了阿罗汉圣果，出离了三界而不再轮回。"

比丘们听完佛陀的开示，皆大欢喜，信受奉行。

（一九一）

有一段时间，佛陀住在了王舍城迦兰陀竹林精舍。当时，须达多长者因为一些俗务来到了王舍城中去到了护弥长者家中拜访他的老朋友。他见到护弥长者家中阖府上下正在紧张忙碌，打扫殿堂，张灯结彩，准备供养物质，安置高座，敷设床榻。须达多长者见状心想：是他家谁要结婚吗？还是为了迎接国王或者是手下大臣呢？须达多长者又想到：如果只是为了迎接国王，犯不着要长者亲自动手啊。既然护弥长者亲自劳作，一定会有比国王更加殊胜的人才是啊。须达多长者百思不得其解，只好询问护弥长者。护弥长者回答道："我既不为家中有婚嫁，也不会为迎接国王或者是大臣而如此劳师动众，只因我家中明日供养佛陀和他座下的比丘僧，才会如此忙碌。"

须达多长者第一次听到佛陀的名字，惊得汗毛倒竖，随即惊讶地问道："谁是佛陀？"

护弥长者回答道："释迦族的太子悉达多剃除须发出家修道，成就了无上正等正觉的修持，自觉觉他觉行圆满，就被称之为佛陀。"

须达多长者又问道："那什么是比丘僧呢？"

护弥长者回答道："世人之中因受佛陀点化，弃舍俗世之家跟随佛陀出家修学解脱之道，这样的人就被称之为比丘僧。我明日就是要供养佛陀和他座下的比丘僧们。"

须达多长者又问道："我今天能够见到如来不？"

护弥长者说道："如来今在迦兰陀林，你也无需着急，佛陀明日就要来我家中接受我真诚的供养。"

须达多长者非常欢喜，想要见到佛陀的心意越来越迫切，在莫名的兴奋中须达多长者渐渐进入到梦乡，不久之后又再度惊醒。当时，天还未亮，刚刚进入到黎明时分。长者以为已经天亮，于是起床来到城门口，见城门已经大开，随即出城往迦兰陀林进发。他因为心中忆念佛陀的缘故使得有大光明照亮他的座位。当他来到城郊路过一座供奉天人的祠堂，随即恭恭敬敬右绕祠堂并恭敬礼拜，那光明随即消失，又恢复了漆黑的夜晚。须达多长者大惊，心想这黑漆漆的夜晚，万一被鬼神或者是被盗贼伤害怎么办？于是心生退意就打算回城。就在这时，湿婆天神即时出现在空中，他放大光明照亮了整片地区，甚至连祇洹地区都如同白昼。湿婆说道："你只可前进，不宜退回。就算是你用百辆马车装满奇珍异宝，并用一百个跟人一样高的黄金去布施，使得整个阎浮提都能够遍满，这样的功德算作一份的话，还不如有人发心去往佛陀住所走近一步所形成的功德的十六分之一多。就算是整个雪山所有的大力象装满奇珍异宝去布施，以此功德还不如向佛陀走近一步的功德十六分之一多。就算是用多达百位身上遍满奇珍异宝的绝色美女去布施所形成的功德还不如向佛陀走近一步的功德十六分之一多。正因为如此，我才劝你不要心生退意。"

须达多长者问道："您是谁呢？"

湿婆回答道："我的前身是你的亲友，在临终之前，对舍利弗和目犍连两位尊者生欢喜心，因此投生在四天王天成为北天王毗沙门天王的儿子。我对如来座下的弟子心生欢喜都能够获得如此之大的福报，更何况是佛陀呢？"

须达多长者心道：这位天神都如此推崇如来座下弟子，由此推断可知那佛陀的地位定然是更加之尊贵。于是，抖擞精神，就在天神的引导下去到了佛陀住处。当时，佛陀正在经行，须达多长者不知道如何恭敬佛陀，见到佛陀就坐在了佛陀面前。湿婆见状，于是变成一位婆罗门即时出现在佛陀面前，顶礼佛足右绕三匝之后才坐在一旁。须达多长者见状，赶紧站起身来，效仿那天神的礼数顶礼佛足右绕三匝，而后坐在一旁问候道："不知您圣体安康愉悦与否？"

佛陀说道："证得涅槃境界的婆罗门一切事都是安乐的，他们不为爱欲所污染内心，本心已经从三界万有中彻底解脱了出来。心里再也不会对世间万有有一丝一毫的欲求，再也不会有任何烦恼。彻底恢复了清净的本性，寂灭了所有情欲，从此以后永恒处在极乐境界之中。"

说完这段话，佛陀又将须达多长者带到房中，待佛陀跌跏趺坐之后须达多长者再一次顶礼佛足而后坐在一旁。佛陀随之为他演说佛法使之心生欢喜。佛陀开示的佛法是：布施持戒得以生天，爱欲是造成不净的根源，只有出离三界不再轮回证入到涅槃境界那才是真真正正的极乐境界。须达多长者听了佛陀的开示，欢喜之心越发强烈。佛陀见为之宣示正法的时机已经成熟，随即为他开示苦集灭道四大圣谛，须达多长者听完佛陀的开示，恍然大悟，当即掌握了了断生死不再轮回的解决之道，就好像是白色的新布可以被轻易染成任何颜色一样。由于须达多长者掌握了正法，由此断除了八十亿劫生死过程中所形成的结使，证得了须陀洹圣果。他当即站起身来，整理好衣服，再一次跪倒在佛陀面前，行完顶足礼而后说道："世尊，我的名字叫须达多，因为常常赈济弱势群体的缘故，世人都称呼我叫给孤独氏。"

佛陀问道："你是哪个国家的人？出生种姓是什么？"

须达多回答道："世尊，我出生在舍卫国。惟愿世尊去到那里，我当终其一生供养佛陀和僧团。"

佛陀问道："那里有僧人安住的房舍吗？"须达多长者回答道："世尊，但请放心。我将营造房舍，使来往的比丘们能够有安身之所。"

佛陀听了须达多长者的话，沉默不语，接受了他的祈请。

须达多长者见佛陀接受了他的祈请，生大欢喜，顶礼佛足右绕三匝之后就告辞而去。

（一九二）

有一段时间，佛陀住在了舍卫国祇树给孤独园。

当时，须达多长者年老体衰，重病缠身，佛陀听说后就在一天上午去到须达多长者家中。长者远远望见佛陀，就强撑病体想要起来顶礼佛陀，佛陀说道："你就不要起来了。我自己来。"

当佛陀坐好后就问道："病痛还能够忍受不？寻医问药之后有没有好转？"

长者回答道："世尊，那病痛是越来越厉害，所受的痛苦也是越来越猛烈。被种种痛苦所折磨，真是度日如年。头痛欲裂，就像是被几个大力士用粗大的绳子绑住我的头在拔河一样，腹部就像是被屠夫长刀插进乱搅一般。"

佛陀说道："长者，此时此刻的你应当对佛陀、正法、僧团和圣戒建立坚固不坏的信念。"

须达多长者回答道："正如佛陀所说，对佛陀、正法、僧团和圣戒我早已建立了金刚不坏的信仰。"

佛陀开示道："当这四大金刚不坏的信念建立之后，就应当次第修习六大正念。第一正念是忆念佛陀的所有功德，忆念佛陀独有的如来、应供、正遍知、明行足、善逝、世间解、无上士、调御丈夫、天人师、佛陀、世尊这十大德行。第二正念是忆念佛陀所传承的离苦得乐之正法。这要如何去忆念呢？在心里应当忆念如来所传承的离苦得乐的正法，殊胜微妙，世间稀有。只要能够依教奉行，当下就能够获得无量无边的大利益，以及证得圣果。远离所有烦恼的侵袭，无论何时何地，都能够导向大善境界。如来的开示，虽是高深莫测，但只要有智慧的人依教奉行，就一定能够证知与之相应的殊胜境界。”

佛陀继续开示道：“第三是忆念僧团比丘。要常常忆念僧团比丘的德行高远，如来座下的圣僧具足一切美德，在佛陀的指引教导下能够依教奉行，不违圣教，长年追随于佛陀，按照他们的修行或证得初果须陀洹圣果，或即将证得须陀洹圣果；或证得二果斯陀含圣果，或即将证得斯陀含圣果；或证得阿那含圣果，或即将证得阿那含圣果，或证得阿罗汉圣果，或即将证得阿罗汉圣果。如来座下的这些声闻圣僧，能够圆满受持如来所制定的圣戒，如理如法修持种种禅定，具足了导向解脱的所有正知正见并从三界六道无尽轮回中解脱出来。能够应他人祈请讲经说法从而普度众生。这样的僧众，值得尊敬，是以应当对他们恭恭敬敬双手合十礼敬之。

“要如何去忆念圣戒呢？要自念圣戒是导向善境的自我约束，是使本心得以清净的必要保障，在生活中修行时必须圆满无瑕地受持，以纯净的心意去小心呵护种种戒律，不以秽垢之心意去守戒，不以为求名利而守戒，守戒的目的在于使自己的行为无可讥嫌，能够得到智者的爱乐，最终出离三界不再轮回。这就是忆念圣戒的义理所在。

“要如何去忆念布施呢？因为自己所修行的布施，最终获益者是我自己。是以应当远离悭贪广行布施，在布施过程中，心无分别，哪怕是自己心爱之物，都能够无怨无悔地布施出去。在布施时，尽可能做到自己双手呈上而无一丝一毫的惰慢。对布施这种行为的修持要做到无有厌倦，具足舍心。如果遇到有人前来化缘求索，就应当尽量予以满足。这就是念施的义理所在。

“要如何去念天呢？要常常护住心念忆念四天王天、忉利天、夜摩天、兜率天、化乐天和他化自在天，在这欲界六大天界之中，有许许多多证得须陀洹和斯陀含圣果的人往生到了这里。”

佛陀开示完毕，须达多长者感激涕零，说道：“世尊，正如您之所说，这六大忆念之法我都已经圆满修持。世尊，惟愿您今日中午就在我家中接受我真诚的供养吧。”

佛陀沉默不语，接受了他的祈请。

须达多长者随即安排准备好美味佳肴供养佛陀，佛陀吃完饭后须达多长者再一次恭恭敬敬双手合十说道：“世尊出世难逢难遇，稀有无比。”

佛陀又为长者开示了甚深微妙的佛法，使得长者生大欢喜心，而后佛陀就站起身来回到了住处。

佛陀走后，须达多长者就在半夜时分身坏命终往生到了天上。当他生到了天上之后旋即来到了给孤独园佛陀住所，他的身光照得整座精舍如同白昼。他顶礼佛足之后坐在一旁说道："这座清闲安静的园林里是仙圣所安居之地，一切正法之主释迦牟尼如来安居在其中，使得我今生获得了大利益而喜乐无比。对佛陀、正法、僧团和圣戒建立起金刚不坏的信心，勤修戒定慧，以正当的方式生活和修行就能够使本心恢复清净。如果能够如是修持，将来的境界也就越来越高。而这些成果的成就与出身和财富是没有任何关联的，而舍利弗尊者这位大智慧者能够寂灭情欲安然受持禁戒，安住在恬静之境地，是如来座下弟子当中最为第一的。"

佛陀赞叹道："确实如此。对佛陀、正法、僧团和圣戒建立起金刚不坏的信心，勤修戒定慧，以正当的方式生活和修行就能够使本心恢复清净。如果能够如是修持，将来的境界也就越来越高。而这些成果的成就与出身和财富是没有任何关联的，而舍利弗尊者这位大智慧者能够寂灭情欲安然受持禁戒，安住在恬静之境地，是如来座下弟子当中最为第一的。"

须达多天子见佛陀印证了他的说法，很是欢喜，再一次顶礼佛足之后就在座位上消失回到了天宫之中。

到了第二天清晨，在讲堂上趺跏趺坐的佛陀就把之前所发生的事情告诉了在座的比丘，站在佛陀身后的阿难尊者随即说道："世尊，想必是须达多长者生天之后又回来赞叹舍利弗长老的。"

佛陀说道："如是，如是。确实是他昨晚来到我这里说的这番话。"

阿难尊者和在场的比丘们，皆大欢喜，信受奉行。

（一九三）

有一段时间，佛陀住在了旷野园的第一树林里。

当时，时首长者身患重病，卧床不起。佛陀听说后就在一天早晨前去看望他。时首长者见到佛陀前来，喜不自胜，就强撑病体想要起来给佛陀行顶足礼。佛陀随即阻拦道："不需要起来，躺好吧。"

佛陀坐好后关切道："病痛还能够忍受不？寻医问药之后有没有好转？"

长者回答道："世尊，那病痛是越来越厉害，所受的痛苦也是越来越猛烈。

被种种痛苦所折磨，真是度日如年。头痛欲裂，就像是被几个大力士用粗大的绳子绑住我的头在拔河一样，腹部就像是被屠夫长刀插进乱搅一般。又好比两位大力士把我放在熊熊大火边炙烤，使得浑身焦烂，疼痛难忍。”

佛陀开示道：“你应当对佛陀、正法、僧团和圣戒建立起坚固不坏的信念。”时首长者说道：“世尊，我早已建立这四不坏信。”

佛陀继续开示道：“在建立起四不坏信的基础上应当再继续修习六大正确观念。”

时首长者说道：“世尊，这六大观念我也如是修持。世尊，今天中午您就接受我们真挚的供养吧。”

佛陀沉默不语，接受了他的祈请。

时首长者心生欢喜，随即安排家人准备美味佳肴供养佛陀。待佛陀吃完饭后，时首长者双手合十恭恭敬敬说道：“世尊出世，难逢难遇。”

佛陀为他演说了精妙无比的佛法使其生大欢喜，而后佛陀就站起身来回到自己的住处。

半夜时分，时首长者身坏命终，随即出生在色界的无热天。时首在无热天出生以后随即想到：我之所以有今日之富贵，全赖佛陀加护的缘故，我应当去到人间拜谢世尊。想到此处，他随即在天宫消失出现在佛陀住所，他发出的身光照亮了整座祇洹。他顶礼佛足之后坐在了一旁。他刚坐下，随即就滑到了地面，身体还渗入了地里。佛陀开示道：“你可以把色身变化得再粗大一些，然后就能够坐稳了。”

时首天子接受了佛陀的教诲，随即变化成欲界天子的身形坐稳在了座位之上。佛陀问道：“你是如何修行的才使得你在身坏命终之后往生到了色界的无热天？”

时首天子回答道：“世尊，我修行三大法要从无知足才得以往生到了无热天。第一是拜见佛陀，第二是听闻正法，第三是供养僧众。我在这三大方面的修持从来就不曾感到满足，调伏了贪欲，不生嫉妒之心，所以才会有今日之大好结局。”

时首天子说完，再度站起身来顶礼佛足，而后消失在人间回到了天上。

（一九四）

有一段时间，佛陀住在了舍卫国祇树给孤独园。

一天深夜，有一位浑身发出大光明的天人来到了佛陀住所，他顶礼佛足之后坐在一旁说道："有七位比丘从人间解脱出来往生到了无烦天。他们断尽了对世间万有的爱欲，不再对世间红尘生起喜爱染着。是谁超度他们越过生死激流，生死极为自在，完成了几乎不太可能完成的任务？是谁拯救他们逃脱了生死大网而往生到了殊胜庄严的诸天境界？"

佛陀开示道："优比罗、建陀、佛羯罗、跋直、羯提婆、婆睺提、毗纽等比丘已经渡过生死激流，生死自在，断尽了生死之网，越过了诸天境界。他们的所有言说无不深远，难以认知，难以解悟，无一不善。你来自哪重天界？为何要问我这事？"

天人回答道："我也来自无烦天，是以知道那七位比丘解脱的详细情况。我也知道他们都已经断弃了所有爱欲，除尽了所有导致轮回的结使。因为我在他们之前先往生到了无烦天，所以，才会知道他们的详细情况。有生之年都在奉持修习清净无染的梵行从而断尽了烦恼的是迦叶优婆塞，瓦师在有生之年都孝养父母，远离淫欲。迦叶和他的父母以及爱答都是我的亲友，而且关系非常不错。他们都以清净之心，在有生之年都坚守住身口意三业不造哪怕是一丝一毫的恶行。而这样的圣贤人士都成为了我的大善伙伴。"

佛陀随喜道："如是，如是。确实是这样。"

天子听了佛陀的开示，生大欢喜，顶礼佛足之后即时消失而去。

（一九五）

有一段时间，佛陀住在了王舍城的耆尼山中。

一天深夜，一位名叫求迦尼娑的天女来到了佛陀住所，她的身光非常明亮，照得整座大山都亮如白昼。她顶礼佛足坐在一旁说道："言语和意识应当广修善业，不应当造作恶业。身体就更不应该以哪怕是最微小的恶行而去危害世间。应当理性去观察，爱欲本来如同梦幻空花而无实有，是以就应当时时修正心中意念使之觉悟真理。在生活和修行的过程中应当将心比心换位思考，不要去做那些损减福业的行为。"

佛陀随喜赞叹了她的说法。

求迦尼娑天女见佛陀印可了她的说法，很是欢喜，随即顶礼佛足就消失在人间回到了天宫。

（一九六）

有一段时间，佛陀住在了舍卫国祇树给孤独园。

有一天，阿难尊者告知在场的比丘们道："言语和意识应当广修善业，不应当造作恶业。身体就更不应该以哪怕是最微小的恶行而去危害世间。应当理性去观察，爱欲本来如同梦幻空花而无实有，是以就应当时时修正心中意念使之觉悟真理。在生活和修行的过程中应当将心比心换位思考，不要去做那些损减福业的行为。"

离阿难不远有一位婆罗门听完阿难尊者的开示就思惟道：这段话的义理非常深远，恐怕并非是俗人所作，一定是天人宣说。我应当去请教佛陀才是。想到此处，他随即去到佛陀住所，问候已毕就把之前的疑惑告诉了佛陀。佛陀说道："确实如此，确实是天人所宣说的。"于是佛陀就把求迦尼娑天女来拜访他时的情况原原本本告诉了婆罗门，婆罗门很是欢喜，告辞而去。

（一九七）

有一段时间，佛陀住在了王舍城的耆尼山中。

一天深夜，一位名叫求迦尼娑的天女来到了佛陀住所，她的身光非常明亮，照得整座大山都亮如白昼。她顶礼佛足坐在一旁说道："我经常以世间最美好的语言去赞叹歌咏佛陀正法僧团这世间三宝，而今日只是微微宣说一些我所理解的佛法。言语和意识应当广修善业，不应当造作恶业。身体就更不应该以哪怕是最微小的恶行而去危害世间。应当理性去观察，爱欲本来如同梦幻空花而无实有，是以就应当时时修正心中意念使之觉悟真理。在生活和修行的过程中应当将心比心换位思考，不要去做那些损减福业的行为。"

佛陀赞叹道："确实如此，你说的符合真理。"

求迦尼娑天女见佛陀印可了她的说法，很是欢喜，随即顶礼佛足就消失在人间回到了天宫。

（一九八）

有一段时间，佛陀住在毗舍离北的猕猴彼岸精舍之中。

一天深夜，有三位身光很是明亮名叫求迦尼娑天女、波纯提天女、拙罗天女来到佛陀住所，顶礼佛足之后坐在了一旁，她们俩身体发出的光芒照得整个地方都亮如白昼。拙罗天女说道："世尊，证得无上正等正觉的如来住在了毗舍离北的猕猴彼岸精舍之中，求迦尼娑天女、拙罗天女和波纯提天女前来顶礼世尊足下。我们之前都听闻佛陀善能讲经说法普度众生，如有诋毁讥嫌如是善法的人，那才是愚痴之人，最终都会堕入三大恶道。如有能够称赞圣法的人信受奉行成就了正智正念的人，就是实至名归的智者，身坏命终之后必定往生在善处。"

求迦尼娑天女说道："言语和意识应当广修善业，不应当造作恶业。身体就更不应该以哪怕是最微小的恶行而去危害世间。应当理性去观察，爱欲本来如同梦幻空花而无实有，是以就应当时时修正心中意念使之觉悟真理。在生活和修行的过程中应当将心比心换位思考，不要去做那些损减福业的行为。"

佛陀赞叹道："确实如此。你说的符合真理。"

三位天女见佛陀印可了她们的说法，很是欢喜，随即顶礼佛足就消失在人间回到了天宫。

（一九九）

有一段时间，佛陀住在了舍卫国祇树给孤独园。

一天深夜，有一位身光照得整座祇洹都亮如白昼的天人来到了佛陀住所，行完顶足礼之后就坐在一旁说道："不应当接触的就千万不要去接触，否则必遭惨烈的报应。正因为如此，所以不应当妄自行动去接触一些并不应该接触的事或物。就好比不是渡口就不应当轻易上船一样。"

佛陀开示道："可以生起嗔恚之心的时候却不生起嗔恚之心，就能够使清净之心不再有导致轮回的结使。如果以暴治暴以恶加恶就会祸及自身，就好比逆风扬尘却搞得自己灰头土脸一般。如果以牙还牙以嗔制嗔就必定会遭受报应，这样一来双方都属于恶行俱免不了面对忧患。如果能够以德报怨，就能够最终化解一切怨恨。"

天人赞叹道："善哉善哉。能够超越生死渡过激流的确实是非常难得稀有。我在过去也曾见到过证入涅槃的修行人，而您也在长久以来都舍弃了所有怖畏，超度了世间所有爱欲。"

说完这段话，再一次顶礼佛足之后就消失在人间回到了天宫。

（二〇〇）

有一段时间，佛陀住在了舍卫国祇树给孤独园。

一天深夜，有一位身光照得整座祇洹都亮如白昼的天人来到了佛陀住所，行完顶足礼之后就坐在一旁说道："如同婴儿般的愚痴无智者，总是广造无量无边的恶业。而在未来无尽轮回中，埋下了无数祸根而遭受无穷无尽的痛苦报应。"

佛陀开示道："所作所为符合不善之业，就等于引火自焚。愚痴无知的众生造作众多恶业时浑然不觉，而在遭受恶报现前时就啼啼哭哭，后悔莫及了。"

天人赞叹道："善哉善哉。能够超越生死，渡过激流的确实是非常难得稀有。我在过去也曾见到过证入涅槃的修行人，而您也在长久以来都舍弃了所有怖畏，超度了世间所有爱欲。"

说完这段话，再一次顶礼佛足之后就消失在人间回到了天宫。

（二〇一）

有一段时间，佛陀住在了舍卫国祇树给孤独园。

一天深夜，有一位身光照得整座祇洹都亮如白昼的天人来到了佛陀住所，行完顶足礼之后就坐在一旁说道："不因言说而就认为他是沙门。因为沙门是趣往涅槃境界的人，这样的人在出离生死轮回的解脱路上坚韧不拔，迈着坚实的步伐。这些勇猛精进的修行者们，能够修习甚深禅定，从而在三界六道的无尽轮回中解脱出来，摧坏魔众所形成的障碍和结缚。这样的修行者们对自己的所作所为心胸坦荡，诚实无欺。而那些奸诈虚伪无有诚信的人，是被广大智者所捐弃的。这类人本身实无所得，但却沾沾自喜憍慢无礼，以奸诈虚伪的言论去欺诳世人，实为世间的大贼。"

佛陀开示道："不显摆自己的功德，无视世人的所有行为，知道自己的本来面目，从而熄灭情欲清除客尘，就能够超度世间所有爱欲，进而证入到涅槃境界。"

天人听完佛陀的开示，说道："我今日实有罪过，惟愿接受我真诚的忏悔。"

天人见佛陀沉默不语，又说道："我如今对您真诚的忏悔自己的罪业，而您居然不接受我的忏悔。想必是心怀不善之恶念，不能够舍弃怨恨和讥嫌。"

佛陀开示道："你刚才还说自己罪业深重表示忏悔，而内心依然还没有认识到自己的错误。这样的心态怎么能够除去讥嫌，怎么能够得到善行？"

天人说道："人非圣贤孰能无过？问世间，谁能够真正远离愚痴而能够时时安住在正智正念之中？"

佛陀回答道："如来世尊以正智正念从而在三界六道的无尽轮回中得到解脱，他既无任何过失，也远离了一切愚痴，时时安住在正知正见中。"

天人赞叹道："善哉善哉。能够超越生死，渡过激流的确实是非常难得稀有。我在过去也曾见到过证入涅槃的修行人，而您也在长久以来都舍弃了所有怖畏，超度了世间所有爱欲。"

说完这段话，再一次顶礼佛足之后就消失在人间回到了天宫。

（二〇二）

有一段时间，佛陀住在了王舍城的迦兰陀竹林精舍。

一天，提婆达多的朋友瞿迦梨来到佛陀住所站在了一旁，佛陀劝告瞿迦梨道："你不要对舍利弗心生讥嫌之想，因为舍利弗和目犍连清净修习梵行，心意柔软。你切莫对他们心存怨恨，以免在未来的轮回路上饱受煎熬。"

瞿迦梨说道："我对佛陀的言语深信不疑，也追随于佛陀左右。然而目犍连和舍利弗这两位心中确实是有恶不善的欲念，那些恶不善的欲念在他们两位那里自由自在，他们也长期追随于恶不善的欲念。"

佛陀接连劝告三遍，瞿迦梨依然我行我素，置若罔闻，恶心不改，自顾自舍离佛陀而去。

瞿迦梨走后不远，身上随即长出小如芥子的恶疮，转眼之间就大如豆子，而后渐渐长大，布满全身，最后身体溃烂脓血流出，身坏命终之后魂神堕落在大莲华地狱。当晚就有三位天子出现在佛陀面前，他们行完顶足礼之后，第一位天子说道："世尊，瞿迦梨刚刚去世。"

第二位天子说道："他现在大莲华地狱之中。"

第三位天子说道："人生在世，斧在口中，因为恶言，自斩其身。应当给予赞叹的却去诋毁，应当纠正的却去赞叹。说话华而不实，其后必遭苦殃。绮语会失去财富，这还算是小过。如果诽谤佛陀圣贤，这就是大患了。未来所遭受的痛苦折磨极其长远，会在尼罗浮地狱中满百千亿万年，又三十六次入阿浮陀地狱。之所以会如此，都是因为诽谤贤圣，在言语和意识方面造就恶业的缘故，才会去到那苦难无尽的地狱。"

这三位天人再一次顶礼佛足之后就即时回到了天宫。

佛陀问道："你们想要知道那阿浮陀地狱里众生寿命的长短不？"

比丘们说道："请世尊为我们开示，我们会牢牢记住。"

佛陀开示道："假如有人在一车厢里装满芥子，有百岁人在百年后取走一粒。就算是车厢里的芥子被取得干干净净，那阿浮陀地狱的众生寿命都还没有尽。而二十个阿浮陀众生的寿命，等于一尼罗浮陀地狱众生的寿命。二十个尼罗浮陀地狱众生的寿命等于一呵吒吒地狱众生的寿命，二十个呵吒吒地狱众生的寿命，等于一睺睺地狱众生的寿命。二十个睺睺地狱众生的寿命，等于一莲华地狱众生的寿命。二十个莲华地狱众生的寿命，等于一大莲华地狱众生的寿命。瞿迦梨比丘因为诽谤舍利弗和目犍连的缘故，魂神现堕落在大莲华地狱之中。"

佛陀接着开示道："就算是身体被烧成燋柱都不应该去诽谤贤圣，更何况是在平时。"

佛陀开示完毕，比丘们皆大欢喜，信受奉行。

（二〇三）

有一段时间，佛陀住在了舍卫国祇树给孤独园。

一天深夜，有一位身光照得整座祇洹都亮如白昼的天人来到了佛陀住所，行完顶足礼之后就坐在一旁请教道："世尊，如何才算得上轻贱他人或者是不轻贱他人？为他人所轻贱又是为什么呢？我今日前来请教如来，惟愿大仙为我开示其中的真理。"

佛陀开示道："善知真理就不会轻贱他人，不知真理就会轻贱他人。对佛法信受奉行就是对佛法的恭敬，如果以憍慢的心态去对待佛法就是不恭敬。而这一切的缘起皆来源于不亲近大善知识的缘故。乐于奉行非法，亲朋好友就会心生怨恨，与怨恨结为亲友，这就是为人所轻贱的缘故。如果妇女所作所为不符合礼数，不遵守妇道而喜欢与他人通奸，所作所为不符合正理。而男人所作所为也违背社会公理，为人处世不能够尽心尽责，这样的行为也是被人轻贱的缘故。做生意奸巧欺诈，为了蝇头小利而不顾社会公德，这也是被世人所轻贱的缘故。沉迷于赌博的人，好吃懒做、沉迷睡眠、喜怒无常的人也都被世人所轻贱。喜欢穿金戴银、乔装打扮，贫穷却把钱用在穿衣打扮上的人也被世人所轻贱。心比天高，能力却一般，福报不够，却贪着于名闻利养，虽出生在王族，却在努力追求得到王位的愚痴之人也是被人所轻贱的对象。有的人虽家财万贯，却不愿意拿出一分一毫去周济至亲好友，遇到美味也不愿意与他人分享，得到他人的恩惠，就算是他人来到他家中都不愿意去报答他人的恩德，甚至还故意轻慢他人，这样薄情寡义的人也是被世人所轻贱的。父母年迈体弱却只顾自己锦衣玉食花天酒地，不知道去供养孝敬父母，这样的人也是被世人所轻贱的对象。对父母和兄弟姐妹出言不逊甚至是打骂羞辱的人也是被世人所轻贱的对象。有沙门和修行人来到他家中化缘时既不礼敬也不供养，这样的人也是被世人所轻贱的对象。如果有出家人或者是在家修行人以及贫穷人家乃至于乞丐上门之后，不但不给布施饮食或所需，反而还谩骂羞辱他们，这样的人也是被世人所轻贱的对象。诽谤佛陀和声闻弟子，包括出家人和在家的佛弟子，这样的行为也是被世人所轻贱的对象。自己没有证得阿罗汉圣果却宣称自己证得，这样的人实属沙门中的大贼，这更是被世人所轻贱的对像。如是等类的行为都是被世人所轻贱，这些道理我都是悉知悉见。是以应当彻底远离，就如同远离艰难险道一样。”

天人赞叹道：“善哉善哉。能够超越生死度过激流的确实是非常难得稀有。我在过去也曾见到过证入涅槃的修行人，而您也在长久以来都舍弃了所有怖畏，超度了世间所有爱欲。”

说完这段话，再一次顶礼佛足之后就消失在人间回到了天宫。

（二〇四）

有一段时间，佛陀住在了舍卫国祇树给孤独园。

一天深夜，有一位身光照得整座祇洹都亮如白昼的天人来到了佛陀住所，行完顶足礼之后就坐在一旁请教道：“世尊，什么人会敬重圣贤顺从离苦得乐的大道？什么人会傲慢无礼？什么人会如同婴儿玩泥土那般愚痴？”

佛陀回答道：“智者会敬重圣贤顺从离苦得乐的大道，愚痴之人则会傲慢无礼。而女人则会同婴儿玩泥土一般愚痴。”

天人赞叹道：“善哉善哉。能够超越生死度过激流的确实是非常难得稀有。我在过去也曾见到过证入涅槃的修行人，而您也在长久以来都舍弃了所有怖畏，超度了世间所有爱欲。”

说完这段话，再一次顶礼佛足之后就消失在人间回到了天宫。

（二〇五）

有一段时间，佛陀住在了舍卫国祇树给孤独园。

一天深夜，有一位身光照得整座祇洹都亮如白昼的天人来到了佛陀住所，行完顶足礼之后就坐在一旁请教道：“世尊，当觉察观照到意识之中有爱欲出现，就应当想方设法使之不再付诸行动。当一切欲念都不再出现时，造成沦落生死苦海的客尘也就不再生起了。”

佛陀开示道：“当觉察观照到意识之中有爱欲出现，就应当想方设法使不应当出现的就不要再出现。不应当把所有的爱欲都阻拦，应当只是阻拦属于恶不善的念想。如果是恶不善法，就应当想方设法使之不再出现。如果能够如是修习，就不会被沉沦生死苦海了。”

天人赞叹道：“善哉善哉。能够超越生死，度过激流的确实是非常难得稀有。我在过去也曾见到过证入涅槃的修行人，而您也在长久以来都舍弃了所有怖畏，超度了世间所有爱欲。”

说完这段话，再一次顶礼佛足之后就消失在人间回到了天宫。

（二〇六）

有一段时间，佛陀住在了舍卫国祇树给孤独园。

一天深夜，有一位身光照得整座祇洹都亮如白昼的天人来到了佛陀住所，行完顶足礼之后就坐在一旁请教道：“世尊，要如何去做才能够获得好的名声？要如何去做才能够使得富贵双全？要如何去做才能得到世人赞誉？又要如何去做才能够获得好的人缘？”

佛陀开示道：“圆满受持圣戒能够获得好的名声，修行布施就能够富贵双全。诚实无欺能够得到世人赞誉，广结善缘就能够获得好的人缘。”

天人赞叹道：“善哉善哉。能够超越生死，渡过激流的确实是非常难得稀有。我在过去也曾见到过证入涅槃的修行人，而您也在长久以来都舍弃了所有怖畏，超度了世间所有爱欲。”

说完这段话，再一次顶礼佛足之后就消失在人间回到了天宫。

（二〇七）

有一段时间，佛陀住在了舍卫国祇树给孤独园。

一天深夜，有一位身光照得整座祇洹都亮如白昼的天人来到了佛陀住所，行完顶足礼之后就坐在一旁请教道："世尊，世人要如何经营事业呢？又要如何理财才符合正理呢？"

佛陀开示道："先学习赚钱的技能，然后再逐渐积蓄财富。把收入分成四份，一份供生活所须，两份用作经营，余下一份积蓄以备不时之需。农业生产是第一首选，其次是经商，可以从事养殖业。为儿女们找到合适的人生伴侣。调和孩子们之间的关系使之能够和谐相处，否则就会非常苦恼。教育孩子们做事情要有始有终，切莫轻言放弃。如能够有所为有所不为，那财宝就会蜂拥而来，如同万河归海。只要能够精勤于事业，就如同蜜蜂采蜜一样，财富也就日夜增长。财富既不会与那些观念腐朽的人结缘，也不会跟那些行为懒散的人聚集。那些具足邪知邪见的恶人所从事的都是卑鄙的行业，对那些势力不如自己的人是不会有任何实质性的付出。这些人的心里只有财富才是最为亲近厚重的，当面对欠债未还或索取不得时就会忿怒斗诤，只有追求财富才是他们的利益所在。一旦财富不在时，就算是亲朋好友也形同路人了。所以，聚财的方法一定要如理如法，而不应当通过非法手段。只要能够如法经营，就一定能够财富广大。就能够利益自己，也同时利益到有缘人。只要能够合理安排财富，身坏命终之后就能够生到天上去。"

天人赞叹道："善哉善哉。能够超越生死，渡过激流的确实是非常难得稀有。我在过去也曾见到过证入涅槃的修行人，而您也在长久以来都舍弃了所有怖畏，超度了世间所有爱欲。"

说完这段话，再一次顶礼佛足之后就消失在人间回到了天宫。

（二〇八）

有一段时间，佛陀住在了舍卫国祇树给孤独园。

有一天，佛陀在普会讲堂开示比丘们道："在很久以前的拘萨罗国有位名叫拘那罗的人弹得一手好琴。

"有一天，他在远行的路上遇到六位凌空飞行的天女，那天女走出宫殿说道：'阿舅，你为我们弹琴吧，我们为你歌舞。'

“拘那罗抬头看见艳丽无比的天女，就问道：‘各位姐妹，做什么功德能够生到天上去呢？你们先为我说明因缘，我再为你们弹琴如何？’

“天女们说道：‘你先为我们弹琴吧，我们会以歌咏的方式来阐述其因缘。’

“拘那罗随即弹起宝琴，第一位天女边舞边歌道：‘我在人间时，把最好的衣服都用来布施给他人，凭借这个功德使得我在人间时地位也非常显赫，身坏命终之后生到天上后也是如此。我现在的肤色如同聚集在一起的真金，身体发出的光芒也非常柔和，在数百的天女中，我是其中的佼佼者。把自己的心爱之物布施出去所获得的福业就是如此之殊胜。’

“第二位天女说道：‘我在人间时用美味佳肴布施给有需要的人，在世获得了非常高的声望，身坏命终之后生到了天上，因为贡献出我的最爱，布施出去的功德随意自在安享快乐无忧的生活。你看我的宫殿在虚空之中飞来飞去，我的色身如同汇聚的真金，发出的身光甚为殊妙，在上百位天女之中，我是最为尊贵的。而之所以会有今日的殊荣，都是前世奉献美味佳肴布施之后所得到的回报。’

“第三位天女说道：‘我在人间时用最好的香料布施给有需要的人，在世获得了非常高的声望，身坏命终之后生到了天上，因为贡献出我的最爱，布施出去的功德随意自在安享快乐无忧的生活。你看我的宫殿在虚空之中飞来飞去，我的色身如同汇聚的真金，发出的身光甚为殊妙，在上百位天女之中，我是最为尊贵的。而之所以会有今日的殊荣，都是前世奉献香料布施之后所得到的回报。’

“第四位天女回答道：‘我前世在人间时，因为能够孝敬父母，尊重姑舅叔伯等长辈，对他们的辱骂恶言我都能够忍受。因为这些功德，使得我在身坏命终之后能够生到这天上。也因为孝顺的缘故，我随心所欲自由自在享受种种五欲之乐。你看我的宫殿在虚空之中飞来飞去，我的色身如同汇聚的真金，发出的身光甚为殊妙，在上百位天女之中，我是最为尊贵的。而之所以会有今日的殊荣，都是前世孝敬尊重之后所得到的回报。’

“第五位天女回答道：‘我之前在人间时，是大户人家的丫环，侍奉主人。我能够随顺主人的习气而不会显得嗔恨和戾气，能够勤勤恳恳任劳任怨地工作而不懈怠。早上最早起床，夜晚最后一个休息。主人分给我的饮食，我总会分给出家人或者是在家的修行人一份。因为这些功德，使得我在人间身坏命终之后生到了天上，随意自在地享受种种五欲之乐。你看我的宫殿在虚空之中飞来飞去，我的色身如同汇聚的真金，发出的身光甚为殊妙，在上百位天女之中，我是最为尊贵的。而之所以会有今日的殊荣，都是前世身份虽然卑贱却还能够广种福田的缘故才得到的回报。’

“第六位天女说道：‘我之前在人间时，遇到比丘或者是比丘尼，总是心生欢喜去亲近他们。他们也总是给我讲经说法，启迪我的智慧。也因为他们的教诲，我受过八关斋戒一次。因为这个功德，我才会在人间身坏命终之后生到了天上随意自在安享快乐。你看我的宫殿在虚空之中飞来飞去，我的色身如同汇聚的真金，发出的身光甚为殊妙，在上百位天女之中，我是最为尊贵的。而之所以会有今日的殊荣，都是前世接受了大善知识教导的缘故后才得到的回报。’

“弹琴者听了非常之欢喜，连声赞叹道：‘我真是三生有幸啊，在这可爱的萨罗林遇到了美丽殊妙的天女，知道了她们为什么会生到天上安享快乐的因缘，我从此以后也要广集功德广修善法以期未来也要生到天上去。’”

比丘们听完佛陀的开示，皆大欢喜，信受奉行。

（二〇九）

有一段时间，佛陀住在了舍卫国祇树给孤独园。

一天深夜，有一位身光照得整座祇洹都亮如白昼的天人来到了佛陀住所，行完顶足礼之后就坐在一旁请教道：“世尊，什么生起时必定坏事？什么必须阻止使其不要生成？什么舍弃就无所畏惧？什么成就最为安乐？”

佛陀开示道：“嗔恚生起必定坏事，贪欲必须阻止切莫使之再生，无明去处般若智慧建立就无所畏惧，止息妄念，除尽客尘，寂灭情欲之后最为安乐。舍弃嗔恚和贪欲，出离所有导致轮回的结使，不执着于名闻利养，观照诸法实相从而明白爱欲为造成生死的根本，也是所有沉沦烦恼苦海的缘起。只有彻底断掉爱欲才能够从三界六道无尽轮回中解脱出来，想要枯竭苦海也必须断除爱欲。只要不再轮回，苦海也就自然枯竭。那些愚痴无有智慧的人，放纵身心却不观察由此而引发的无尽后患，从而淹没在苦海之中，被爱欲纠缠结缚进而轮回在三界六道之中。有智慧的人摄制乱心，不再追逐于所有爱欲。他们深知放纵身心能够摧毁禅定所带来的快乐，所以才会收心摄意，不再染着于爱欲，就好比那些家财巨富的人守护自己珍爱之宝物一样。”

天人赞叹道：“善哉善哉。能够超越生死，度过激流的确实是非常难得稀有。

我在过去也曾见到过证入涅槃的修行人，而您也在长久以来都舍弃了所有怖畏，超度了世间所有爱欲。”

说完这段话，再一次顶礼佛足之后就消失在人间回到了天宫。

（二一〇）

有一段时间，佛陀住在了舍卫国祇树给孤独园。

一天深夜，有一位身光照得整座祇洹都亮如白昼的天人来到了佛陀住所，行完顶足礼之后就坐在一旁说道：“世尊，虽在五蕴六尘之中，却不算是贪欲。思想生染着，那才算得上是贪欲。爱欲能够结缚本心使之沦落世间三界六道，只有心智健康的人才能够得到解脱。”

佛陀开示道：“爱欲的本性属于变易无常，只要将之断灭才能够体悟离苦得乐的解决之道，被爱欲所染着就会长劫结缚从而沦落在生死苦海从而无法解脱。修行人应当以安住在对佛陀、正法、僧团和圣戒金刚不坏的信念上为寸步不离之伴侣，对这四不坏信切莫生起动摇之心，那么他的功德就会与日俱增，寿命终结之后就会生到天上去。在这基础之上如果还能够断除爱欲，也就不会再经历生生世世，从而证入到不生不灭的涅槃境界之中。止息身体本来无有且不由自己做主，观照精神和色身无有坚实，从而不再执着于精神和色身，进而在三界六道无尽轮回中解脱出来。尽管如此，既不执着于解脱，或者是解脱与否，本着大慈大悲的心念利益无量无边的众生，为他们带来无量无边的利益。”

天人赞叹道：“善哉善哉。能够超越生死，渡过激流的确实是非常难得稀有。我在过去也曾见到过证入涅槃的修行人，而您也在长久以来都舍弃了所有怖畏，超度了世间所有爱欲。”

说完这段话，再一次顶礼佛足之后就消失在人间回到了天宫。

（二一一）

有一段时间，佛陀住在了舍卫国祇树给孤独园。

一天深夜，有一位身光照得整座祇洹都亮如白昼的天人来到了佛陀住所，行完顶足礼之后就坐在一旁说道：“世尊，应当与什么人共住？又应当亲近什么人？应该跟随什么人学习佛法才会得到真实的利益而不会生成恶行？”

佛陀开示道：“应当与善根深厚的人共住，应当与大善知识亲近从而学习佛法，也只有跟他们在一起，才能够得到真实的利益而不会生成恶行。跟他们亲近，有智慧的人才会法喜充满，也才能够获得好的名声，才能够启迪世出世间的般若智慧，才能够成为亲族之中的佼佼者，才能够远离一切忧愁，也才能够从生死苦海中彻底解脱出来，才能够远离三大恶道无尽的熬煎，才能够彻底斩断一切导致生死轮回的结缚，也才能够安享无上妙乐，接近于涅槃境界。”

天人赞叹道：“善哉善哉。能够超越生死，渡过激流的确实是非常难得稀有。我在过去也曾见到过证入涅槃的修行人，而您也在长久以来都舍弃了所有怖畏，超度了世间所有爱欲。”

说完这段话，再一次顶礼佛足之后就消失在人间回到了天宫。

（二一二）

有一段时间，佛陀住在了舍卫国祇树给孤独园。

一天深夜，有一位身光照得整座祇洹都亮如白昼的天人来到了佛陀住所，行完顶足礼之后就坐在一旁说道：“世尊，世间所有的贪婪吝惜和贫穷所带来的痛苦，都是因为之前不肯布施的缘故。而世人要想求得福德，有智慧的人就应当广修供养才是。”

佛陀开示道：“世间最恐怖的莫过于贪婪，贫乏和饥渴都源于此。因为贫穷而不修习布施，未来的日子里畏惧如影随形，时时发生，不光是今生今世，就算是在未来世的轮回中，饥馑贫穷所带来的苦难难以计算。就算是资财缺少，也能够修习布施，更何况是财富多得不得了呢？这样的人在生快快乐乐，寿命终结之后也会生到天上去。虽然困难也能够广行布施，就属于难得的人。而那些如同婴儿般愚痴的人不能够解悟诸佛贤圣所传承讲述的佛法，是以痴人和智者在身坏命终之后去处就差异非常之大。愚痴之人堕在地狱饱受众苦煎熬，智者就会投生在人间或者是天上，乃至从三界六道中解脱出来。如果贫穷人家在辛辛苦苦挣钱养家的同时，能够挤出哪怕是少量的财物去布施，所获得的福德也是无量无边的。就算是有钱人家举办了千百场大祭祀，也赶不上贫困人家布施所获得功德的十六分之一。大型祭祀法会有劳苦众生和侵掠他人财物的现象，种种行为苦恼世人才能够成就大型祭祀法会，以不正当的手段去谋取财宝，大家都会不欢悦，这样的布施，也属于不净布施。有些布施虽然看起来很小，但得到的回报却是有好有丑，是不可能相提并论的。如理如法聚集财富，自始至终都不会以非法手段去谋取。

得到财富之后以清净平等之心广行布施，供养那些圆满受持圣戒和修习禅定的人，那福业布满四方，就如同大海之水一般无量无边。”

天人赞叹道：“善哉善哉。能够超越生死，渡过激流的确实是非常难得稀有。我在过去也曾见到过证入涅槃的修行人，而您也在长久以来都舍弃了所有怖畏，超度了世间所有爱欲。”

说完这段话，再一次顶礼佛足之后就消失在人间回到了天宫。

（二一三）

有一段时间，佛陀住在了王舍城毗婆山侧七叶窟中。

当时，佛陀的脚刚被佉陀罗刺扎伤了脚，非常痛苦，但佛陀默默承受，无所祈求。一天夜里，有八位容颜端正的天人来到了佛陀住所，一位天子说道：“沙门瞿昙确实是大丈夫和人中狮子，身体虽遭受痛苦但内心依然安住在正知正见之中，心无烦恼，如果有人去诽谤他，就应当知道这人一定是大愚痴者。”

第二位天人也说道：“沙门瞿昙确实是大丈夫和人中龙象，身体虽遭受痛苦但内心依然安住在正知正见之中，心无烦恼，如果有人去诽谤他，就应当知道这人一定是大愚痴者。”

第三位天人说道：“沙门瞿昙就好比是大善之牛。”

第四位天人说道：“沙门瞿昙好比是大善之马。”

第五位天人说道：“沙门瞿昙就好比是牛中之王。”

第六位天人说道：“沙门瞿昙是世间最为无上的大丈夫。”

第七位天人说道：“沙门瞿昙就好比是人中莲华。”

第八位天人说道：“沙门瞿昙犹如世间稀有的芬陀利花，他的禅定极为殊胜，属于大善境界。而他既不骄傲，也不自卑。止息妄念之后安住在解脱境界之中。因为解脱，所以止息了所有妄念。而我们的心无论如何也比不上他的心清净，就算是我们广行布施，在错误行为的结缚之下，沉沦挣扎在爱欲形成的无尽苦海，是不可能度到涅槃彼岸的。”

这几位天人说完这些话，顶礼佛足之后就回到了各自的天宫。

（二一四）

有一段时间，佛陀住在了舍卫国祇树给孤独园。

一天深夜，有一位身光照得整座祇洹都亮如白昼的天人来到了佛陀住所，行完顶足礼之后就坐在一旁说道：“世尊，我们知道大地广袤无边，大海深不见底，须弥山高峻险要，无以言表。在这世间，谁能够如那罗延一般举世无双？”

佛陀开示道：“在这世上能够称得上是广袤无边的是爱欲，而不是大地。深不见底的是口腹，而不是海洋。贡高我慢比须弥山还要高，甚至是无可比拟。在这世间，只有证得无上正等正觉的佛陀世尊才是至高无上，举世无双。”

天人赞叹道：“善哉善哉。能够超越生死，渡过激流的确实是非常难得稀有。我在过去也曾见到过证入涅槃的修行人，而您也在长久以来都舍弃了所有怖畏，超度了世间所有爱欲。”

说完这段话，再一次顶礼佛足之后就消失在人间回到了天宫。

（二一五）

有一段时间，佛陀住在了舍卫国祇树给孤独园。

一天深夜，有一位身光照得整座祇洹都亮如白昼的天人来到了佛陀住所，行完顶足礼之后就坐在一旁说道：“世尊，什么东西火烧不烂，风吹不散，水泡不坏？什么事物在世人那里自始至终都不会烂溃？世人的财富要什么因缘才能使得王者和盗贼侵掠？什么样的宝藏是无论如何也毁坏不了的？”

佛陀开示道：“福业是火烧不烂，水泡不烂，风吹不散的，更是国王或盗贼所不能够侵掠的。也只有福业这个大宝藏，才是无论如何也毁坏不了的。”

天人赞叹道：“善哉善哉。能够超越生死，渡过激流的确实是非常难得稀有。我在过去也曾见到过证入涅槃的修行人，而您也在长久以来都舍弃了所有怖畏，超度了世间所有爱欲。”

说完这段话，再一次顶礼佛足之后就消失在人间回到了天宫。

（二一六）

有一段时间，佛陀住在了舍卫国祇树给孤独园。

一天深夜，有一位身光照得整座祇洹都亮如白昼的天人来到了佛陀住所，行完顶足礼之后就坐在一旁说道：“世尊，什么能够成为旅行的资粮？什么因缘导致盗贼不能够打劫？就算是身逢险境要如何才能够保全自身？被什么人劫夺反而生大欢喜？亲近什么人能够使得智者心生欣悦？”

佛陀开示道："对佛法僧和圣戒建立坚固不坏的心念是旅行的资粮，福业是盗贼打劫不了的，假如身逢险境就要守护戒律避免伤害到任何人，如果是被沙门劫夺就应该心生欢喜，如果能够经常去亲近出家人，就能够使得智者心生欣悦。"

天人赞叹道："善哉善哉。能够超越生死，渡过激流的确实是非常难得稀有。我在过去也曾见到过证入涅槃的修行人，而您也在长久以来都舍弃了所有怖畏，超度了世间所有爱欲。"

说完这段话，再一次顶礼佛足之后就消失在人间回到了天宫。

（二一七）

有一段时间，佛陀住在了舍卫国祇树给孤独园。

一天深夜，有一位身光照得整座祇洹都亮如白昼的天人来到了佛陀住所，行完顶足礼之后就坐在一旁说道："世尊，安乐是每一位有情众生都朝思暮想的，称心如意是世人所期待的。而所有的快乐之中，满足欲念所获得的快乐是最为殊胜的。"

佛陀开示道："真真正正的快乐是无有任何思念，而痛苦皆来源于有愿望没能够达成。如果世人能够舍弃所有思念和心愿，那就是最为吉祥的了。"

天人赞叹道："善哉善哉。能够超越生死，渡过激流的确实是非常难得稀有。我在过去也曾见到过证入涅槃的修行人，而您也在长久以来都舍弃了所有怖畏，超度了世间所有爱欲。"

说完这段话，再一次顶礼佛足之后就消失在人间回到了天宫。

（二一八）

有一段时间，佛陀住在了舍卫国祇树给孤独园。

一天深夜，有一位身光照得整座祇洹都亮如白昼的天人来到了佛陀住所，行完顶足礼之后就坐在一旁说道："世尊，佛陀作为人天之师，是世间最为尊贵的人。他能够知悉世间万有的所有真相，能够为世间众生带来无量无边的大利益。我想请教的是，在所有的困难当中，什么样的困难是最难克服的？惟愿佛陀为我开示。"

佛陀开示道："当遇到势力实力均不如他的人挑衅，想要忍受其羞辱是难上之难。本身穷困潦倒却要他去修习布施是难上之难，在生命受到威胁身处险境时要他受持圣戒是难上之难，要想一生之中都能够荣华富贵是难上之难，要世人舍弃世间爱欲出家修习清净无染的梵行是难上之难。”

天人赞叹道：“善哉善哉。能够超越生死，渡过激流的确实是非常难得稀有。我在过去也曾见到过证入涅槃的修行人，而您也在长久以来都舍弃了所有怖畏，超度了世间所有爱欲。”

说完这段话，再一次顶礼佛足之后就消失在人间回到了天宫。

（二一九）

有一段时间，佛陀住在了舍卫国祇树给孤独园。

一天深夜，有一位身光照得整座祇洹都亮如白昼的天人来到了佛陀住所，行完顶足礼之后就坐在一旁说道：“世尊，世间为什么会出现车子？是谁被车子带向目的地？车又能够跑多远？车又因何而损灭？”

佛陀开示道：“因业力而生成车，心被车子带向目的地，因缘尽时车就会停下来，也因因缘尽车才会毁坏。”

天人赞叹道：“善哉善哉。能够超越生死，渡过激流的确实是非常难得稀有。我在过去也曾见到过证入涅槃的修行人，而您也在长久以来都舍弃了所有怖畏，超度了世间所有爱欲。”

说完这段话，再一次顶礼佛足之后就消失在人间回到了天宫。

（二二〇）

有一段时间，佛陀住在了舍卫国祇树给孤独园。

一天深夜，有一位身光照得整座祇洹都亮如白昼的天人来到了佛陀住所，行完顶足礼之后就坐在一旁说道：“世尊，须多蜜奢锯陀女生了一个儿子，而您说这不是好事，请问这是为什么呢？在世人心目中生儿子是一件多么好的事情啊，父母老了，也得儿子来照顾啊，为什么不是好事呢？”

佛陀开示道：“我所知道生儿子的人都最终面临痛彻心扉的恩爱而又别离，只要属于因缘和合的产物，都是痛苦的缘起。父精母血和魂神的综合体，哪一个是儿子呢？而养育这个所谓的儿子，不知道要付出多少艰辛的身心劳动，而且这也是跟痛苦结缘。而那些愚痴无知的世人，还以为是非常快乐的事情。

“正因为如此，我才会如是说：生儿子不是好事。不好的事情以为是好事，不应该生爱的却让爱生起，把痛苦当成是一种快乐，如此放纵这种邪知邪见最终将饱受众苦熬煎。”

天人赞叹道：“善哉善哉。能够超越生死，渡过激流的确实是非常难得稀有。我在过去也曾见到过证入涅槃的修行人，而您也在长久以来都舍弃了所有怖畏，超度了世间所有爱欲。”

说完这段话，再一次顶礼佛足之后就消失在人间回到了天宫。

（二二一）

有一段时间，佛陀住在了舍卫国祇树给孤独园。

一天深夜，有一位身光照得整座祇洹都亮如白昼的天人来到了佛陀住所，行完顶足礼之后就坐在一旁说道：“世尊，要如何思量才不会被烦恼覆盖？要如何去做才能够永远远离生死苦海？”

佛陀开示道：“真正善于思量的人，应当用心思量不要再经历生老病死忧悲苦恼的折磨，如何才能使得精神和色身彻底消灭。也只有让精神和色身彻底消灭，才能够永远远离生死苦海的折磨。”

天人赞叹道：“善哉善哉。能够超越生死，渡过激流的确实是非常难得稀有。我在过去也曾见到过证入涅槃的修行人，而您也在长久以来都舍弃了所有怖畏，超度了世间所有爱欲。”

说完这段话，再一次顶礼佛足之后就消失在人间回到了天宫。

（二二二）

有一段时间，佛陀住在了舍卫国祇树给孤独园。

一天深夜，有一位身光照得整座祇洹都亮如白昼的天人来到了佛陀住所，行完顶足礼之后就坐在一旁说道：“世尊，什么事物重过大地？什么事物高过天空？什么事物快过暴风？什么事物多过草木？”

佛陀开示道：“持戒重过大地，憍慢高过天空，心念快过暴风，乱想多过草木。”

天人赞叹道：“善哉善哉。能够超越生死，渡过激流的确实是非常难得稀有。我在过去也曾见到过证入涅槃的修行人，而您也在长久以来都舍弃了所有怖畏，超度了世间所有爱欲。”

说完这段话，再一次顶礼佛足之后就消失在人间回到了天宫。

（二二三）

有一段时间，佛陀住在了舍卫国祇树给孤独园。

一天深夜，有一位身光照得整座祇洹都亮如白昼的天人来到了佛陀住所，行完顶足礼之后就坐在一旁说道：“世尊，要想生到天上，需要修行什么戒律？需要具足什么威仪？需要做什么功德？需要造作什么行为？需要具足什么？惟愿大慈大悲的佛陀能够为我开示。”

佛陀开示道：“我今天为你详细介绍生天的解决之道，你要用心去听。要想往生到天上去的人，第一要务就是要断除杀生的行为，善于修持贤圣制定的圣戒，约束眼耳鼻舌身意这六根使之不被外境所转变。只要能够不伤害有情众生的生命，就必定生到天上去。第二是不盗取他人财物，远离种种偷盗行为。只要能够断除盗取之心，就能够生到天上去。第三是不与其他女人通奸，能够杜绝邪淫行为，知足于自己的妻室，身坏命终之后就一定能够生到天上去。第四是自利利他，为了名闻利养而远离于所有放纵行为，所有言语皆真实而不虚妄，身坏命终之后就能够生到天上去。第五是能够断除挑拨离间，不去煽风点火破坏他人的团结，所有言语都是有利于团结的话，这些因缘就会导致在身坏命终之后能够生到天上去。第六是断除粗言秽语，谗言刺语，所有言辞皆柔软和气，开口即笑令皆大欢喜，因为这些行为形成的业力就会导致他在身坏命终之后生到天上去。第七是能够断除绮语，不说无意义的言语，不谈无益之事，能够在恰当的时机讲经说法。因为这些行为形成的业力就会导致他在身坏命终之后生到天上去。第八是在在处处时时刻刻都不生贪图非正当利益的念想，对他人财物不起愚痴心念，因为这些行为形成的业力就会导致他在身坏命终之后生到天上去。第九是以慈悲之心面对所有众生，无有伤害有情众生的身口意行为，无有怨憎之心，就算是遇到伤害，也无有忿怒伤害的念想。因为这些行为形成的业力就会导致他在身坏命终之后生到天上去。对因果关系深信不疑，能够广修供养，广学多闻，具足正知正见，因为这些行为形成的业力就会导致他在身坏命终之后生到天上去。如是等类的十大善业，能够导归清净本心的十大善业，如果都能够精勤修学，不作十恶的话，必定能够生到天上去。”

天人赞叹道：“善哉善哉。能够超越生死，渡过激流的确实是非常难得稀有。我在过去也曾见到过证入涅槃的修行人，而您也在长久以来都舍弃了所有怖畏，超度了世间所有爱欲。”

说完这段话，再一次顶礼佛足之后就消失在人间回到了天宫。

（二二四）

有一段时间，佛陀住在了舍卫国祇树给孤独园。

一天深夜，身光照得整座祇洹都亮如白昼的因陀罗天人来到了佛陀住所，行完顶足礼之后就坐在一旁说道：“世尊，什么不知道自己的寿命？什么又能够察觉自己的寿命？什么又贪着于寿命？什么又被寿命所系缚？”

佛陀开示道：“色身不知道自己的寿命，变化能够察觉自己的寿命，众生贪着自己的寿命，欲爱被寿命所系缚。”

因陀罗天子不解，又问道：“既然色身不知道自己的寿命？缘何又有意识在身体里呢？”

佛陀开示道：“神识、父精、母卵三者和合而成胎身，而后男女各异，身体本身都在新陈代谢的工程中而无一刻宁时。都是因缘和合之物，哪里来的寿命？”

天子听完佛陀的开示，生大欢喜，顶礼佛足之后就即时回到了天宫。

（二二五）

一天深夜，释迦天子来到舍卫国祇树给孤独园佛陀住所，他身体发出的光照得整座精舍亮如白昼，释迦天子顶礼佛足之后坐在一旁说道：“断除了一切导致轮回的结使，证得阿罗汉圣果的比丘，应当舍弃所有俗务。如果有教授佛法给他人的，就不是合格的沙门。”

佛陀开示道：“夜叉你应当知道，茫茫众生都被没完没了的痛苦和烦恼逼迫而饱受煎熬，有智慧的人就应当本着慈悲为怀的心意去为他们讲经说法教导他们出离生死苦海，而不应当放弃他们使之辗转在三大恶道。那些证得阿罗汉圣果的比丘们以慈悲智慧去救度众生这种行为并没有什么过错。”

天子听完佛陀的开示，生大欢喜，顶礼佛足之后就即时回到了天宫。

（二二六）

一天深夜，有一位名叫最胜长者的天人来到了舍卫国祇树给孤独园佛陀住所，他身体发出的光芒照得整座精舍都亮如白昼，他顶礼佛足之后坐在一旁说道：“常常深入经藏广学多闻，亲近恭敬所有沙门，喜欢常常独处在僻静之地，使六根得以寂定不要乱动。”

佛陀开示道：“常常深入经藏广学多闻，亲近恭敬所有沙门，喜欢常常独处在僻静之地，使心中意念得以寂定不随外境乱动。”

天子听完佛陀的开示，生大欢喜，顶礼佛足之后就即时回到了天宫。

（二二七）

一天深夜，有一位名叫尸毗的天人来到了舍卫国祇树给孤独园佛陀住所，他身体发出的光芒照得整座精舍都亮如白昼，他顶礼佛足之后坐在一旁说道：“应当与什么人住在一起？又应当与什么人搞好关系？应该在什么人那里接受离苦得乐正法的传承，使我们能够获得殊胜的果报而没有任何忧患？”

佛陀开示道：“应当与贤圣住在一起，也应当跟贤圣搞好关系，从贤圣那里接受正法的教导，就能够获得殊胜的果报而不会有任何忧患。”

尸毗天子听完佛陀的开示，生大欢喜，顶礼佛足之后就告辞而去回到了天宫。

（二二八）

一天深夜，一位名叫月自在的天子来到了舍卫国祇树给孤独园佛陀住所，他的身光照得整座精舍亮如白昼。月自在天子顶礼佛足之后坐在一旁说道：“修持禅定到了极尽之处，也无非是成就了四禅境地，舍弃世间万有的执着而安住在禅悦的快乐之中。”

佛陀开示道：“尽管如此，依然还是在生死之间轮回。只有那些具足正知正见的人，才能够独处淡然，淡泊名利。也只有这些人，才能够远离生死苦海，就像鸟类飞出罗网一般。”

月自在天子听完佛陀的开示，生大欢喜，顶礼佛足之后就告辞回到了天宫。

（二二九）

一天深夜，一位名叫毗忸的天子来到了舍卫国祇树给孤独园佛陀住所，他的身光照得整座精舍亮如白昼。毗忸天子顶礼佛足之后坐在一旁说道：“那些亲近佛陀的人无不皆大欢喜，使得他们能够乐于接受您的教导，从而令他们不再放纵自己身口意的行为。”

佛陀开示道："这个说法非常正确，也是最好的教诫。只要修行人能够约束身心行为使之不再被外境所转，就能够在魔界中自由自在，魔王那使之心动从而留恋红尘沦落三界的阴谋无论如何也不能够得逞。"

毗忸天子听完佛陀的开示，生大欢喜，顶礼佛足之后就即时消失回到了天宫。

（二三〇）

一天深夜，一位名叫般阇罗的天子来到了舍卫国祇树给孤独园佛陀住所，他的身光照得整座精舍亮如白昼。般阇罗天子顶礼佛足之后坐在一旁说道："在家人俗务缠身，身心皆不得自在。而出家人时间宽裕，身心自在。释迦牟尼如来就是因为专心致志参禅悟道才得以证得无上正等正觉，具足了世出世间的般若智慧。"

佛陀开示道："就算是整日里被众多俗务所纠缠，也能够获得离苦得乐的正确方法。而具有正智正念的人，都是能够专心专意定下心来的缘故。只有那些明智之人，才能够迅速证入到涅槃境界而不会辗转红尘。"

般阇罗天子听完佛陀的开示，生大欢喜，信受奉行。

（二三一）

有一天，有一位名叫须尸摩的天人带着五百位眷属来到舍卫国祇树给孤独园佛陀住所，顶礼佛足之后就坐在了一旁。

佛陀告知在场的阿难尊者道："世间如果有诚实之人就应当如实称赞舍利弗比丘道：舍利弗比丘能够圆满受持圣戒，广学多闻，世间万有少欲知足，善于修习种种禅定，非常乐意安住在僻静之地精勤修习禅定，具足了正知正见，成就了世出世间的大智慧，善于知悉出离生死苦海的解决之道，全面掌握了了断生死不再轮回的真实大智慧。"

阿难尊者说道："世尊，确实如此。有智慧的人就应当如是赞叹称扬舍利弗尊者的美德。"

须尸摩天子听到佛陀与阿难尊者的对话，长相也就愈发庄严，身光也就更加明亮。须尸摩天子非常惊喜，恭恭敬敬双手合十说道："舍利弗尊者多闻聪慧，世人都称呼他为大智。持戒严谨，擅于调顺教化众生，被世尊所赞叹。"

佛陀开示道："舍利弗比丘多闻聪慧，世人都称呼他为大智。持戒严谨，擅于调顺教化众生，被世尊所赞叹。情欲寂灭客尘净除已经破除魔界的干扰即身成就了阿罗汉圣果的修持，再也不会在这世间投胎转世了。”

须尸摩天子听完佛陀的开示，生大欢喜，顶礼佛足之后就即时隐没回到了天宫。

（二三二）

有一天晚上，赤马天子来到了舍卫国祇树给孤独园佛陀住所，他的身光照得整个精舍都亮如白昼。赤马顶礼佛足之后坐在一旁请教道：“世尊，在这宇宙之中，什么地方能够不再经历生老病死忧悲苦恼和众生灭尽呢？这世界的边际能够探寻得到吗？”

佛陀开示道：“在这宇宙之中，你所说的世界是没有的。也不可能有人能够抵达世界的边缘。”

赤马赞叹道：“世尊，您的开示真是大善稀有。这样的世界确实是没有，也不可能有人能够抵达世界的边缘。为什么这样说呢？我在过去有一世是一位断除爱欲结使成就了五种神通的仙人，我飞行的速度快过日月，轻轻一脚就能够轻轻松松跨过大海。我当时就想，既然我飞行的速度如此之快，为什么不去找寻世界的边缘呢？于是我就专心致志飞行，除了洗手、饮食和大小便之外都不曾停歇，如此百年之后都没有飞到所谓世界的边缘而死在了路上。所以，我才知道如来的开示是非常之正确的。”

佛陀又开示道：“确实如此。如果真要知道众生的边际是什么，那就是涅槃大城。断尽苦海证入涅槃就是世界的边际。纵然有无边的神力，也是不可能找到世界的边际。如果找不到世界的边际，又怎么可能找到众生灭尽的地方？正因为如此，我释迦牟尼才是真真正正的大善知识，能够了解到世间的绝对真相。也只有那些真真正正殊胜的智者们，才能够了解到所谓世界边际的真正义理，进而建立了清净无染的梵行，具足了正智正念，从而渡过生死苦海证入到了涅槃境界的终极彼岸。”

赤马天子听完佛陀的开示，生大欢喜，顶礼佛足之后就即时回到了天宫。

（二三三）

有一段时间，佛陀住在了王舍城迦兰陀竹林精舍。

一天晚上，曾经是其他教派皈依弟子的六位天子来到了佛陀住所，他们的名字分别是：难胜、自在、显现、决胜、时起、轻弄。他们的身光照亮了整座精舍。这六位天人来到佛前问讯已毕就坐在一旁，难胜就说道："有些比丘在面对讥笑诋毁的场景时，都能够禁制恶行不使形成。当他明了恶行得以禁制时，就已经远离其他恶不善法了。"

自在天子说道："修习苦行的人面对讥笑和诋毁时，能够检摄自身行为，使之断除恶口和忿诤。那么他的修行也就会赢得世人尊重，在他的师尊门下，也就不会造作所有恶行了。"

显现天子说道："无论采取什么样的手段去折磨众生，都不会有什么善恶果报。这是我的师尊迦叶所说的。"

决胜天子说道："我的师尊尼干若提子常常给我们开示说，只要能够在有生之年修习苦行，断除打妄语的这种恶不善法，就已经离阿罗汉的境界不远了，也能够赢得世人的尊重。"

佛陀开示道："从今往后，你们这些人在我眼里都是如此之粗鄙污秽，就跟行尸走肉无二无别。你们怎么能够拿豺狗与狮子之王相提并论呢？你们这些一年四季都不穿衣服毫无廉耻的人，最喜欢就是打妄语。你们这些教派的修行人，怎么可能证得阿罗汉圣果呢？"

时起天子说道："那些修习苦行的人确实是非常可怜，应当去讥笑诋毁他们那些愚痴的行为，他们虽然处在闲静之地，但都在无一例外进行毫无意义的劳苦行为。应当教导他们放弃那些错误的修为回归到正道上来，那他们就会在身坏命终之后生到色界的梵天，自然就欢喜无限。"

佛陀开示道："世界上所有有色身的人，无论安住在哪里，甚至在虚空之中，哪怕是身体能够发出大光明的人，无一例外都在魔网之中。就好比那些捕鱼师，能够把鱼一网打尽而无一漏网。"

有一位天人说道："执着于世间万有和爱欲，都有无穷无尽的过错，所有的愚痴、执着于虚幻等种种恶不善法，都应该彻底断除，对那些断除种种爱欲结使的人都应该随喜赞叹，也应当向他们礼拜供养。为什么呢？因为恭敬这些人跟恭敬世尊一样无二无别。"

又一位天子说道："执着于世间万有和嗔恚之心，都有无穷无尽的过错，所有的愚痴、执着于虚幻等种种恶不善法，都应该彻底断除，对那些断除种种嗔恚结使的人都应该随喜赞叹，也应当向他们礼拜供养。为什么呢？因为恭敬这些人跟恭敬世尊一样无二无别。”

又一位天子说道：“执着于世间万有和愚痴之心，都有无穷无尽的过错，所有的愚痴、执着于虚幻等种种恶不善法，都应该彻底断除，对那些断除一切恶不善法的人都应该随喜赞叹。”

又一位天子说道：“执着于世间万有和憍慢之心，都有无穷无尽的过错，所有的傲慢、执着于虚幻等种种恶不善法，都应该彻底断除，对那些断除一切恶不善法和憍慢的人都应该随喜赞叹。”

又一位天子说道：“执着于世间万有和邪知邪见，都有无穷无尽的过错，所有的邪知邪见、执着于虚幻等种种恶不善法，都应该彻底断除，对那些断除一切恶不善法和邪知邪见的人都应该随喜赞叹。”

又一位天子说道：“执着于世间万有和染着于欲爱，都有无穷无尽的过错，所有的欲爱、执着于虚幻等种种恶不善法，都应该彻底断除，对那些断除一切恶不善法和断爱的人都应该随喜赞叹。”

又一位天子说道：“王舍城境内的所有高山，毗富罗山最为殊胜。而世上所有高山，须弥山是最为殊胜的。而宇宙中所有世界之有情众生之中，如来是最为尊贵的。”

天子们听完佛陀的开示，又阐述了各自的观点，皆大欢喜信受奉行，顶礼佛足之后就告辞而去。

（二三四）

一天深夜，一位名叫摩佉的天人来到了舍卫国祇树给孤独园佛陀住所，他的身光照得整座精舍亮如白昼。摩佉顶礼佛足之后坐在一旁请教道：“世尊，什么能够使人食不甘味，寝不安枕？除掉谁才能够使得高枕无忧？灭除了什么才能够赢得一切贤圣的赞叹？”

佛陀开示道：“嗔恚之心使人寝食难安，除掉嗔恚之心则会气定神闲。嗔恚毒根似亲却害人不浅，去除嗔恚之心会使贤圣赞叹。

摩佉听完佛陀的开示，生大欢喜，顶礼佛足告辞而去。

（二三五）

一天深夜，一位名叫弥佉的天人来到了舍卫国祇树给孤独园佛陀住所，他的身光照得整座精舍亮如白昼。弥佉顶礼佛足之后坐在一旁请教道："世尊。什么能够照亮世间？其中什么最是无上？如此甚深密义惟愿佛陀为我宣说。"

佛陀开示道："世有日、月、火发出的光明照亮世间，而世间之明，莫过于佛陀。也只有佛陀，才能够当之无愧成为世间最明的光。"

弥佉天子听完很是欢喜，顶礼佛足之后就告辞而去。

（二三六）

一天深夜，一位名叫昙摩尸的天人来到佛陀住所，他的身光照得整座精舍亮如白昼。他顶礼佛足之后坐在一旁请教道："那些婆罗门们断除了所有欲结而一无所求，他们为什么会这样呢？"

佛陀开示道："婆罗门们之所以无所作为，是因为已经圆满了所有修为。趟过河流需要脚踏实地才能够到达彼岸，否则，就一定不能。手脚有所活动，才能够称之为有所动静。以这个作为比喻，因为具足了世出世间的大智慧，才得以无所作为。昙摩尸你应当知道，这些婆罗门都已经除尽所有烦恼，即身成就证得了阿罗汉圣果，尽此一生就再也不会经历轮回。他们明白爱欲的过患，所以才会斩断所有导致轮回的结使，从而超越生死渡出苦海。"

昙摩尸天子听完佛陀的开示，生大欢喜，顶礼佛足之后就告辞而去。

（二三七）

一天深夜，一位名叫多罗健陀的天人来到舍卫国祇树给孤独园佛陀住所，他的身光照得整座精舍亮如白昼。他顶礼佛足之后坐在一旁请教道："作为修行人，应当断除什么，弃舍什么，增进什么，成就什么，才能够超越生死不再轮回？"

佛陀开示道："断除五蕴和合之身，弃舍贪欲、嗔恚、睡眠、掉举、疑惑这五大覆盖清净本心的不善之法，增进修持信根（四不坏净信）、精进根（四正断）、念根（四念处）、定根（四禅）、慧根（四圣谛）这五大超凡入圣的根本，成就了戒、定、慧、解脱、解脱知见这五大法身的修持，这样的比丘就能够超越生死不再轮回。"

多罗健陀天子闻佛所说，生大欢喜，顶礼佛足之后就告辞而去。

（二三八）

一天深夜，一位名叫迦默的天人来到舍卫国祇树给孤独园佛陀住所，他的身光照得整座精舍亮如白昼。他顶礼佛足之后坐在一旁请教道："世尊，修行的过程中什么是最难做到的？"

佛陀开示道："修学者最难的是能够圆满受持圣戒和修定。如果能够远离俗务，就能够过着恬静而快乐的生活。"

迦默天子又请教道："世尊的教言真是金玉良言，而我认为能够适时保持沉默是最难的。"

佛陀开示道："虽然非常困难，但你如今想要修习冲破难关是最难得的。只要能够日日夜夜修习禅定，收心摄意，就一定能够心安意定，保持圣人独有的沉默。"

迦默天子又说道："心意是最难安定的。"

佛陀开示道："修习禅定能够摄制住狂乱的心意，只要心意不再妄动，就能够毁坏生死结成的天罗地网，从而获得圣者独具的般若智慧。"

迦默再度请教道："什么人才能够超越生死渡出苦海呢？"

佛陀开示道："如果不是圣贤就必定堕入生死苦海，难以超越。只有圣贤才能够超越生死渡出苦海。"

迦默天子听完佛陀开示，生大欢喜，顶礼佛足之后就告辞而去。

（二三九）

一天深夜，一位名叫迦默的天人来到舍卫国祇树给孤独园佛陀住所，他的身光照得整座精舍亮如白昼。他顶礼佛足之后坐在一旁请教道："世尊，贪欲和嗔恚，谁才是根本？无论是痛苦，还是快乐，乃至于所有恐怖，都是因何而生起的呢？婴儿要吃母奶，那意觉又是如何生起的呢？"

佛陀开示道："贪欲和嗔恚，心有欲爱才是根本。就好比是大树，那根须深长于地。因为对世间万有产生喜爱从而生成爱欲，所以才会形成贪欲，贪欲不得就会心生嗔恚。就好比那森林的各种蔓藤纠缠于树丛之中。只要知道导致轮回的根本，你就应当想方设法使之远离。只有这样修持，才能够超度生死苦海，再也不来这世间投胎转世了。"

迦默天子听完佛陀的开示，生大欢喜，顶礼佛足之后就告辞而去。

（二四〇）

一天深夜，一位名叫旃檀的天人来到舍卫国祇树给孤独园佛陀住所，他的身光照得整座精舍亮如白昼。他顶礼佛足之后坐在一旁请教道：“世尊，我今天来是想请教您这位大智慧者，要想除去所有障蔽从而去除无明建立正知正见，应当依止在何处，修习什么样的法义才能够保证后世轮回不会堕入恶趣得到大善果报？”

佛陀开示道：“除去身口意三大方面所有的恶不善行为，能够随时随地以清净之心上供下施，以坚韧不拔的信念圆满受持圣戒，对世间之名闻利养不要心生执着。只要能够以精勤之心如是修行，就能够保证后世轮回不堕恶道而往生在善处再也无需担心后世之事了。”

旃檀天子听完佛陀的开示，生大欢喜，顶礼佛足之后告辞回到了自己的天宫。

（二四一）

一天深夜，一位名叫旃檀的天人来到舍卫国祇树给孤独园佛陀住所，他的身光照得整座精舍亮如白昼。他顶礼佛足之后坐在一旁请教道：“世尊，要如何精进修行才能够安然渡过生死激流？这生死激流之中既无可以攀挽之处，也无可以栖身之所，又要如何去做才能够虽处激流却又不被淹没其中呢？”

佛陀开示道：“圆满受持圣戒，成就四禅八定的修持，内心安住世出世间的般若智慧，就能够安然渡过生死激流。只有除去一切爱欲的念想，根除所有导致轮回的结使，除尽所有对世间万有的喜爱，就能够做到虽处激流却又不被淹没其中。”

旃檀天子听完佛陀的开示，生大欢喜，顶礼佛足之后告辞回到了自己的天宫。

（二四二）

一天深夜，一位名叫迦叶的天人来到舍卫国祇树给孤独园佛陀住所，他的身光照得整座精舍亮如白昼。他顶礼佛足之后坐在一旁请教道：“世尊，我今天想要表述一下比丘们的莫大功德。”

佛陀说道：“你随意说吧。”

迦叶天子说道：“比丘们能够具足正智正念，本心已经从三界六道的无尽轮回中解脱了出来，除尽了所有欲念并对世间万有无欲无求，已经证得了清净无染的涅槃境界，擅于分别世间万法的清净与否。他们舍弃世间万有，也没有任何积蓄。这样的人就属于真真正正的比丘，有着莫大的殊胜功德。”

迦叶天子说完，欢欢喜喜顶礼佛足之后就即时回到了天宫。

（二四三）

一天深夜，一位名叫迦叶的天人来到舍卫国祇树给孤独园佛陀住所，他的身光照得整座精舍亮如白昼。他顶礼佛足之后坐在一旁请教道：“世尊，我今天还想要表述一下比丘们的莫大功德。”

佛陀说道：“迦叶，你随意说吧。”

迦叶说道：“比丘们能够具足正智正念，本心已经从三界六道的无尽轮回中解脱了出来，都因为看透了世间万有的绝对真相，深知世间所有本来无有，因缘和合而生，因缘违和而灭，无一真实永恒，都愿意证入到涅槃境界。这样的人就算得上是真真正正的比丘，也只有这样的比丘，才有可能证入到不生不灭寂静清凉的涅槃境界。”

迦叶天子说完，欢欢喜喜顶礼佛足之后就即时回到了天宫。

（二四四）

有一段时间，云游在摩竭提国的佛陀准备去往崛默夜叉的宫中，崛默夜叉随即知道了佛陀的心念，即时来到佛陀住所顶礼佛足之后坐在一旁祈请道：“世尊，惟愿如来和比丘僧们今夜能够在我宫中留宿。”

佛陀沉默不语，接受了他的祈请。

崛默夜叉为了安置佛陀和弟子们，随即运用神通力变现出五百座用品齐备的宫殿，又变现出五百个没有烟雾的火炉安置在宫殿之中。当这一切准备妥当之后，随即恭请佛陀住在了上房，其他五百位比丘都依次安顿好。

当佛陀进入上房之中跌跏趺坐之后，崛默夜叉站在一旁说道：“得到正确的忆念是一种快乐，而忆念属于正法也是一种快乐。正知正见能够得以安住不曾遗忘，只要能够保持正智正念，就能够安然入睡，也能够得到真真正正的快乐。就不会伤害一切众生，也能够以慈悲之心面对天下苍生。只要能够远离一切怨憎，就能够得到无有比这更加殊胜的真正快乐。”

崛默夜叉说完这段话，欢欢喜喜顶礼佛足而后告辞而去。

（二四五）

有一段时间，佛陀云游在白山。当时佛陀的侍者是一位名叫象护的比丘。有一天晚上，佛陀在院里经行。当时，天空在电闪雷鸣中下着毛毛细雨，忉利天天主释提桓因见状就变成一个巨大的琉璃宝堂出现在佛陀头顶的上空为佛陀遮风挡雨。当释提桓因安排妥当之后就来到了佛陀面前顶礼佛足，而后站在一旁。

当地民众为了让小孩听话经常用薄俱罗鬼的名讳吓唬孩子。按照诸佛惯例，师父没有休息之前侍者是不能够先行入睡的。象护见佛陀还在经行毫无睡意，就心想：世尊这么晚都不睡，我不如扮薄俱罗鬼吓唬吓唬他，说不定世尊就会去休息了。想到此处，他就轻手轻脚走到经行道的尽头说道："沙门沙门，薄俱罗鬼来了。"佛陀说道："你好愚痴，居然拿薄俱罗鬼来恐吓我。难道你不知道如来久远以来就已经断除一切怖畏了吗？"

释提桓因见状问道："世尊，佛法中也有这样的出家人吗？"

佛陀开示道："憍尸迦，如来座下宽广无边，能够容纳各式各样的人。就算是如此愚痴的人，也会在不久的将来得到导致清净的佛法，从而证入到涅槃境界之中。能够对佛法信受奉行并证入到涅槃境界的修行者，是断尽所有导致轮回的结使和烦恼的人，是能够正确观照所有感受生住异灭的人，是能够观察到导致轮回的因已经灭尽的人，是能够观察到情欲寂灭的人，是能够如法观照生老病死的人，也是能够度化毗舍阇、薄俱罗等众生渡过生死激流证入到涅槃境界的人。"

释提桓因听了佛陀的开示，生大欢喜，顶礼佛足之后就即时回到了天宫。

（二四六）

有一段时间，阿那律尊者跟随佛陀云游来到了摩竭提国的鬼子母宫。一天晚上，阿那律尊者半夜起来正身端坐念诵法句经以及波罗延大德所著的偈颂之后，又大声朗诵其他经典。鬼子母最疼爱的小儿子名叫宾伽罗，被吓得哇哇大哭，他的母亲鬼子母安慰儿子道："孩子，修行人诵持经典，你莫啼哭。你知道么，儿子，听修行人念诵法句经，能够使之前破戒的行为重获清净，从此以后再也不会有破戒行为。听到法句经，从此以后再也不会去伤害有情众生。听到法句经，从此以后再也不会打妄语，言言句句皆是真实语。听到法句经，从此以后再也不会投鬼胎。所以，你不要再哭泣。"

（二四七）

有一段时间，佛陀在摩竭提国云游，有一天晚上住在了富那婆修夜叉母宫。当天晚上，母夜叉的儿子富那婆修和女儿优丹罗半夜哭泣，母夜叉为了安抚这对儿女不要哭泣，于是说道："孩子们，你们今晚千万不要哭泣，佛陀是世间无上之大雄，他的讲经说法能够令我脱离苦海不再有烦恼。在这世上，也只有佛陀的善巧方便讲经说法，才能够使听闻者永远脱离一切痛苦。一切众生都随波逐流，沉沦挣扎于生死激流。而我想要听佛陀的讲经说法，彻底斩断生死轮回之链，枯竭烦恼苦海。正因为如此，你们不要再啼哭，应当保持沉默。"

富那婆修说道："我听妈妈的话，再也不哭了，妹妹你也别哭了。我们都应该静下心来听那位沙门的讲经说法，佛陀在这摩竭提国的世人中是最为尊贵的，他在在处处都在为广大众生演说离苦得乐的佛法，揭示世间的真相，讲解离苦得乐的解决之道，演说超凡入圣的八大正道，介绍能够证入到涅槃境界的方法。善哉善哉。真庆幸我们能够接触到佛法啊。"

母夜叉很是欢喜，说道："你的知见让我心生欢喜，你也擅于赞叹佛陀这位世间大导师。因为你们的安静，使我能够得以全面掌握了苦集灭道四大圣谛，而你的妹妹未来也会掌握到这世间的绝对真理。"

（二四八）

有一段时间，在摩竭提国云游的佛陀有一晚住在了摩尼行夜叉的宫殿。当时，摩尼行夜叉到别的地方聚会去了，有一位女人拿着鲜花和美酒来到了夜叉宫中，见佛陀在那里趺跏趺坐六根寂定，和颜悦色，心意安详，身体如同金子汇聚在了一起。那女人很是惊讶，想到：难道他就是摩尼行夜叉吗？她情不自禁走上前去说道："您应当接受我的供养，并请您满足我的愿望，这摩竭提人都知道您的贤善，都跑来找您许愿，而您总是能够让他们称心如意，赐福于他们。也请您今日满足我的愿望，让我不光是今生今世得到快乐，来生也让我生到天上去。"

佛陀开示道："你在平日里务要谨慎，切莫放纵自己的行为，更不要心生懦慢，应当建立对佛法僧三宝的坚定心念和对圣戒的受持。你应当自求多福，自己度化自己，一味地请求摩尼行来护佑你，他又能够帮到你什么呢？还不如自己修持未来生天的业缘才是。"

那女人一听，就知道不是摩尼行夜叉，必定是沙门瞿昙。于是她把香花酒瓶放在一边，顶礼佛足之后恭恭敬敬双手合十说道："要如何去做才能够使得今生今世快快乐乐，来生也能生到天上去？应当做什么才能够使我安享快乐？"

佛陀开示道："上供下施，广修供养，调伏六根不使妄动，就能够在今生今世得到快乐。能够与持有正知正见的贤善人等常来常往，亲近于沙门，依靠正当的生活方式生活，又何必非要生到天上才能够得到快乐呢？就算是那三十三天，也是处在苦海中。你现在除去一切爱欲，静下心来听我讲经说法，我现在为你这些夜叉演说离苦得乐的究竟之法，使你们的本心再无任何尘垢。"

佛陀随即为她开示布施持戒得以生天，爱欲为不净根源，只有出得三界不再轮回才能够彻底脱离生死苦海。佛陀见那女人心意调顺，为之解说正法的时机已经成熟，就为她讲解苦集灭道四大圣谛的道理。那女人心开意解，大彻大悟，就如同一匹白净布匹可以轻易染成任何颜色。她当即全面掌握了四大圣谛的佛法，知道了诸法实相，断除了所有疑网，再也不会被其他教派的人所误导了。她站起身来，再一次顶礼佛足，恭恭敬敬双手合十说道："世尊，我已得到出离生死苦海的方法了，世尊，我从此以后尽未来际，都皈命佛陀，皈依正法，皈敬僧团。再也不会去伤害任何众生了。"

那女人站起身来，欢欢喜喜告辞而去。

（二四九）

有一段时间，佛陀在摩竭提国云游。一天晚上，佛陀在箭毛夜叉宫中住宿。当时，箭毛夜叉不在宫中去到了别的地方聚会。箭毛夜叉有一位名叫炙的同伴见到佛陀在箭毛家中跌跏趺坐，于是赶紧找到箭毛夜叉说道："你得到大利益了，证得无上正等正觉的如来今夜在你宫中留宿。"

箭毛夜叉很是意外，说道："如来怎么可能会在我家留宿呢？你会不会看错了？"

炙夜叉说道："我看得清清楚楚，那人虽是人类但确实是如来。"

箭毛夜叉就说道："等我回去看看，到底是人类？还是如来？"

箭毛夜叉待聚会完毕之后回到家中，见到正在跌跏趺坐的如来，就故意用身体去触摸佛陀，佛陀随即转身避过了他的触及。箭毛夜叉就问道："沙门，你害怕了吗？"

佛陀说道："我无所畏惧，但被你碰到也是一件不舒服的事情。"

箭毛夜叉说道："沙门，我有几个问题要问你，如果你能够解释得如法如律的话，那就功德无量。如果不能够，那我就挖出你的心脏，让你七窍喷血，然后倒提你的脚把你扔到河对岸去。"

佛陀说道："在这三界之中，还没有任何人能够令我心意颠倒，更不要说还要挖出我的心脏，七窍喷血，甚至是扔到河对岸去。有什么问题你就说吧。"

箭毛夜叉随即问道："贪欲嗔恚，是如何生成的？令人或快乐，或痛苦或恐惧的所有感受，又都是来自哪里？那些刚生下来的婴儿，为什么又知道要吸吮奶头？"

佛陀开示道："贪欲和嗔恚，心有欲爱才是根本。就好比是大树，那根须深长于地。因为对世间万有产生喜爱从而生成爱欲，所以才会形成贪欲，贪欲不得就会心生嗔恚。就好比那森林的各种蔓藤纠缠于树丛之中。只要知道导致轮回的根本，你就应当想方设法使之远离。只有这样修持，才能够超度生死苦海，再也不来这世间投胎转世了。"

箭毛听了佛陀的开示恍然大悟，心开意解，生大欢喜，随即皈依在了佛陀座下。

（二五〇）

有一段时间，佛陀住在了舍卫国祇树给孤独园。

当时，有一位在家的女性佛弟子的儿子在守八关斋戒的过程中于戒行有缺，因为犯戒的缘故被恶鬼附身而发狂，他的母亲见状就说道："每个月的六斋日以及正月、五月和九月这三个月的如来神足月里，能够清净受持八关斋戒不违犯戒律的话，一切鬼神都不敢去扰乱。这话是我从一位阿罗汉圣人那里听到的。"

当时就有夜叉说道："你在阿罗汉那里听到的都是真实语，我要那神鬼放过你的儿子。你以后要记住，如果在守戒的过程中损毁戒律的话，不光是今生今世会被鬼神欺凌，来世也会遭受恶果。守戒如同拿刀，太急或太缓都会伤到自己，那些对圣戒不能够严谨受持的沙门，后世之中就一定会遭受地狱之苦。须菩提尊者在受持圣戒时能够秉行中道就没有形成伤害。笨人拿刀，必定会伤手。而智者拿刀，不仅不会伤了自己的手，还能够护持沙门的法，后来就一定会证入到涅槃境界。"

当夜叉把附身的鬼神驱走以后，她的儿子随即恢复如初，她很是欢喜，随即把之前夜叉的话原原本本告诉了她儿子，她儿子心生厌恶，随即剃除须发身着袈裟出家去了。时间一久，她儿子就忍受不了清规戒律的约束，于是还俗回家。才走到家门口，她的母亲就说道："房舍既烧，尚且浓烟滚滚，缘何又把刚抢救出来的物品搬回去？难道还想被烧吗？"

她儿子就说道："世人死亡，他的亲友们必然号啕大哭。就算是短暂离别，也会伤心不已。而我的母亲为什么面对儿子的到来却如同饿鬼一般叫唤呢？"

他母亲说道："你之前先舍弃世间欲念而出家为沙门，而如今你却还俗回家，恐怕是被魔王所加持吧。所以，我才会如此伤心。"

他被母亲呵责完后，心生厌恶，掉头就回到了精舍，勤加修习正法之后即证得了阿罗汉圣果，出离了三界，不再经历轮回了。

（二五一）

在摩竭提国云游的佛陀有一天住在了旷野夜叉的宫中，而当时旷野夜叉不在自己的家中去到了别的地方参加聚会去了。有一位夜叉名叫驴驹的夜叉去到他家中没有找到旷野，却发现佛陀正在他家中跌跏趺坐。驴驹很是惊喜，赶紧找到旷野说道："你得大利益了，证得无上正等正觉的如来住在你家了。"

旷野很是意外，说道："他怎么会在我家中住宿呢？你会不会是看走眼了？"

驴驹回答道："没有看错啊，那人虽是人类，但我确确实实知道他是如来啊。"

旷野不再吭声，待聚会完结之后回到宫中，他见到佛陀时说道："沙门，你出去。"

因为是旷野的住处，佛陀于是遵照吩咐走了出去。

旷野见到佛陀走了出去，再度说道："沙门，你进来吧。"

已经断除傲慢的佛陀遵照吩咐走了进来，旷野夜叉又说道："沙门，你出去。"

佛陀又走了出去。旷野再度喊道："沙门，你进来吧。"

佛陀依言又走了进来。旷野第三次又叫佛陀走出去，又再度喊进来。到了第四次，佛陀说道："事不过三，我再也不会出去了。"

旷野夜叉说道："沙门，我有几个问题要问你，如果你能够解释得如法如律的话，那就功德无量。如果不能够，那我就挖出你的心脏，让你七窍喷血，然后倒提你的脚把你扔到河对岸去。"

佛陀说道："在这三界之中，还没有任何人能够令到我心意颠倒，更不要说还要挖出我的心脏，七窍喷血，甚至是扔到河对岸去。有什么问题你就说吧。”

旷野随即问道：“所有的财宝当中，什么是最为殊胜的？修习什么样的善行能够招来快乐的果报？在所有的美味当中，什么味道是最为美味的？在寿命之中，什么寿命是最为殊胜的？”

佛陀开示道：“世人所有财富中，对佛法僧和圣戒建立了金刚不坏的信仰最为殊胜。对正法的信受奉行能够得到真正的快乐，真实语是最为美味的，智慧是寿命中最为珍贵的。”

旷野又问道：“要如何去做才能够出离生死激流？要如何去做才能够枯竭生死苦海？要怎么去做才能够舍离所有痛苦？要如何才能使得本心清净？”

佛陀开示道：“金刚不坏的信仰能够出离生死激流，不放纵才能够枯竭生死苦海。精进修行才能够远离所有痛苦，只有智慧才能够使得本心清净。”

旷野又问道：“什么人才能够对佛法僧三宝和圣戒建立金刚不坏的信念？要如何才能够得到财富？要如何才能够得到好名声？要如何才能够得到好人缘？”

佛陀开示道：“那些证得阿罗汉圣果的比丘们是因为对佛法僧三宝和圣戒建立了金刚不坏的信念才得以证入到涅槃境界，能够顺应大势精勤经营就能够得到财富，所有言语皆符合真实就能够声名远播，广行布施就能够使得自己有好人缘。就这些问题你可以再去请教其他教派的出家人或者是在家人，看看他们是如何回答你的，看看他们的回答是否能够调顺你的心意。”

旷野夜叉说道：“我已经从您这里得到了圆满的解答，何须再去问其他的人？您的说法让我心开意解，大彻大悟。我非常感念您的恩德，让我见到了证得无上正等正觉的佛陀。从今往后尽其一生我无论在哪里都会皈命于佛陀，并将您传承的佛法广而告之，大力弘扬。”

旷野夜叉非常欢喜，皈依三宝后并接受了圣戒成为了佛弟子。

（二五二）

有一段时间，佛陀住在了王舍城迦兰陀竹林精舍。当时，住在王园精舍的有一位名叫毗雄的比丘尼。王舍城的人们参与了一场七天七夜的狂欢聚会，以至于人们都忘了去供养这位比丘尼。有一位对比丘尼生起敬仰的夜叉知道这一情况，于是就在空中说道：“整个王舍城的人都醉生梦死，沉迷狂欢。而那寂灭情欲善入禅定的毗雄比丘尼成就了佛法的修持，善于修正六根，已经永远远离尘垢，证知了涅槃境界的清净。对于这样的大德，就应当精勤供养，以期获得无量无边的大利益。而如今，为什么就没有人去供养培福呢？”

城中的居士们听到了夜叉的呼吁，都拿出供养品去供养比丘尼，夜叉见状又说道：“毗雄比丘尼断除了一切导致轮回的结使，这些居士们因为供养饮食和衣服的缘故，将得到日夜增长的大福报。”

（二五三）

有一段时间，佛陀住在了王舍城迦兰陀竹林精舍。当时，住在王园精舍的有一位名叫白净的比丘尼。王舍城的人们参与了一场七天七夜的狂欢聚会，以至于人们都忘了去供养这位比丘尼。有一位对比丘尼心起敬仰的夜叉知道这一情况，于是就在空中说道：“整个王舍城的人都醉生梦死，沉迷狂欢。而那寂灭情欲善入禅定的白净比丘尼已经使得本心精勤，成就四禅八定的修持，善于修正六根，已经永远远离尘垢，证知了涅槃境界的清净。对于这样的大德，就应当精勤供养，以期获得无量无边的大利益。而如今，为什么就没有人去供养培福呢？”

城中的居士们听到了夜叉的呼吁，都拿出供养品去供养比丘尼，夜叉见状又说道：“白净比丘尼断除了一切导致轮回的结使，这些居士们因为供养饮食和衣服的缘故，将得到日夜增长的大福报。”

（二五四）

有一段时间，佛陀住在了王舍城迦兰陀竹林精舍。当时，有两位夜叉的关系非常融洽，一位名叫七岳，一位名叫雪山。他们之间相互约定：如果任何一方家中出现宝物，就第一时间通报对方一起欣赏。不久，雪山夜叉宫中出现了一朵有着千片花瓣大如车轮的莲华，那花茎是琉璃形成，金刚为须。雪山夜叉依约派人前去邀请七岳夜叉前来观赏，七岳夜叉心想：如来世尊离我不远，我应当邀请雪山夜叉前来一起去拜望如来世尊，然后再去欣赏莲华。想到此处，七岳随即派人去到雪山夜叉住处说道：“我这里有如来世尊安住在此，你虽有莲华欣赏又能够带来什么利益呢？”

雪山夜叉听了，很是高兴，随即带领五百位夜叉来到了七岳宫中，雪山夜叉说道：“在这十五月圆之夜，我带来如此之多的门徒来到你这里，在这世上谁是证得阿罗汉圣果的人？我们又应当去亲近谁？”

七岳夜叉说道："如来是这世上最为尊贵的人，他所说的四大圣谛能够断除所有被折磨的痛苦。他把世间苦因解析得淋漓尽致，也同时开示了离苦得乐的究竟解决之道。他开示说只要能够依照超凡入圣的八大正道去修学，就一定能够证入到涅槃境界。他就是现在还驻世的大阿罗汉，是以我们应当去亲近他。"

雪山夜叉问道："他对茫茫众生有没有慈悲心呢？对于世间所有感觉，他是否能够自在驾驭呢？"

七岳夜叉说道："他的心意极为柔和，对于茫茫众生慈悲无限，对世间所有感觉，都能够自在驾驭。"

雪山夜叉说道："一个实诚的人尽其一生都不会说半句与事实不符的话。因为大慈大悲，是以无有伤害众生行为的发生。只要能够不放纵身口意的行为，就会静下心来思虑世间万有的绝对真相而不会空过。"

七岳夜叉说道："他始终都不曾打过妄语，远离了杀害，放弃了所有放纵行为，佛陀自始至终都处在禅定的状态之中。"

雪山夜叉说道："如果不染着于爱欲，心智就不会有任何扰乱。他不会被这眼花缭乱的外境扰乱心性了吗？愚痴还有吗？舍弃了所有烦恼了吗？出离三界不再轮回从生死苦海中解脱出来了吗？"

七岳夜叉回答道："他早已超越所有如同淤泥般的爱欲，本心清净再无任何扰乱。五蕴六尘再也无法使其动心，愚痴早已断尽，成就了世出世间的般若智慧的安住，永远断除了导致轮回的结使，从三界六道无尽轮回中彻底解脱了出来。"

雪山夜叉又问道："他没有爱别离的痛苦了吗？他的所有言语都符合义理吗？他不贪世间之物吗？他没有任何邪知邪见吗？"

七岳夜叉说道："他久远以来就已经断除了爱别离所带来的痛苦，所有言说无不与真理相应，贪欲之心早就断除干净，再也不可能有任何形式的邪知邪见。"

雪山夜叉又问道："他已经建立了世出世间的大智慧并且成就了三明六通的修持？他的戒行清净不？他断尽了所有烦恼？从此以后再无来生了吗？"

七岳夜叉回答道："三明六通他早已具足，持戒严谨清净，早已断尽烦恼，再无来生了。"

雪山夜叉又说道："如来的身口意三业之中，无不具备广大善行。而你如今都在遵照奉行，随喜赞叹那些能够带来真实利益的佛法。"

七岳夜叉说道："如来的身口意三业之中，无不具备广大善行。三明六通他无不具足，所以我才会如此赞叹他所传承的能够带来真实利益的佛法。”

雪山夜叉说道：“如此说来，释迦牟尼如来真是世间独一无二的大雄，最为尊贵的人。他无欲知足，不被世间万法所染着，时时刻刻在在处处都在禅定的状态之中。我们不如现在就去礼敬瞿昙这位世上最为尊贵的人。”

七岳与雪山两位夜叉带着一千位夜叉眷属来到了佛陀住所，顶礼佛足之后恭恭敬敬合掌说道：“如来是世间独一无二的大雄，有情众生中最为尊贵的人。三界诸天都不知道如来具足了一切般若智慧，明了世间万有的所有绝对真相。”

说完这段话，他们俩才坐了下来。雪山问道：“如何才能够不再痛苦？要如何才能够舍离生死苦海？祈请世尊为我开示苦海会在哪里得以断除干净？”

佛陀开示道：“不再追求于心外之境，心意也不再随外境而动。只要能够远离所有爱欲，就能够脱离生死苦海而不再轮回，所有苦难也就到此为止，不再出现。你今天问我这个问题，我就如是回答你。”

雪山夜叉再度请教道：“因为什么轮回？为什么不能够安住？要如何才能够灭尽所有的痛苦与快乐等感受而不再生起？”

佛陀开示道：“因为眼睛、耳根、鼻根、舌根、身根和意根都在追寻与之相关的外境，从而造成轮回，而轮回是永远无法安住的。只有精神和肉体不再被外境所转，所有感受也就无从生起了。”

雪山再度请教道：“世间是如何生成的？又是如何聚集在一起的？感受的渠道有哪些？哪些事情是众生所苦苦追求的？”

佛陀开示道：“世间是因眼睛、耳根、鼻根、舌根、身根和意根而生成的，也是因这眼睛、耳根、鼻根、舌根、身根和意根六根所汇聚的。眼睛、耳根、鼻根、舌根、身根和意根这六根也是感受的渠道，而众生所苦苦追求的也无非是眼睛、耳根、鼻根、舌根、身根和意根所有外境的接触。”

雪山又请教道：“要如何去精勤修习善法？要如何才能够顺利超度生死激流而不会随波逐流？”

佛陀开示道：“不违犯一切圣戒，安住在世出世间的大智慧中和具足禅定的修持，思惟世间万有的所有过患，具足正智正念。这样修行广大善法就能够超度生死激流，远离爱欲的和合，舍弃所有导致轮回的结使，不再对世间万法有哪怕是一丝一毫的追求，如此修为就能够使修行者随波而不逐流，不再经历生死轮回。”

雪山夜叉又问道：“要如何去做才能够超度生死激流？要如何去做才能够枯

竭生死苦海？要如何去做才能够舍弃所有痛苦？要如何去做才能够使得本心清净？”

佛陀开示道：“金刚不坏的信仰能够出离生死激流，不放纵才能够枯竭生死苦海。精进修行才能够远离所有痛苦，只有智慧才能够使得本心清净。就这些问题你可以再去请教其他教派的出家人或者是在家人，看看他们是如何回答你的，看看他们的回答是否能够调顺你的心意。”

雪山夜叉说道:“我已经从您这里得到了圆满的解答，何须再去问其他的人？您的说法让我心开意解，大彻大悟。我非常感念七岳的恩德，让我见到了证得无上正等正觉的佛陀。从今往后尽其一生我无论在哪里都会皈命于佛陀，并将您传承的佛法广而告之，大力弘扬。”

同行的一千位夜叉也都以欢喜之心恭恭敬敬双手合十面向佛陀，祈请能够成为佛陀弟子，皈依在佛世尊的座下。

（二五五）

有一段时间，佛陀住在了王舍城迦兰陀竹林精舍。

当时，舍利弗和目犍连两位尊者住在了灵鹫山。一天早晨，舍利弗尊者理完发之后就用衣服裹头跌跏趺坐。当时，一个名叫为害，一个名叫复害的两位夜叉在漫游的过程中看见了舍利弗尊者，复害说道：“我想要用拳头去打那位光头沙门。”

为害说道：“这位比丘有大神德，你千万不能够这样去做，免得未来长劫受苦。”为害见苦劝不听，就抱住复害不让他动手。复害见状更加得势和恼火，于是强力挣脱为害夜叉的怀抱，一拳就打在舍利弗尊者的头部。当复害打完之后才知道大事不妙，随即说道：“完了。我今天的行为造成的后果非常严重，你应当想方设法拯救我。”

话音刚落，复害就立刻被裂开的大地吞没而堕入到了无间地狱。当时，大目犍连尊者离舍利弗尊者不远，他听到了舍利弗尊者挨打的声音，随即来到了舍利弗尊者身边问道：“你还能够忍受那痛苦吗？身体有没有什么异样呢？”

舍利弗尊者回答道：“没有什么啊，跟平时没有什么区别啊。”

大目犍连尊者赞叹道：“善哉善哉，您的神德真是不可思议啊。那夜叉假如拳打耆阇崛山，那山也会被他击得粉碎，而您居然无事一样。”

这两位尊者的对话被佛陀即时知晓，随即说道：“正心如同大山一般安住不动摇，对于世间一切有可能被染着的万有都不会被染着，那是因为他已经远离所有爱乐。而那些所谓的爱乐，指的就是对美色、妙声、香气、美味、美感和美好的忆念生起的爱欲。就算是被侵犯，也不会去以牙还牙，以暴制暴。如果能够这样修正心中忆念，就不可能遭受任何痛苦。”

比丘们听了佛陀的开示，皆大欢喜信受奉行。

（二五六）

有一段时间，佛陀住在了王舍城迦兰陀竹林精舍。

一天上午，佛陀如是开示比丘们道：“你们皆应当精勤修习广大善行，使之能够逐渐增长，就如同初生之月。那些新近出家的比丘们应当具足惭愧之心，善持出家人所必须的威仪，在世间云游时心意柔和恭顺，切莫凶狠乖张，能够制约身心不造恶行，如同视力正常的人能够避免种种险境一样。”

佛陀又开示道：“如今参加这场法会的比丘当中，迦叶比丘就属于这类人。他在在处处都精勤修习广大善行，使之能够逐渐增长，就如同初生之月。他具足惭愧之心，善持出家人所必须的威仪，在世间云游时心意柔和恭顺，行为不凶狠乖张，能够制约身心不造恶行，如同视力正常的人能够避免种种险境一样。”

佛陀问道：“比丘要如何去做才能够在云游世间时能够与正法相应呢？”

比丘们纷纷说道：“世尊，如来是所有正法的根本，一切善法皆因如来开示我们才能够得知。恭请世尊为我们开示其中的义理，我们将信受奉行。”

佛陀开示道：“你们要认真聆听，用心思量。若有比丘不染着于世间万有，不爱世俗之家，心无增减和嫌弃嗔恨，也没有嫉妒；见到他人得到利益就心生欢喜，见到他人将供养布施给其他人也不会忿恨；对于修福的人都发自内心的随喜他人功德，也不夸耀自己；在在处处都赞叹其他比丘，就算是一同去到他人家中接受供养，也不讥笑毁坏他人声誉；对自己和他人能够一视同仁，心无高下。如果比丘们能够如是修习善心，就是在人间云游时随顺正法的具体表现。”

说到这里，佛陀在虚空中抬了抬手而后问道：“你们观察一下我刚才的举动，我的手既不执着于虚空，也不曾被虚空系缚，也不会有任何空隙，更不会有嗔恚之心，你们说对吗？”

比丘们回答道：“是的，世尊，确实如此。”

佛陀开示道："如是，如是。如果比丘们在心无所住的情况下，就如同手划虚空一样，就能够自在出入世俗人家，不染着于世间万有，不爱世俗之家，心无增减和嫌弃嗔恨，也没有嫉妒。见到他人得到利益就心生欢喜；见到他人将供养布施给其他人也不会忿恨，对于修福的人都发自内心的随喜他人功德，也不夸耀自己；在在处处都赞叹其他比丘，就算是一同去到他人家中接受供养，也不讥笑毁坏他人声誉；对自己和他人能够一视同仁，心无高下。那迦叶比丘就属于这类人。"

佛陀又问道："比丘在出入世俗之家时要怎样去做才能够算得上是清净说法，要怎样才能够算得上是不清净说法？"

比丘们纷纷说道："世尊，如来是所有正法的根本，一切善法皆因如来开示我们才能够得知。恭请世尊为我们开示其中的义理，我们将信受奉行。"

佛陀开示道："你们要认真聆听，牢记于心，切莫忘怀。如果比丘在说法之前有如是念想：我为这人开示佛法，他就会对我产生信心和尊敬于我，就能够多给我些供养品。如果本着这种心态去为他人说法，就属于不清净说法。如果在说法之前，出发点是为了让对方能够证解佛法，除去当下的痛苦，远离种种烦恼的折磨，为其显现导向善道的修行方法，使对方能够如实了知而不会再被其他教派所误导，使对方能够了脱生死不再轮回而如法修行，使对方能够在未来的轮回过程中得到大利益。本着这样的发心去讲经说法就属于清净慈悲。本着怜愍众生利益世人使正法久住的心态去说法，就属于清净的行为。正因为如此，作为如来座下的比丘就应当本着清净的心意去为人讲经说法。而迦叶比丘就属于这样的人。"

在座的比丘们听完佛陀的开示，皆大欢喜信受奉行。

（二五七）

有一段时间，佛陀住在了舍卫国祇树给孤独园。

有一天，佛陀在普会讲堂给在场的比丘们开示道：

"比丘在化缘的过程中去到施主家之前如果涌现如是念想：如果对方要布施我的话，就要尽快而不要拖延，要真心实意布施给我而不要假心假意，要尽量多给一些而不要少量，要布施给我最好的，而不是最差的。如果本着心念去化缘而事实与期望值相差甚远的话就会心生烦恼。那么，在化缘时应当本着什么样的心念去面对呢？去到施主家中化缘，他家又不是我家，怎么可能让我随心所欲？我怎么能够挑三拣四，挑肥拣瘦？或者是嫌弃对方拿得不爽快呢？假如本着这种心态去面对，就算是一无所获，也都不会心生悔恨，更不会感到羞愧或者是烦恼。在这方面，迦叶比丘无疑是做得最好的，他在出去化缘时就是本着这种心态去面对的。所以，大家都要向他学习。”

比丘们听完佛陀的开示，皆大欢喜信受奉行。

（二五八）

有一段时间，佛陀住在了舍卫国祇树给孤独园。

当时，摩诃迦叶尊者住在了舍卫国旧园林毗舍佉讲堂。有一天，摩诃迦叶尊者在黄昏时分结束禅定来到了佛陀住处，顶礼佛足之后坐在一旁。佛陀说道：“迦叶，你应当将佛法教授给比丘们，指导他们修行，给他们讲经说法。为什么呢？因为我也是这样做的啊。”

迦叶尊者回答道：“世尊，那些比丘们不会听我的，是非常难以教授。”

佛陀问道：“为什么会这样说？”

迦叶尊者说道：“今天我遇到两位比丘，一个是阿难的弟子，名叫难荼，一个是大目犍连的弟子，名叫阿毗浮。这两位比丘在一起就各自的知见谁最殊胜谁的言说具足佛理发生了激烈的争执。”

说到这里，站在佛陀身后为佛陀打扇的阿难尊者阻止道：“止住吧，止住吧。尊者，请接受我的忏悔。这两位比丘都是出家不久的人，愚痴而无智慧，对佛法的领悟程度没有那么高。”

大迦叶尊者告知阿难尊者道：“你打住吧，阿难，你不要偏袒你的徒弟。”

佛陀随即派人把难荼和阿毗浮两位比丘叫到面前，在他们行完顶足礼之后就问起这件事的因缘，这两位比丘都诚实无欺地如实禀告了佛陀，佛陀问道：“你们是读诵佛经的过程中就经中义理发生争执的吗？”

两位比丘回答道：“世尊，我们发生争执的议题与佛经无关，也不属于佛法的范畴。”

佛陀开示道：“佛经，就是为了除灭所有诤讼和胜负，为了灭除所有爱欲。而你们这愚痴之人为什么要这样去做呢？我什么时候让你们这样去做呢？如果能够让你们发生争执，那就一定不是佛法，而且也不应该是出家人所为。在我传承的佛法中，绝对不是用来争执和断定胜负的。这样的行为，并不是我所鼓励的。这样的事情，你们应当去做吗？”

难荼和阿毗浮两位比丘当即跪了下来，顶礼佛足之后说道：“我们如今幸蒙世尊教诲，知道自己错了，实在是如同婴儿般的愚痴。我们对佛法一知半解，做了不应当做的事情，所作所为属于不善之法，实在是过错非常大。惟愿世尊大慈大悲，怜愍我们的愚痴，接受我们的忏悔吧。”

佛陀开示道：“知道你们真心实意发出殷重的忏悔，我也接受你们的忏悔，使你们的善法增长而在了脱生死的修行路上没有退失。如果能够发自内心的知道自己的错误然后用心忏悔，从此以后再也不重蹈覆辙。那么，这样的忏悔就会使得善法日夜增长而无有退失。”

比丘们听完佛陀的开示，皆大欢喜，顶礼佛足之后就各自散去。

（二五九）

有一段时间，佛陀住在了舍卫国祇树给孤独园。

当时，摩诃迦叶尊者住在了舍卫国旧园林毗舍佉讲堂。有一天，摩诃迦叶尊者在黄昏时分结束禅定来到了佛陀住处，顶礼佛足之后坐在一旁。佛陀说道：“迦叶，你应当将佛法教授给比丘们，指导他们修行，给他们讲经说法。为什么呢？因为我也是这样做的啊。”

迦叶回答道：“如果对佛法僧和圣戒不能够产生信心，就会退失善法。善法一退，就会心生懈怠而无有惭愧，随之就会显得愚痴而无有智慧。只要愚痴，就会贪着他人之物，随之嗔恚和伤害之心就会生起。由于这些人被惛沉所覆盖，就会停步不前甚至是心生退意，对佛法也就产生疑惑而深深执着于我见，使得烦恼污垢充满本心。由于喜欢嗔恚，就会失去正智正念，从而心意不定，如此一来，种种充满恶不善法之行为也就绵绵相续。这样的人，就连微少的善根都没有，又怎么可能增进善法呢？更不用说了脱生死不再轮回了。”

迦叶尊者接着说道：“有些人对佛法僧深具信心，就不会退失善法，修行也就能够精进不倦，能够时时都以惭愧之心忏悔所有恶不善的业行。有智慧的人，能够广修善法，对世间万有无有贪念。只要无有欲爱，就会远离嗔恚和讥嫌。因为无有惛沉，心意也就不会妄动。本心如如不动，也就对佛法不会产生一丝一毫的疑惑，也就不会认为身体即是我的邪知邪见。只要本心清净不被客尘污染，就不会心生嗔恚，从而能够做到心安意定，很容易成就四禅八定的修持，使得已经具足善法再也不会退失。如果一个人能够具足上述善法，我不仅不会说他所具有的善法会停步不前，更不会说不增长的了。这类人的善法会在日夜交替中飞速增长。”

佛陀赞叹道：“如是如是。迦叶，你之所说确实是这样。”

在场的比丘们皆大欢喜信受奉行。

（二六〇）

有一段时间，佛陀住在了舍卫国祇树给孤独园。

当时，摩诃迦叶尊者住在了舍卫国旧园林毗舍佉讲堂。有一天，摩诃迦叶尊者在黄昏时分结束禅定来到了佛陀住处，顶礼佛足之后坐在一旁。佛陀说道：“迦叶，你应当将佛法教授给比丘们，指导他们修行，给他们讲经说法。为什么呢？因为我也是这样做的啊。”

迦叶回答道：“世尊是一切正法根本，是一切善法的导师，也是正法的凭据。善哉。世尊，请您为我开示，我会以真诚之心牢记您的开示并依教奉行。”

佛陀说道：“你要认真聆听，受持忆念，切莫忘记，我现在就为你分别解说。”

迦叶尊者回答道：“好的，世尊，我洗耳恭听。”

佛陀开示道：“过去有比丘不光是自己深居山谷林野僻静之地，也随喜赞叹那些深居山谷林野之地的同修。他不光是自己靠乞食化缘维持生计身穿他人遗弃的废旧衣服，还广为赞叹那些跟他一样的同修。他对世间万有的欲念非常之稀少，对当下所有非常知足，喜欢安住在空闲僻静之地勤修精进，心意不散乱，喜欢修习四禅八定。他不光是自己除尽所有烦恼，还广为赞叹那些证得阿罗汉圣果的人。正因为他具有如此之多的美德，感召到许许多多的比丘都去亲近拜访他。

“他对每一位来访者都会如是问道：‘您好啊，比丘，请坐下来吧。您叫什么名字啊？师父是谁呢？心行贤良是沙门所必须履行的准则，作为出家人，您的修为会成为修学典范而使得大家以为榜样，不久之后就会获得无量无边的大利益。’”

佛陀继续接着开示道：“那些新近出家的比丘，见到他的修为都心生仰慕，深知为着未来长劫轮回的大利益，必须掌握真理拔济苦海之后才能够得到真正的快乐。也只有如此，才能够令离苦得乐的正法长久驻世。也只有如此，才能够使得后人进趣涅槃，终不会退失或者是隐没道心。当他们认识到这些之后，就会向他学习修行方法和威仪。”

佛陀接着开示道：“一些福报很大的比丘，出家不久所收到的供养就非常之多，以至于引起其他比丘的羡慕和关注，都去向他请教获得供养的方法。如此一来，这些比丘就会得不到任何利益，也不会得到真正的快乐，在未来的轮回过程中也会饱受煎熬。这些并非是出家沙门所应当具有的修为，将会有无穷无尽的苦恼去折磨他，声名扫地，梵行无以安立，从而沉没于生死淤泥，被恶魔所欺辱。也由于结使的驱使，长劫轮回在三界六道，种种痛苦和烦恼如影随形，在生生死死死死生生过程中饱受煎熬。”

大迦叶和在座的比丘们听完佛陀的开示，皆大欢喜信受奉行。

（二六一）

有一段时间，佛陀住在了舍卫国祇树给孤独园。

当时，摩诃迦叶尊者住在了舍卫国旧园林毗舍佉讲堂。有一天，摩诃迦叶尊者在黄昏时分结束禅定来到了佛陀住处，顶礼佛足之后坐在一旁。佛陀说道：“迦叶，如今你已年老体衰，再穿上那又厚又重的粪扫衣已经不太合适了。不如回到僧团之后跟大家住在一起，穿上相对轻薄的袈裟吧。”

迦叶尊者回答道：“世尊，这件百衲衣风风雨雨已经伴随了我很多年，已经习惯了。更何况我在在处处也都赞叹并鼓励那些身着百衲衣的人呢？”

佛陀问道：“穿百衲衣，住荒郊野外和靠乞食化缘维持生计能够为修行者带来什么样的义利呢？”

迦叶尊者回答道：“世尊，我见到穿百衲衣的人能够获得两种大利益。一则在今生今世能够安稳度世，也为后来人树立一个光辉榜样，以示师范。后世之人就会心生念想道，昔日佛陀在世时，有大德比丘久修梵行，善乐佛法，深达义理，少欲知足，不光是自身安住在荒郊野外，也在在处处赞叹那些安住在荒郊野外的人。不光是自己长年身穿百衲衣，也在在处处赞叹那些身穿百衲衣的人。不光是自己挨家挨户依次化缘而无挑肥拣瘦，也在在处处赞叹那些挨家挨户依次化缘而无挑肥拣瘦的人。未来世人如果能够多生此念，就能够让他们欣慕佛法，为以后救拔苦海出离轮回而奠定良好的基础，得到真正的大义利从而能够安住在极乐境界之中。”

佛陀赞叹道：“善哉善哉。你为着当下和未来世中还在漫漫长夜轮回的无尽众生的根本利益而修行这头陀之行，将会为从此以后的众生带来无量广多的利益，为他们以后救拔苦海出离轮回奠定良好的基础，得到真正的大义利从而能够安住在极乐境界之中。如果有人诽谤诋毁修头陀的人，就等于诽谤诋毁我。如果有人赞叹修头陀行所获得的功德，即等于赞叹我。为什么呢？因为我在种种场合以种种因缘赞叹修头陀行的功德，安立头陀行的规则，赞叹修习头陀行的人。而修习头陀行是所有修行中非常殊胜的。迦叶，你从今往后还是按照之前的修行方法去做吧。”

大迦叶尊者和在座的比丘们，皆大欢喜信受奉行。

（二六二）

有一段时间，佛陀住在了舍卫国祇树给孤独园。

与之同时，大迦叶尊者也在佛陀住所的不远处结草为庐，跌跏趺坐。当时，他的衣服已经破烂不堪，头发和胡子也都很长。有一天，佛陀在四众弟子的环绕下讲经说法，大迦叶尊者也来到了现场。在场的比丘们见到如此怪相的大迦叶尊者，都心生念想道：这位尊者不知道出家人所应当具备的威仪，衣服破烂不堪，都分不出原来的颜色，胡子头发也都很长，丝毫不顾忌出家人的形象，都心生怠慢。佛陀即时知道了大家的心意，为了让大家恢复对大迦叶的敬重，于是喊道：“你好啊，迦叶。”随即分出半座让大迦叶与他坐在一起，再度说道：“我在想，你比我先出家，所以才会分你半座。”

大迦叶尊者一听，惶惶不安，赶紧行完顶足礼而后恭恭敬敬双手合十说道：“世尊，您是我的师尊，我是您的弟子，怎么能够与您坐在一起呢？”

如此再三，佛陀说道：“确实如此。我是你的师父，你是我的弟子。那你还是坐回原位吧。”

大迦叶尊者再一次顶礼佛足，而后在合适的地方跌跏趺坐。

佛陀为了让在座的比丘们能够恢复对大迦叶尊者的信心开示道：“迦叶比丘跟我一样，都成就了四禅八定的修持，成就了慈悲喜舍四无量心遍满十方世界的修持，成就了他心通、神足通、天眼通、天耳通、宿命通和漏尽通的修持，成就了随心所欲自在变化的修持。是以，你们应当像尊重我一样去尊重他。”

佛陀开示完毕，比丘们皆大欢喜信受奉行。

（二六三）

有一段时间，佛陀住在了王舍城耆阇崛山中的迦兰陀竹林精舍。

当时，阿难尊者和大迦叶尊者也都住在了耆阇崛山中。一天，阿难尊者见化缘的时候快到了，于是邀约大迦叶尊者一起去到城里化缘。走到半路，阿难尊者见时辰尚早，便邀约大迦叶尊者一同去比丘尼精舍观察指导她们的修行。大迦叶尊者同意了，一起去往比丘尼精舍。

比丘尼们见两位尊者一同前来，喜出望外，赶紧敷设好座位恭请两位尊者坐好。比丘尼们行完顶足礼之后就站在一旁。

大迦叶尊者随即为在场的比丘尼们讲经说法，使之心生欢喜。当时在大众之中有一位名叫偷罗难陀的比丘尼见是大迦叶尊者讲经说法，心怀不满，于是嘀咕道："如今为何是迦叶长老抢在阿难长老前讲经说法呢？那不是在制针师门口卖针吗？"小声嘀咕之后就默不作声。

大迦叶尊者以天耳通即时听到了偷罗难陀比丘尼的不满音声，于是问阿难尊者道："你听到那偷罗难陀比丘尼嘀嘀咕咕的音声了吗？"

阿难尊者问道："她说什么？"

大迦叶尊者说道："她责怪我为什么会在你之先讲经说法，还把我比喻为到制针师门口卖针的人。"

阿难尊者说道："尊者请不要生气，她婴愚少智，不要去跟她一般见识吧。请您接受她真诚的忏悔吧。"

大迦叶说道："证得无上正等正觉的如来世尊为着教导众生的缘故，曾经把月亮用来打比方。说月初的月亮的光明会渐渐增长，说某某人能够心中安住惭愧之心，能够忍受一切羞辱，在云游人间的过程中能够做到禁制身心不使妄动。就这个比喻如来世尊说的是我呢？还是你呢？"

阿难尊者说道："到目前为止，我还没有听到如来世尊如是夸我。"

大迦叶尊者又说道："那是不是如来世尊如是赞叹我呢？"

阿难尊者说道："是的啊，确实如此啊，如来世尊是打过这个比方来赞叹您啊。"

大迦叶尊者又说道："如来世尊在多种场合都如是夸赞我，说我是大德，是具有惭愧心的人，智慧深远，无论是四禅八定，还是慈悲喜舍，或者是三明六通等等诸多修持都跟如来世尊无二无别。这话属实吧？”

阿难尊者回答道：“确实如此。如来世尊真的是这样说过啊。”

大迦叶尊者在比丘尼们前说完这段话，就站起身来，随即回到了自己的住处。

（二六四）

佛陀将在不久之后证入涅槃那段时间，阿难和大迦叶两位尊者都住在了耆阇崛山。当时，世道艰辛，化缘非常艰难。阿难尊者带着部分刚出家不久的比丘们去南山村。那些出家不久的比丘们当中，有些还带着俗世习气的年轻人，他们整日里嘻嘻哈哈，沉迷饮食，不摄制六根，全然无有出家人所必备的威仪，初夜后夜既不经行也不读诵经典，睡觉姿势随意且都比较懒散懈怠。

到了南山村之后，僧团之中就有三十余人舍戒还俗。也因为这个原因，导致徒众减少许多。而后，阿难尊者带着余下的人回到耆阇崛山中，收好衣钵，洗净手脚之后来到了大迦叶尊者住处，行完顶足礼之后就坐在一旁。

大迦叶尊者问道：“你从哪里来？为什么你的徒弟会越来越少？”

阿难尊者回答道：“我刚从南山村回来，弟子之中有三十人都是少小出家，而今舍戒还俗，所以才会显得弟子相对较少。”

大迦叶尊者说道：“你知道如来为什么会制止大众汇聚在一起去化缘而允许三个人同行吗？那是因为如来为维护比丘们使人数不减少，也为制伏那些心中有恶不善欲念的比丘，断除比丘太多的眷属，使彼此之间能够给予应有的尊重，僧众之间的关系和谐。否则就会令如法修行的比丘得不到必需的供养，而那些修行非法的比丘则得到许许多多的供养品。那些充满恶不善欲念的比丘得到供养品之后，就会嘲笑那些清净修行的比丘从而发生诤讼。而在这饥馑时期，你为何要带着这帮新近出家全无威仪不能如法修行的徒众去云游呢？致使三十人舍戒还俗，你怎么会像小孩一样没有智慧呢？”

阿难尊者说道：“我都一大把年纪了，您怎么还会说我跟小孩一样没有智慧呢？”

大迦叶尊者说道：“我之所以会如此说，并非是没有因缘的。你看看自己的做法跟小孩又有什么分别呢？”

当时，也在现场的帝舍难陀比丘尼听了很是不悦，生起了大烦恼，随即喃喃咕咕说道：“这大迦叶之前本是外道，缘何今日诋毁羞辱阿难尊者，还把他比作是小孩呢？”

大迦叶尊者即时知道了帝舍难陀比丘尼的言语，于是说道："你听到了帝舍难陀比丘尼所说的话了吗？她居然还说我之前是外道的出家人。"

阿难尊者随即说道："这比丘尼无有智慧，惟愿大德允许她忏悔。"

大迦叶尊者说道："我出家之时发出誓愿道：世间如果有证得阿罗汉的圣人，我就会皈依于他向他学习解脱之道。然而出家之后并没有找到皈依的对象，只是皈依了成就了无上正等正觉修持的如来。我还没有出家时，观察到世间生老病死忧悲苦恼如影随形，时时逼迫。于是心生厌离，明白只有出家才能够远离尘垢得大自在。而在这俗世之中，俗世缠身，沉沦于爱欲泥潭，不能够修学清净梵行。我昼夜思惟，发现世间之中没有任何一件事能够殊胜过出家的。主意已定，我就到库房找到一件相对最差但也市值十万两黄金的一件衣服作为袈裟，舍弃所有家业和六亲眷属出家去了。

"就在我东奔西走想要找寻证得阿罗汉圣果的比丘拜其为师时，在王舍城的罗罗健陀的塔林中见到了佛陀，只见佛陀相貌端正庄严殊妙，六根寂定，心意淡然，心安意定，身体肤色就如同黄金一般无二无别。当我见到此情此景之时就心意踊跃，心知多年苦寻如今终于有了结果，遇到已经成就无上正等正觉的佛陀。想到此处，我心意不再散乱，专心专意瞻仰佛陀形象，而后整理衣服右绕三匝右膝跪地双手合十说道：'佛陀是我的世尊，我是佛陀的弟子。'如此连说三遍之后，佛陀开口说道：'确实如此。迦叶，我是你的世尊，你是我的弟子。'如此也连说了三遍。"

大迦叶尊者继续为阿难尊者和在场的比丘及比丘尼介绍当时的场景道：

"佛陀接着说道：'世间之中如有声闻弟子无有至诚之心，妄称自己是世尊或者是阿罗汉，或者是宣称自己具足了般若智慧，那么他的头就会即时破成七份。而我如今，确实是具足正知正见的人，确实是大阿罗汉，确实是成就了无上正等正觉。我开示的经法，都是有因有缘的，都是能够出离生死苦海的，都是能够对治烦恼痛苦的，能够指导修行人精进修行的，是能够斩断除尽导致轮回的所有结使的。迦叶，你应当对我的开示信受奉行，受持莫忘，尊重忆念。舍弃那些纷纭错乱的心意，将心意安住在观照色受想行识这五蕴和六根六尘的生住异灭，从而将心意安住在四念处之中，修习七大觉支，证得八大正道，正智正念时时刻刻在在处处都得以安住而无一时错乱，时时刻刻在在处处都以惭愧之心去忏悔自己所有的恶不善行为。'当时，佛陀为我开示无上妙法之后，使得我法喜充满，欢悦无限。之后，无论佛陀走在哪里，我都紧跟身后，不曾舍离。”

大迦叶尊者继续开示道：

“有一天，我心生念想到：如果佛陀坐下的话，我就把这件价值十万两黄金的袈裟供养给佛陀。念头刚落，佛陀就随即坐在路边，我大喜过望，随即取出那件袈裟跪在佛陀面前恭恭敬敬铺设在地上，然后再恭请佛陀坐在上面。佛陀说道：‘这件衣服很是轻软。’我当时就说道：‘确实如此。世尊，请您大慈大悲怜愍我的缘故接受这份供养吧！’佛陀随即说道：‘那你能够接受我这件百衲衣吗？’我当时就大喜过望，立即说道：‘世尊，我能接受。’佛陀接受了我的供养，把他的那件百衲衣交给了我。随后，就站起身来准备走了。我再一次顶礼佛足右绕三匝而后就回到住处。

“在那八天之后，我就证得了阿那含果。在第九日就即身成就，证得了阿罗汉圣果，出离了三界，不再经历轮回了。阿难，你也应当知道，一个实诚的人就应当如是说：我是佛陀门下的长子，是在佛陀的亲自指导下成就圣果的，无论是禅定，还是智慧，都能够随心所欲，自在无碍，就好比是转轮圣王的太子能够自由自在安享五欲之乐一样。阿难，转轮圣王那高大威猛的大象身躯会不会被一片树叶遮住呢？”

阿难尊者回答道：“那是不可能的。”

大迦叶尊者说道：“就算是有树叶能够遮住大象全身，也不可能障碍我六大神通之力的施展。如果有人对世间万法和我的能力生起种种疑惑，我都能够如理宣说示现使其大彻大悟。”

阿难尊者说道：“我对尊者的信心是十分坚固的，也是非常敬重的。”

两位尊者说到这里，很是欢喜，站起身来就离开了比丘尼们所在的精舍。

（二六五）

有一段时间，佛陀住在了王舍城耆阇崛山迦兰陀竹林精舍。当时，舍利弗和大迦叶两位尊者也都住在那里。

有一天，王舍城其他宗派的修行者来到了舍利弗尊者住处，问候一毕坐在一旁就说道：“如来世尊有没有开示说过我死之后会生到其他地方呢？”

舍利弗尊者回答道：“对于这样的事，佛陀是从来不曾说的。”

来访者又问道：“那如来世尊是不是说我身在这里，再也不会往生到其他地方呢？”

舍利弗尊者回答道："对于这样的事，佛陀也是从来不曾说的。"

来访者又问道："那如来世尊有没有这样说过呢，'我死之后，有可能往生到其他地方，也有可能不会在其他地方出生？'"

舍利弗尊者回答道："对于这样的事，佛陀也是从来就不曾说的。"

来访者又问道："那我死之后到底是往生或者是不往生呢？"

舍利弗尊者回答道："对于这样的事，佛陀也是从来不曾说的。"

来访者很是不悦，说道："我所请教的问题，你都不愿意正面回答我。如果您真是高僧大德，就应当为我消除这些疑惑。如今看来，您都不能够如理如法解答我的疑惑。如此看来，我真是愚痴之极，就跟那些顽童一样。"说完之后，来访者们就站起身来告辞而去。

当时，大迦叶尊者离舍利弗尊者不远，当来访者们走后不久，舍利弗尊者就来到大迦叶尊者身边，把刚才的情况原原本本告诉了大迦叶尊者，并问道："为什么如来不解答这四种疑惑呢？"

大迦叶尊者回答道："如来不会开示说身坏命终之后到底是往生或者是不往生这一类问题。因为这种现象并非是绝对的。其中的义理也是深广无边，无有定数。如果非要说身坏命终之后就一定要有往生之处，无疑会增长憍慢和放纵行为。因为还要轮回，就会在爱欲的驱使下广造种种业行，从而使得辗转在生生死死、死死生生之中。而如来爱欲除尽得以从三界六道的无尽轮回中解脱了出来，当爱欲除尽不再轮回时，就谈不上往生或者是不往生了。所以，如来才会对这四种疑问不给与正面回答。"

这两位尊者相互赞叹之后就回到了各自的住处。

（二六六）

有一段时间，佛陀住在了舍卫国祇树给孤独园。当时，大迦叶尊者住在了舍卫国西园林中毗舍佉讲堂。一天黄昏，大迦叶尊者结束禅定来到佛陀住处，顶礼佛足之后坐在了一旁。

大迦叶尊者说道："世尊，是什么因缘导致如来在初期制定圣戒之前修行者众多，而如今戒律日趋完善时反而能够身心力行的人却越来越少呢？"

佛陀开示道："确实如此。在这五浊恶世越来越严重的阶段，众生的根性是越来越恶劣，是以如来才会为弟子们制定与之相应的禁戒，从而确保能够依教奉行的弟子们能够登陆彼岸。但事与愿违，很少有比丘能够随顺佛语对圣戒圆满受持，从而使得广大众生逐渐在生死轮回解脱的修行路上渐渐退转，乃至于再度淹没在生死激流之中。就好比世间黄金渐渐稀少，类似黄金的东西就会随之问世。如来所传承的离苦得乐正法也是如此，也会逐渐隐没在世间。当正法隐没之后，似是而非的像法也就随之出现。迦叶，你应当知道，航行在大海之中的大船如果装载了太多的宝物就会沉没在大海。而如来所传承的佛法也是如此，也会逐渐示灭在世间。如来所传承的佛法，既不是大地所毁，也不是风、水、火所灭，是我门下那些被恶不善欲念驱使，广行恶不善威仪，广造诸恶，正法说成是非法，非法说成是正法，不是圣戒说成是圣戒，犯戒被说成不是犯戒，而不是犯戒说成是犯戒，轻罪被无限扩大，重罪被轻描淡写的所谓比丘们所逐渐毁灭。只要那些似是而非的所谓佛法一旦出世，就会令真正的佛法隐没在世间。

"迦叶，你应当知道，有五大因缘会导致佛法示灭，经文逐渐忘失，善法逐渐退转。是哪五大因缘呢？第一因缘是那些不恭敬佛陀，不尊重佛陀，不供养佛陀，不能够至心皈命于佛陀的人却依止在佛陀门下安住的人。第二因缘是有些人不敬顺正法，不尊重正法，不供养正法，就算是身处正法之中也不能够对正法信受奉行。第三因缘是有些人对圣戒不恭敬，不尊重，不供养，不能够以真诚之心圆满受持圣戒但又依止在圣戒之中。第四因缘是有些人对教授师不恭敬、不尊重、不供养，也不能够以真诚之心去亲近，然而依然在其身边安住。第五因缘是有些人对如来所赞叹的修行者不恭敬，不尊重，不供养，也不能够以至诚之心去礼拜亲近，然而又依止在其身边安住。迦叶，同样，也有五大因缘能够使正法久住于世而不会隐没，更不会忘失。是哪五大因缘呢？一是对佛陀恭敬、尊重、供养和以至诚之心皈命，以及对正法、圣戒、教授师和同修都能够给予尊重、恭敬、供养和亲近。如此一来，就会使正法久住于世而不会隐没，更不会忘失。"

在场的比丘们听完佛陀的开示，皆大欢喜，信受奉行。

（二六七）

有段时间，佛陀住在了王舍城迦兰陀竹林精舍。

有一天，一位名叫动发的歌舞团负责人来到佛陀住所，他顶礼佛足之后坐在一旁请教道："瞿昙，我听同行前辈老人说，以歌舞的形式娱乐大众的人身坏命终之后会生到光照天，这话是不是属实呢？"

佛陀制止道："就这个问题，你还是不要再问了吧。"

动发接连请求三遍，佛陀不得已乃问道："我来问你，你随意而答。当你们在舞台上以载歌载舞等多种形式在娱乐大众的时候，那些本来就被爱欲、嗔恚、愚痴所缠缚的人也就越发放纵自己的身口意行为，使得他们的贪嗔痴三毒更加深厚。就好比有人本身就被绳索捆绑，再遇到其他人用水浇绳一样。你想一想，这种人身坏命终之后想要生到光照天怎么可能？持这种观念的人就属于邪知邪见，而持有邪知邪见的人身坏命终之后只有两个去处，一种情况是堕落到地狱，一种情况是堕落成为畜生。"

佛陀开示完毕，这位来访者顿时大惊失色，泪如雨下，佛陀说道："因为这个因缘，我本来是不想告诉你真实情况的，而你再三恳求，得知真相你又受不了了。"

来访者说道："世尊，我不是因为听到您的开示而涕泪交流，而是因为怜愍那些愚痴无知的同行们，所作所为皆是不善之举，在久远以来都被人欺诳，从而导致下场非常惨烈。世尊，从今日起，我再也不造就那些恶业了。"

佛陀开示道："如今你以惭愧之心忏悔之前的种种业行，并保证再也不犯类似错误。那么，来生就必定往生在善处。"

来访者和在场的比丘们，皆大欢喜信受奉行。

（二六八）

有一段时间，佛陀住在了王舍城迦兰陀竹林精舍。

有一天，有一位百战百胜的武将来到佛陀住所，顶礼佛足之后坐在一旁说道："世尊，我听前辈讲，作为武将，能够安邦定国、征战杀伐的武将在身坏命终之后能够生到箭庄严天。这个说法是准确的吗？"

佛陀阻止道："你不要再问了，你所问的问题甚为不善。"

武将求之再三，佛陀说道："你也非常殷勤再三请教于我，如果你能够接受的话我就告诉你其中的真相。作为武将，之所以会冲锋陷阵勇猛向前，是不是为了保全自己而伤害对方呢？在战争中，无论是心里想的，还是嘴里说的，或者是身体力行的，无不都是恶不善念。身坏命终之后能够生到天上去那是绝对不可能的。战将，持这种知见就属于邪知邪见，而持邪知邪见的人身坏命终之后无外乎就是两个下场，要么是地狱，要么是畜生道。除此之外，再无可能。"

听完佛陀的开示，武将大惊失色，悲恸不已，涕泪交流。佛陀说道："我是因你再三邀请才说出其中的真相，你为何要如此悲伤呢？"

武将说道："世尊，我之所以悲伤，不是因为您的开示，而是因为那些武将们由于愚闇无知，所作所为属于不善恶业，还被邪知邪见所蒙蔽，从而在未来世中遭受大苦煎熬。因为这些恶业，是不可能生到天上去的。而因为这些恶业就想生到箭庄严天，那无异于痴人说梦。世尊，从今往后，我再也不受持这种邪知邪见了。"

佛陀赞叹道："善哉善哉。你的心态实属稀有。"

武将听了佛陀的开示，很是欢喜，顶礼佛足之后就告辞而去。

（二六九）

有一段时间，佛陀住在了王舍城迦兰陀竹林精舍。

有一天，一位驯马师来到佛陀住所，顶礼佛足之后就坐在了一旁。

佛陀问道："你用什么方法去驯服马匹？"

驯马师回答道："我用三种方式去驯马，最先我用柔和的方式。如果不能够使之驯服，那我就采用粗暴的方式。如果再不行，那我就刚柔并济。"

佛陀问道："如果再不行呢？"

驯马师就说道："那我只好打杀它了。瞿昙，您是世间调驭之师，人天之师，那您是如何调顺世人的呢？"

佛陀回答道："我的方式跟你是一样的。柔和的方式是，我会告诉对方如果身口意三业能够广行十善的话，就能够获得善报从而能够生到天上或者是再度为人。如果这样不能够使之调伏的话，那我就告诉对方，身口意如果广造诸恶的话，身坏命终之后就会堕落在三大恶道之中。如果还不能够使之调伏的话，就会告诉对方，世间运行准则就是因果报应，如影随形，是以应当本着对自己未来高度负责任的态度去善待当下。我就是如此调伏众生的。"

驯马师问道："假如这三种方式都以失败而告终呢？那又怎么处置他呢？"

佛陀说道："那我也会杀了他。"

驯马师很是意外，问道："您座下的沙门在在处处都告诉世人不要伤害他人，而您为什么要杀掉那些度化不了的人呢？"

佛陀说道："确实如此。如来世尊自始至终都不会伤害任何一位有情众生。

对于那些度化不了的众生，我就再也不会跟他讲经说法了，也不会去搭理他了，更不会指定其他人去度化他。我以这样的方式去对待他，是不是比杀了他更严重呢？”

驯马师说道：“确实如此，瞿昙。假如如来真这样去对待他，那后果就真比杀了他更严重。世尊，从今往后，我再也不会去伤害任何一位有情众生了，也更不会去造就恶业了。”

佛陀开示道：“你的态度确实是发自内心的真忏悔。”

驯马师听完佛陀的开示，很是欢喜，顶礼佛足之后就告辞而去。

（二七〇）

有一段时间，佛陀住在了王舍城迦兰陀竹林精舍。

有一天，一位名叫恶性的村长来到佛陀住所，顶礼佛足之后坐在了一旁。恶性说道：“世尊，如有世人在无缘无故的情况下就去冒犯他人使之生大烦恼，这样的人就是十分可恶的人。”

佛陀开示道：“假使有人做出种种行为使他人受到伤害而生起烦恼和痛苦，这样的人就属于恶性。不修持正见、正业、正语、正命、正念、正方便、正志和正定的人就会处处侵犯他人利益而使对方受到种种伤害而被烦恼和痛苦所折磨，这样的人就属于恶性。”

恶性村长说道：“是的，世尊，您说得太好了。我就属于那种经常去冒犯他人的人，所以才会被世人称之为恶性。我也因为不修习八大正道的缘故才会去侵犯他人的利益而使对方被烦恼和痛苦所折磨。所以，才会被他们称之为恶性。”

恶性村长请教道：“瞿昙，要如何去做才能够不去冒犯他人呢？假如被对方所侵犯，要如何去做才能够使得心无怨恨呢？”

佛陀开示道：“将心比心换位思考，就不会去冒犯他人。如果能够这样去面对世人，就算是被他人所侵犯，心中也不会生起懊恼。因为能够修习忍辱的缘故，世人就会赞叹其为忍辱大善之人。如果能够如法修持正见、正业、正语、正命、正志、正方便、正定和正念，就不会去侵犯他人的利益而广泛获得世人的赞誉。”

恶性村长连声赞叹道：“稀有啊，瞿昙，您的开示实属大善。从今往后我再也不会去冒犯他人了，也不会去侵犯他人利益了，也会按照八大正道去严格约束要求自己，再也不会放纵性情去胡作非为了。”

佛陀称赞道："如果你真能做到，实为大善。"

恶性心生欢喜，顶礼佛足之后就告辞而去。

（二七一）

有一天，一位名叫如意珠顶发的村长来到佛陀住所，顶礼佛足之后就坐在一旁。

如意珠顶发村长说道："世尊，我有一天在国王宫殿与大臣们坐在一起议论沙门的行为准则时，有人就提出作为佛陀座下的沙门不应当摸钱或者是储备、使用金钱珠宝。也有人说就算是触摸金钱或者是使用储备金钱珠宝又有什么过错呢？世尊，这两种观点谁对谁错呢？这样的观点会不会构成毁谤佛陀的大罪呢？"

佛陀开示道："如果说我座下的出家沙门允许触摸金钱或者是储备使用金钱珠宝的话，那就构成了毁谤佛陀的大罪，这种说法也是有大过的。为什么呢？作为如来座下的出家人，是不允许触摸和使用储备金钱珠宝的。如果你们看到有沙门有这种行为，那这种行为就已经违背沙门应有的准则了。只有沙门不跟财富金钱搭上界，佛法才能够更加兴盛。"

如意珠顶发村长说道："我在当时也是这样说的，一旦出家人拥有财富，就应当检讨，更有可能放纵身心沉迷五欲之乐。"

村长很是欢喜，顶礼佛足之后就告辞而去。

村长走后不久，佛陀随即叫站在身后的阿难尊者召集在王舍城的比丘们齐聚讲堂，佛陀把跟如意珠顶发村长的对话原原本本告诉了在场的比丘们而后说道："你们应当知道，那如意珠顶发村长都能够在众人面前说作为沙门，不应当受取金银珠宝。你们从今往后，如果在迫不得已的情况下，应当把手中的金银珠宝当作是草木或者是粪便。就算是宁愿手抓粪便等秽物，也不要去拿那些金银珠宝等物品。"

比丘们听完佛陀开示，皆大欢喜信受奉行。

（二七二）

有一段时间，佛陀住在瞻波国竭城只池岸。

有一天，一位名叫王顶发的村长来到佛陀住所，顶礼佛足之后坐在了一旁。

佛陀开示道："世间众生，大多数都有两个共同特点，一个特点是贪求五欲之乐，二是所作所为大都不会带来任何利益。他们所作所为大多数都不符合贤圣之法，沉迷于五欲之乐，使得利益受损，这就是趋向下贱劳累烦恼的行为。贪求五欲之乐的人无非是三种人，一种人通过谋财害命等非法途径聚集财物用作自身享乐，既不孝养父母，对妻室儿女也不尽责任和义务，不会去赈济六亲眷属以及其他弱势群体，更不用说去供养出家人或者是在家的修行人等广种福田了。这样的人，既不修持升华之道，也不做快乐之因，所以不能够得到快乐的回报。这是第一种人。

"有的人或通过合法途径，或通过非法途径，或伤害他人利益，或不伤害他人利益而汇聚到大量的财富后，在自己享受五欲之乐的同时，也孝养父母滋养妻室儿女周济六亲眷属关注弱势群体，但不愿意去供养出家人或者是在家的修行人，更不用说广种福田了。这些人既不修行正道，也不广做快乐之因，不求未来快乐回报，不作生天的因缘。这是第二种人。"

佛陀继续开示道："有的人在不伤害他人利益的前提下如理如法的汇聚到大量钱财时，能够修正自身行为，享受正当的快乐，能够供养父母，养育妻室儿女，周济六亲眷属，赈济弱势群体，关爱手下人员，经常供养沙门和在家的修行人，广种福田，修习升华之道，广造快乐之因，求快乐果报，广为培植未来生天善因。这是第三种人。在这三种人中，第一种人是非常下贱的，第二种人相对好一些，第三种人是非常不错的。

"有三种苦行是不会带来任何利益的。一种是因为苦行不是圣贤必修之法，不会带来任何意义。如果身体遭受痛苦的折磨，心意就会变坏。一旦违犯禁戒，身心就会饱受煎熬。每每忆及此事，痛苦和烦恼就会涌上心头。一生一世都活在悔怨之中。如此一来，就不可能得到离苦得乐的究竟之法。这是第一种无益于当下和未来的苦行。

"有的人在修习苦行的过程中，虽然不曾犯戒，心意也不曾改变，但其身心都在修学苦行，使得今生今世未能够远离烦恼。如此修为，自然也就不可能得到离苦得乐的究竟之法。这是第二种无益于当下和未来的苦行。

"还有的人在修行过程中虽然不曾犯戒，心意也不曾变易，身心也都在修念苦行。今生今世还没能够远离烦恼，在生死轮回解脱的修行路上也有少许长进，或者是得到了微小的智慧，或者是见到了离苦得乐的正法，或者是成就了部分禅定的修持。这是第三种无益于当下和未来的苦行。

“这三种苦行之中，也分为上中下三品。第一种苦行属于下品，第二种属于中品，第三种属于上品。作为修行人，只有除去两种极端，秉行中道，才能够趋向涅槃。哪两种极端呢？一种是沉迷五欲之乐，一种是无益之苦行。而中道也分两种。第一种是明白贪爱染着于五欲之乐，就会伤及自身和他人，广造诸多恶行而使得未来之世也会累积恶业。因为这些因缘使得心意烦恼悲苦受诸熬煎。假如能够断尽爱欲的结缚，就不会为他人乃至为自身带来诸多痛苦。因为现在世不造痛苦之因，未来世也就不会遭受痛苦果报。因为这些因缘，今生今世就会得到许许多多的快乐，远离众多烦恼所带来的煎熬，假以时日就能够接近涅槃境界，证得圣果。有智慧的人自知离苦得乐的正法，再也不会受他人误导，这就是第一种中道。

“第二种中道也同样能够远离烦恼所带来的熬煎，假以时日就能够接近涅槃境界，证得圣果。有智慧的人自知离苦得乐的正法，再也不会受他人误导。那就是修习正见、正语、正业、正命、正定、正方便、正志和正念。”

佛陀开示到这里，这位村长当即远离尘垢，成就了清净无染的法眼，知道、见到并掌握到离苦得乐的正确方法，除去了所有的疑惑，再也不会受他人误导蒙蔽，在佛法中成就了辩才无碍。他当即站起身来，整理整理衣服，双手合十恭恭敬敬说道：“世尊，我在今日已经掌握了出离三界超越轮回的正确方法。从今往后我皈命于佛陀，皈依于正法和僧团，受持在家男居士戒律，直到生命终结我都自始至终皈依在三宝座下。”

王顶发村长很是欢喜，顶礼佛足之后就告辞而去。

（二七三）

有一段时间，在末牢村邑云游的佛陀来到了优楼频螺聚落，住在了鹦鹉阎无果林中。当地的村长名叫驴姓听说后想到：我听说世尊所说的方法能够除灭一切苦难，而我现在是朝思暮想都在期盼除灭一切痛苦，我现在不妨去拜见他，他或许会为我宣说离苦得乐的解决之道。

想到此处，驴姓村长来到佛陀住处，顶礼佛足之后坐在一旁说道：“世尊，我听说您所开示的法义能够除灭众生一切痛苦，惟愿您大慈大悲为我宣说当下就能够灭除所有痛苦的方法。”

佛陀说道：“我如果说在过去曾经开示过离苦得乐的正确方法你或许不信，

或者是相信，或者是不高兴，或者是高兴。那我现在再为你开示这无上妙法，你当用心聆听，至心受持。茫茫众生生起的种种痛苦，差别非常大。但究其真实，皆因爱欲而生，追随于爱欲。爱欲才是造成痛苦的根本。也只有爱欲，才是形成痛苦的因缘。”

村长祈请道：“善哉。世尊，我根器愚钝，不解简略之说，惟愿大慈大悲的世尊为我详细解说其中的义理，也好让我开悟。”

佛陀开示道：“我来问你，你随意而答。假设这村里的人都被抓起来，经过一番羞辱之后全部被杀光时，你会不会生起痛苦烦恼呢？”

村长回答道：“虽然感到忧愁和凄惨，但也不会生起痛苦和烦恼。但如果这村里有我所爱的人也在被杀之列的话，那我就一定会感到忧伤悲痛和烦恼。如果没有，我就不会悲伤和烦恼了。”佛陀开示道：“由此可知，一切痛苦烦恼皆因爱欲而生，追随于爱欲。爱欲才是造成痛苦的根本。也只有爱欲，才是形成痛苦的因缘。村长，假如你还没有儿子的话，会不会对他生起亲爱欲念呢？”

村长说道：“不会啊。”

佛陀又问道：“假如你见到你的儿子之后，会不会生起亲爱欲念呢？”

村长回答道：“那是一定的啊。”

佛陀再度问道：“当你儿子长大成人以后假如出现意外时，你会不会生起烦恼悲伤呢？”

村长回答道：“假如真是遇到这样的事，我的身心都会饱受煎熬，甚至有可能悲伤过度而死亡。”

佛陀开示道：“由此可知，一切痛苦烦恼皆因爱欲而生，追随于爱欲。爱欲才是造成痛苦的根本。也只有爱欲，才是形成痛苦的因缘。”

村长赞叹道：“稀有，世尊，您的开示真是太好了，比喻也是非常恰当。世尊，我儿子如果是在远方，我就会经常派人去探望。假如使者没能够及时回来的话，我和他的母亲就会心意不安，责怪使者迟迟不归，都会担心我儿子会不会出现什么状况。”

佛陀开示道：“由此可知，众生的种种苦恼，种种忧悲，都是因为爱欲，由爱欲而生。只有爱欲才是烦恼痛苦的根本。有多少爱欲，就会有多少烦恼和痛苦。假如没有爱欲，则烦恼和痛苦也就无从生起。假如没有爱欲，本心也就不会被任何尘垢所污染或蒙蔽，就好比那池中莲华，虽出自于水，但不会被水所染着。”

驴姓村长听完佛陀的开示，当即远离尘垢，成就了清净无染的法眼，知道、见到并掌握到离苦得乐的正确方法，除去了所有的疑惑，再也不会受他人误导蒙蔽，在佛法中成就了辩才无碍。他当即站起身来，整理整理衣服，双手合十恭恭敬敬说道："世尊，我在今日已经掌握了出离三界超越轮回的正确方法。从今往后我皈命于佛陀，皈依于正法和僧团，受持在家男居士戒律，直到生命终结我都自始至终安住清净无染的信心之中。"

说完之后，他欢欢喜喜顶礼佛足告辞而去。在座的比丘们听完佛陀的开示，皆大欢喜信受奉行。

（二七四）

有一段时间，佛陀带着一千二五十位比丘僧、一千位在家男众弟子和五百位乞丐在摩竭提国云游，穿过一村又一村，一城又一城，最后来到了那罗健陀城卖叠园林并在那里住了下来。

那村的村长名叫闭口姓，是尼乾陀的弟子，他听说佛陀来到了这里，心中就暗自想到：我先去禀告我的师父，然后再去拜访瞿昙。想到此处，他就站起身来去到尼乾陀住处，行完顶足礼之后坐在一旁。

尼乾陀说道："我有一个方法能够令瞿昙就像抓钩勾住鱼嘴，想吐又吐不掉，想吞又吞不进去。"

闭口姓问道："师父，我要如何去做才能够达到这个效果呢？"

尼乾陀教授道："你去到他的住处就如是问他道：瞿昙，你有没有利益到世人呢？如果不能够为世人带来利益，那跟愚痴凡夫又有什么区别？如果说你利益世人，那带着将近三千人穿洲过省云游天下时沿途不知道伤害了多少众生的生命，就好比是一场冰雹之后禾稻悉数被毁一样，如此之大的破坏行为怎么能够称之为利益众生呢？"

闭口姓村长依言告辞来到佛陀住所，问讯之后坐在一旁就说道："瞿昙，您会不会为世人增长利益呢？我听说您常常赞叹那些能够为世人带来利益的人啦。"

佛陀说道："我在久远以来都在为世人增长利益而努力。"

闭口姓说道："如果说您在利益世人，那您缘何在这饥馑之时带着将近三千人云游四方穿洲过省去破坏他人利益呢？这样的行为还算得上是为世人增长利益吗？是如同天降冰雹摧损禾苗般损减世人利益吧？”

佛陀开示道：“我自观察九十一劫以来，没有任何一家是因布施熟食而使利益损减的。不信你且观察世间富豪之人拥有天下财富哪一位不是之前修行布施从而获得的果报呢？我之前就是因为能够尽心竭力修行布施，才会成就无上佛果。世间之所以能够摧坏世人财富，无外乎是八大因缘，第一是被统治者没收，二是被盗贼掠夺，三是被大火焚烧，四是被水淹没，五是被不孝之子挥霍掉，六是不善经营，七是不善理财，八是被人坑蒙拐骗。世人都知道财富之所以会消失，无外乎这八种因缘。而我说还有第九因缘，那就是无常变易。如果说沙门瞿昙会衰减而不增长他人利益，那是绝对不可能的。如果还执着于这种邪知邪见，这样的人就如同拍球一样，堕入地狱那是必然结果。”

闭口姓村长闻听此言，吓得汗毛倒竖，惊怖不已，连忙站起身来双膝跪在佛陀面前，顶礼佛足之后祈请皈命佛陀并说道：“我今以至真至诚之心向佛陀忏悔，我甚为愚痴如同婴儿。今在佛前说出虚妄不实下贱之语，惟愿大慈大悲的佛陀接受我真诚的忏悔。”

佛陀说道：“我知道你以真诚之心忏悔你所犯下的大罪。你刚才所作所为如同婴儿一般愚痴做出恶不善的行为，如今诚心忏悔就会使得善法增长恶法退灭。我如今悲悯你的缘故接受你的忏悔，以期令你善法增长不再退失。”

闭口姓村长听完佛陀的开示，心生欢喜，再一次顶礼佛足之后告辞而去。

（二七五）

有一段时间，佛陀住在了那罗乾陀城卖叠林中。

那里的村长名叫闭口姓，他听说佛陀来到了这里，就想去拜见佛陀，他想到：我要去拜见沙门瞿昙的话，应当先去我师父尼乾陀那里，然后才应该去到他那。想到此处，他随即来到尼乾陀住处，行完顶足礼之后坐在一旁。

尼乾陀说道：“我有一个方法能够令瞿昙就像抓钩勾住鱼嘴，想吐又吐不掉，想吞又吞不进去。”

闭口姓问道：“师父，我要如何去做才能够达到这个效果呢？”

尼乾陀教授道：“你去到他的住处就如是问他道：瞿昙，你有没有利益到世人呢？如果不能够为世人带来利益，那跟愚痴凡夫又有什么区别？如果说你利益世人，为什么不跟众生讲述开示一模一样的离苦得乐之正确方法。如此一来，那瞿昙就会如同鱼刺梗喉，吞不进去却又吐不出来。”

闭口姓依言来到佛陀住处，问讯已毕就问道：“瞿昙，您会不会为世人增长利益呢？我听说您常常赞叹那些能够为世人带来利益的人啦。”

佛陀说道：“我在久远以来都在为世人增长利益而努力。”

闭口姓说道：“如果说您在利益世人，那您为什么跟每一个人讲述开示的佛法都是不一致的呢？”

佛陀说道：“我来问你，你随意而答。世人有三种田，一种是土地肥沃，一种是既不肥沃但也不贫瘠，一种是非常贫瘠。那些农夫在播种时会选择什么样的田地去播种呢？”

闭口姓回答道：“那当然选择土地肥沃的先下种啊，因为只有这样才能够获得大利益。”

佛陀又问道：“然后呢？”

闭口姓回答道：“然后再去中等田地耕耘播种啊，当中等田地播种完毕之后，然后再根据种子情况去贫瘠土地随意播些种子。”

佛陀开示道：“我讲经说法时也跟耕耘播种一样。那些上等田地，就好比是我座下的比丘、比丘尼。我为他们讲述的佛法无论是从哪个角度来看都无一不善，具足一切义理，微妙满足，利益满足，能够显发清净梵行。那些比丘和比丘尼们听完我的说法后都能够依止在我门下，皈依我，依靠我，在我的指导下精勤修行。我为他们开示法眼，令他们能够如是观照诸法实相，从而能够安住在极乐境界之中。他们在我的指导下悉心修学，对我的开示信受奉行，尽心修学，使得能够获得无量无边的大利益，得到了真实义理和真实不虚的安乐。而我座下的在家男女二众的弟子，就好比世上的中等田地。我为他们讲述的佛法无论是从哪个角度来看都无一不善，具足一切义理，微妙满足，利益满足，能够显发清净梵行。那些在家弟子们听完我的说法后都能够依止在我门下，皈依我，依靠我，在我的指导下精勤修行。我为他们开示法眼，令他们能够如是观照诸法实相，从而能够安住在极乐境界之中。他们在我的指导下悉心修学，对我的开示信受奉行，尽心修学，使得能够获得无量无边的大利益，得到了真实义理和真实不虚的安乐。

“而贫瘠的田地就好比是其他教派的人，我也会为他们讲述开示无论是从哪个角度去解读都无一不善的佛法，而这些佛法都无一例外具足一切义理，微妙满足，利益满足，能够显发清净梵行。而那些人士会随着自己的根性去理解佛法，只要他们能够听进哪怕是一句话，理解其中哪怕是一小段的义理，都能够使得他们在未来的轮回中得到真实不虚的大利益。”

闭口姓村长赞叹道：“稀有瞿昙，您真是善于打比方。”

佛陀再度开示道：“为了说明这个问题，我再为你打一个比方。假如你家有三个盆子，一个是非常完美的盆子，一个是有点小小漏水的盆子，一个是又破又烂的盆子。当你要用来装水时，你会选择用哪个盆子？”

闭口姓回答道：“当然先用那个完好无损的盆子，再用那个有稍稍漏水的盆子。”

佛陀又问道：“然后呢？”

闭口姓回答道：“然后再往那个又破又烂但还勉强能用的盆子装水。”

佛陀开示道：“那完好无损的盆子就好比我座下的比丘和比丘尼，那稍稍漏水的盆子就好比是我座下那些在家的男女众弟子们，那又破又烂的盆子就好比那些其他教派的人。因为根性不一样，讲述的佛法也就会因根器的不同而会有所改变。但无论如何，我所讲述的法义无论是从哪个角度去解读都无一不善的佛法，而这些佛法都无一例外具足一切义理，微妙满足，利益满足，能够显发清净梵行。”

闭口姓村长闻听此言，吓得汗毛倒竖，惊怖不已，连忙站起身来双膝跪在佛陀面前，顶礼佛足之后祈请皈命佛陀并说道：“我今以至真至诚之心向佛陀忏悔，我甚为愚痴如同婴儿。今在佛前说出虚妄不实下贱之语，惟愿大慈大悲的佛陀接受我真诚的忏悔。”

佛陀说道：“我知道你以真诚之心忏悔你所犯下的大罪。你刚才所作所为如同婴儿一般愚痴做出恶不善的行为，如今诚心忏悔就会使得善法增长恶法退灭。我如今悲悯你的缘故接受你的忏悔，以期令你善法增长不再退失。”

闭口姓村长听完佛陀的开示，心生欢喜，再一次顶礼佛足之后告辞而去。

（二七六）

有一段时间，佛陀住在了那罗健陀城卖叠林中。有一天，结集论者村长心道：我如今不应当去见尼乾陀，而应当去拜见佛陀。想到此处，他随即出发来到佛陀住所，问候已毕坐在一旁。

佛陀问道：“你的师父尼乾陀平日里都为弟子们演说什么法义呢？”

村长回答道：“世尊，师父常常教导我们，如果一个人造就的杀业、盗取、邪淫、妄语等恶业时间很多的话，就必定堕入恶道在地狱之中。”

佛陀开示道：“如果真如你师父所说，那地狱等三恶道都空空如也无有众生。为什么呢？一切众生造就恶业的时间相比之下还是比较少的，不造恶业的时间还是比较多的。按照他的理论，地狱、饿鬼和畜生这三大恶道都不应该有任何人进入。”

村长想了想回答道：“确实如此，世尊。”

佛陀又开示道：

“世间有些见解是凡夫境地的人以自己的肤浅智慧和辩才为他的弟子们说如是法：如果一个造就杀生、盗取、邪淫和妄语等恶业时间一多，就必定堕入恶道投生在地狱。假如他的弟子们全盘接受了他的观点并信受奉行，那他们所接受的知见就属于邪知邪见。如果不能够舍弃这些邪知邪见，就不可能解除所有疑惑，对之前的所作所为就不能够心生忏悔。假如不能够以惭愧之心忏悔之前种种恶业，也就不能够改过向善，如此一来，也就不可能满足使本心得以从生死轮回解脱出来的智慧，进而就会以邪知邪见诽谤贤圣。”

佛陀接着开示道：“假如有人因为邪知邪见而堕入地狱，而一切众生的本心被尘垢所污染都是有因有缘的，也因为这些因缘，一切众生都因为业行而形成导致轮回的结使。假如有成就了无上正等正觉的如来出世，就会以种种因缘呵责杀生、盗取、邪淫和妄语等恶不善法，也同时赞叹那些导向善境的殊胜方法。有对佛陀建立了坚固不坏信仰的人对如来的开示深信不疑，就会对自己在这之前所作的诸多恶行心生惭愧并忏悔自责。因为惭愧忏悔的缘故，使得恶业得以解除疑虑和后悔，从而增进善业。也因为惭愧忏悔的缘故，从此以后再也不去造作种种恶行。因为杜绝十恶广行十善的缘故，使得能够圆满生死解脱的修行功德，从而不会去诽谤贤圣。因为不诽谤贤圣的缘故，就会建立正知正见。因为正知正见的缘故，使得身坏命终之后能够往生到善处甚至是天上。因为建立正知正见从而能够心生惭愧进而忏悔之前所作种种恶业的缘故，就能够净化一切众生的本心，也能够净化众生因为业行从而形成的罪业尘垢和结使。贤圣的弟子们从此之后再也不心生讥嫌，也不生嗔恚，更不会嫉妒而心生欢喜。因为欢喜的缘故，就会爱乐正法。因为爱乐正法的缘故，就会心身轻安。因为身心轻安的缘故，就会心安意定。因为心安意定的缘故，心中就会生起广大无边的慈念。因为慈念安住的缘故，就不会有怨恨讥嫌的恶不善法，从而不再出现嫉妒。因为善于修习慈念的缘故，使得能够将慈念遍满十方世界。作为修行人，就应当如是修习善心并安住在善行之中。”

开示到这里，佛陀随手拈起一点土放置在手中并问道：“是大地的土多？还是我手中的土多？”

村长回答道：“手中之土，极为稀少。不及大地之土的亿亿万万分之一，乃至于算术比喻都无法度量。”

佛陀继续开示道：“所有罪业就如同手上之土，那无尽慈念就如同大地之土。”

村长恍然大悟，说道：“如是，如是。如此一来，那恶业也就微乎其微了。这样的业力，是不能够牵引人堕入三大恶道之中，更不用说还要安住在那三大恶道之中了。修行慈悲喜舍的人所获得的功德，就如同大地之土，杀生、偷盗、邪淫和妄语所获得的罪业也就如同手中之土。”

当佛陀开示到这里，结集论者村长当即远离尘垢，成就了清净无染的法眼，知道、见到并掌握到离苦得乐的正确方法，除去了所有的疑惑，再也不会受他人误导蒙蔽。他当即站起身来，整理好衣服，恭恭敬敬双手合十说道：“世尊，我如今已经得度，我已经得度。从今往后我尽形寿皈依佛陀，皈依正法，皈依僧团，成为如来座下的在家弟子，尽其一生都以清净之心建立坚固不坏的信心。世尊，就好比有人为了名闻利养的缘故整日以粗恶之语辱骂他人，这样的行为是不但得不到心中所愿，更会失去已经得到的更多利益。我在此之前由于为了得到利益而去亲近那愚痴不善的尼乾陀，并以痴狂惑乱的心意去亲近他，恭敬他，供养他，我在他那里不但没有得到善利，反而因为他的误导使得我险些堕入地狱。如今幸蒙世尊救度于我，得以远离三大恶道。我再一次皈依佛陀，皈依正法，皈依僧团。我之前对尼乾陀所有的恭敬、信心、爱念都全部抛弃，我再一次再一次皈依佛陀，皈依正法，皈依僧团。从此以后知道身坏命终，都坚定不移地成为如来座下的在家弟子，再也不会生起不信的心念了。”

结集论者村长心生欢喜，顶礼佛足之后就告辞而去。

（二七七）

有一段时间，佛陀住在了舍卫国祇树给孤独园。

有一天，佛陀在讲堂给比丘们开示道：“世上有人所共知的三种马匹。一种马虽然能够跑起来速度很快，但身形却不是很好，有的马身形虽好，但奔跑不快。

有的马不光是跑得快，身形也是非常不错。对佛法知见的世人也分为三种，一种人如实了知苦集灭道四大圣谛从而建立了正知正见，断除了身见、戒取和疑惑这三大结使，证得了初果须陀洹圣果，再也不会经历三大恶道的轮回，在生死轮回的解脱路上再也不会退转，再经历七返人天的轮回就会出离证入涅槃了。这类人虽然修行很好，但对佛法没能够深入了解，对于他人的不解不能够作出如法如律的解析，讲经说法也是词不达意，不能表达。这类人福德稀少，投生之处贫贱困扰，连正常的生活必需都无法保障。

“第二种人虽然也证得了初果须陀洹圣果，讲经说法也能够如理如法，但福德稀少，连正常的生活必需都无法保障。第三种人不光是证得了须陀洹圣果，讲经说法也能够如理如法，就连福德也是非常多的，能够做到衣食无忧，大富丰饶。”

比丘们听完佛陀开示，皆大欢喜，信受奉行。

（二七八）

有一段时间，住在舍卫国祇树给孤独园的佛陀对比丘们开示道：“世上有三种马匹，有的马匹跑起来速度很快，但身形和驾驭则差很多。有的马匹身形和速度都很好，但是不好驾驭，而有的马匹无论是速度还是身形，或者是驾驭，都是非常好的。而如来座下的佛弟子们也是一样。有的人虽然如实了知苦集灭道四大圣谛从而建立了正知正见，断除了身见（我见）、戒禁取（誓守禁戒与禁忌）、疑（对正法的疑惑）、欲贪、嗔恚这五大结使，证得了三果阿那含圣果，在色界天身命终结之后就证入到涅槃境界，与三大恶道再也无缘了，但这类人对佛法还没能够深入了解，全面掌握，所以不能够如理如法宣说佛法。福报也是非常稀少，以至于连温饱都无法解决。有的人虽然证得了阿那含圣果，讲经说法也能够如理如法，但福报却是非常差。有的人不光是证得了阿那含圣果，讲经说法也是如理如法，福报也是非常大，获取名闻利养易如反掌，资财无有缺少。”

比丘们听完佛陀开示，皆大欢喜，信受奉行。

（二七九）

有一天，住在舍卫国祇树给孤独园的佛陀对弟子们开示道：“世上有三种马匹，有的马匹跑起来速度很快，但身形和驾驭则差很多。有的马匹身形和速度都很好，但是不好驾驭，而有的马匹无论是速度还是身形，或者是驾驭，都是非常之好的。而如来座下的佛弟子们也是一样。有的人虽然如实了知苦集灭道四大圣谛并已经彻底断尽爱欲、追求和无明这三大有漏之法，具足了导致生死解脱的知见，除尽了所有导致轮回的结使，本心得大自在，生死轮回到此为止，清净无染的梵行得以建立，应当圆满的修为已经圆满，再也不会在这世间投胎转世了，即身成就了阿罗汉圣果。但如果遇到有人请教法义则不能够圆满解答，讲经说法也是词不达意，福报也是非常差，经常化不到缘而缺衣少食。有的人虽证得了阿罗汉圣果，讲经说法也是如理如法，但福报非常差。还有一种人不光是证得了阿罗汉圣果，讲经说法也是如理如法，福报非常大，去到任何地方化缘总能够满载而归，衣食无忧。”

比丘们听完佛陀开示，皆大欢喜，信受奉行。

（二八〇）

有一天，住在舍卫国祇树给孤独园的佛陀对比丘们开示道：“世上有一种马应当为富贵人家骑乘，那种马就是跑得快，身相好，好驾驭的骏马。只要具足了三种特征的比丘，就应当接受世人的礼拜供养和赞叹。是哪三种特征呢？一是圆满受持种种圣戒，往返出入都具足相关威仪，对哪怕是细小如发的罪业都谨小慎微，生大恐怖而即时以惭愧之心忏悔所有恶行。二是心中未生的恶不善法使之不要生起，已经生起的想方设法使之消灭。已经生起的善法就发扬光大，尽善尽美。不曾生起的善法就想方设法使之生起并尽快付诸行动。第三是对苦集灭道四大圣谛如实了知。”

佛陀开示完毕，比丘们皆大欢喜，信受奉行。

（二八一）

有一段时间，佛陀住在了舍卫国祇树给孤独园。

有一天，佛陀如是开示比丘们道：“世上有四种良马可以供富贵人家骑乘。是哪四种骏马呢？第一是能够轻松驾驭，第二是速度非常快，三是能够忍受疲劳，四是性情温和。比丘，同样如此，只要你们具足四大特征，就可以接受世人的皈依、供养、礼拜和合掌恭敬，成为世间无上福田。是哪四大特征呢？第一是善于调伏内心的种种恶不善法使之能够轻松驾驭所有行为，第二是修行路上非常精进，第三是能够忍受一切羞辱和逆境，使之安住在大善境界之中，第四是性情温和，与世无争，德行出众。”

佛陀开示完毕，比丘们皆大欢喜，信受奉行。

（二八二）

有一段时间，佛陀住在了舍卫国祇树给孤独园。

有一天，佛陀开示道：“世上有四种马是值得世人骑乘的。第一种是见到鞭子的影子就会服服帖帖轻松驾驭。第二种是当鞭子抽打在毛皮之上就会服服帖帖供人驾驭。第三种是鞭子抽打在皮肉之上就会服服帖帖供人驾驭。第四种是被鞭子抽打得皮开肉绽才会服服帖帖供人驾驭。世人也分为四种，一种是当听说外地有人被生老病死忧悲苦恼所折磨，就会对世间深感厌恶，从而至心修习善行。一种人是当见到自己所在的地方有人在经历生老病死忧悲苦恼所折磨，就会对世间深感厌恶，从而至心修习善行。第三种人当见到自己的六亲眷属在经历生老病死忧悲苦恼所折磨，就会对世间深感厌恶，从而至心修习善行。第四种人是当自己亲身经历衰老、病变和种种忧悲苦恼时才会对世间深感厌恶，从而至心修习善行。”

佛陀开示完毕，比丘们皆大欢喜，信受奉行。

（二八三）

有一段时间，佛陀住在了舍卫国祇树给孤独园。

有一天，佛陀如是开示比丘们道：“世间有八种马匹是处处都能够见得到的。一种是当驾驭者想要骑马远行时那马通过种种手段抗拒不配合；一种是无论如何都不肯前进还毁坏东西；一种是不肯走正道偏向沟渠等窜行；一种是不顾骑者呵斥和鞭打回到了原点；一种是无论怎么鞭打都不肯前进一步；一种是鞭打之后居然后脚还站立起来试图摔下骑乘者；一种是不顾鞭打呵斥自顾跑回原处躺在地上不肯前行；一种是回到原处就此停住，无论如何都不肯前行半步。

“在佛法中修学的人群中也有八种类型的人。一种是同修之间在指出不足时就心生嗔恨道：你怎么会像小孩一样没有智慧呢？你遇事不能够观照自身，为何要来指责于我？第二种人是见到有人检举指出他的过错时，就会说道：你也有违犯过类似过错，要想我忏悔你必须先忏悔才能够来检举我的过错。第三种人就是听到有人检举于他时就会暴跳如雷，心生嗔恚。第四种人当遇到有人检举其过错就以不记得为由企图搪塞过去。第五种人是当遇到此类事情出现时就心无所忌收起衣钵扬长而去。第六种人是遇到有人检举时，就会高处而坐与他人诤论道理，并狂喊你们都曾犯过此类错误，为何单单扭住我不放？第七种人是遇到此类情况时就沉默不语，既不肯定，也不否定，既不忏悔，也不说明。第八种人当遇到此类情况时，就舍戒还俗，退失善根。当还俗之后就告知比丘们道：如今我还俗了，满足了你们的愿望了不？如今你们欢喜了不？”

佛陀开示完毕，在座的比丘们皆大欢喜信受奉行。

（二八四）

有一段时间，佛陀住在了舍卫国祇树给孤独园。

有一天，佛陀如是开示道：“有马具足八大特征就是转轮圣王所骑乘的。一种是出身名门；第二种是性情温良从不欺负其他马匹；第三种是饮食不挑不拣；第四种是讲究卫生，从不在不净之地生活；第五是协助马夫制伏调教其他烈马；第六是能够担负重担而不会避重就轻；第七是走路专走中间而不会乱走；第八是就算是生病或者是即将死亡，都会竭尽全力任劳任怨。

“作为贤圣的比丘，也同样具足八大特征。一是具足威仪，圆满受持圣戒，就算是云游在世间，也是秋毫无犯。哪怕是误犯微小过错，都心生畏惧，即时忏悔。对受持的圣戒就好比是瞎了一只眼睛的人就会小心呵护另外一只眼睛一样。第二是具足所有善法，自始至终都不会惊扰同修，跟同修之间和睦相处。第三是对饮食不挑不拣，不挑肥拣瘦。第四是见到种种恶法不清净，就会心生厌恶，进而远离身口意三大不善之业，呵责恶法，鄙视导致下贱的行为。第五是当遇到自身有违犯戒律行为发生时，就会在佛前陈述过错，也会在同修面前自揭其短，忏悔行为。第六是见到同修有违犯戒律的时候，就会警醒自己切莫重蹈覆辙。第七是修习超凡入圣的八大正道，不走任何邪径。第八是就算是自身被病痛或者是死亡所折磨，修行依然是精勤无懈，心意坚固，不曾妄动。对离苦得乐的正法追求依然是心无厌足和疲倦。这八种人在身坏命终之后都能够生到善境之中，在佛法中得到最真实的利益。”

佛陀开示完毕，在座的比丘们皆大欢喜信受奉行。

（二八五）

有一段时间，佛陀住在了那提迦国盆寔迦精舍。有一天，佛陀对大迦旃延尊者开示道："作为修行人，务要保持心安意定，切莫散乱。应当调摄六根，不使追逐外境。不要跟那些恶马一样六根散乱，心中只有水草，其他不作理会。如果是得不到吃的，就会狂乱。有些人追随于欲念结使，因为贪欲的缘故使得多有讥嫌嗔恚之心，欲觉也就随之生起，从而使得恼害和恶不善的感觉也就相应生起。因为这些因缘，就找不到出离三界不再轮回的正确解决方案，也就无从知道爱欲的本来面目。假如有人沉迷于睡眠，意念也就紊乱，种种烦恼也就随之生起。也因为这个因缘，也就无法掌握离苦得乐的解决之道。也有人在修行的过程中经常心意浮躁静不下来，是以对诸法实相不能够分别清楚。而之所以会如此，心意散乱浮躁才是主因，所以才会无法掌握离苦得乐的解决之道。有些人疑心非常重，就算是正确方法也都是疑虑重重，是以才无法掌握离苦得乐的解决之道。

"那些骏马被拴在圈里时，其心思都不在水草之中，更不会去搞什么破坏。就好比有些人心无欲结，只有清净念想。因为不被欲想所染着，也就不会生成掉举、后悔、疑惑和昏沉的覆盖。因为本心不被种种恶不善法所覆盖的缘故，也就能够全面掌握离苦得乐的正确方法。只要本心不依止在地水火风空之中，也不依止在无色界之中；在禅修的过程中，既不依止在今生今世，也不依止在未来世之中，不依止在日月星辰，不依止所见所闻，不依止获取的知识，不依止智慧，不依止心外境界，不依止种种感觉，从而获得无所依止的禅定。假如有比丘不依止心外境地从而得到深度禅定，三十三天自在之主释提桓因乃至于色界诸天的天人们都会合掌恭敬尊重皈依是人。"

当时，佛陀身后的薄迦梨尊者听到这里，不禁心生疑惑道："世尊，那我们在禅修的过程中要依止什么呢？"

佛陀开示道："比丘在修习深度禅定的时候，就应当观照心中所有外境都是虚伪不实，都是因缘和合而生有种种名。观察万有在缘起之前都是本来空寂虚无，无论是正法或者是非法都是不存在的。而这种深度禅定，是世人无论如何也理解不了的。"

佛陀开示完毕，大迦旃延尊者本心当即远离尘垢，得到清净无染的法眼，再也不会被种种外境所蒙蔽。薄迦梨尊者当即断尽烦恼和轮回的结使，不再投生在这三界六道，证得了阿罗汉圣果。

比丘们听完佛陀开示，皆大欢喜信受奉行。

（二八六）

有一段时间，佛陀住在了迦毗罗卫国的尼拘陀林。

有一天，释摩男来到佛陀住所，顶礼佛足之后坐在一旁请教道："世尊，在家的男众佛弟子指的是什么呢？惟愿如来为我开示。"

佛陀开示道："在家人皈依三宝之后就是在家的男众佛弟子，就跟你一样。"

释摩男再度请教道："世尊，在家男众佛弟子要如何建立坚固不坏的信仰呢？"

佛陀开示道："对如来深生信心并安住其中，富贵不能淫，威武不能屈，贫贱不能移，无论是天、魔，还是外道，都不能够改变他的信仰。这样的信仰就属于坚固不坏。"

释摩男又请教道："世尊，在家男众佛弟子应当遵守什么戒律呢？"

佛陀开示道："不伤害有情众生，不盗取他人财物，不乱搞男女关系，不打妄语以及不饮用酒类。这就是在家男众弟子应该受持的五大戒律。"

释摩男又请教道："世尊，要如何去修行布施才算得上是具足呢？"

佛陀开示道："在家弟子应当舍弃悭贪。一切众生，皆被悭贪和嫉妒所覆盖，是以佛弟子应当远离和舍弃悭贪和嫉妒等恶不善意念，而生放舍之心，以清净之心亲自布施而无有疲乏和厌倦。这就是布施具足的体现。"

释摩男又请教道："世尊，要如何才能够算得上是智慧具足呢？"

佛陀开示道："如实了知苦集灭道四大圣谛的真相，就是智慧具足。"

在场的比丘们听完佛陀的开示，皆大欢喜信受奉行。

（二八七）

有一段时间，佛陀住在了迦毗罗卫国尼拘陀林。

有一天，释摩男带着五百位在家男众佛弟子来到了佛陀住所，顶礼佛足之后坐在一旁而后说道："世尊，如您所说，作为在家的男众佛弟子的定义是：在家的人具备大丈夫之智，皈命于三宝，自称是在家佛弟子的人，要如何才能够证得须陀洹圣果乃至阿那含圣果呢？"

佛陀开示道："断除身见、禁戒和疑惑这导致轮回的三大结使，就属于证得须陀洹圣果的人，从此以后尽未来际都不会堕落到三大恶道之中，在生死解脱的修行路上再也不会退转，对佛法僧三宝建立了坚固不坏的心念，再经历七次的人天轮回就会出离三界不再轮回。这就是男居士证得须陀洹圣果的简略情况。"

释摩男又问道："那要如何才能够证得斯陀含圣果呢？"

佛陀开示道："断除身见、禁戒和疑惑这导致轮回的三大结使，淫欲、嗔恚和愚痴已经非常稀薄的人，就属于证得斯陀含圣果的人。"

释摩男又请教道："证得阿那含果的人又是怎么样的呢？"

佛陀开示道："如能彻底断除身见（我见）、戒禁取（誓守禁戒与禁忌）、疑（对正法的疑惑）、欲贪、嗔恚这五大导致堕落结使，就属于证得阿那含圣果的人。"

释摩男和五百位在家男众佛弟子听了佛陀的开示，皆大欢喜，随即说道："世尊，您的开示甚为稀有。我们这些在家人也都能够证得如此圣果，那么天下人都应当成为在家的佛弟子。"

释摩男和五百位男居士说完之后，顶礼佛足之后就告辞而去。在场的比丘们听完佛陀开示，皆大欢喜信受奉行。

（二八八）

有一段时间，佛陀住在了迦毗罗卫国尼拘陀林。

有一天，摩诃男来到佛陀住处，顶礼佛足之后坐在一旁请教道："世尊，在家的男众佛弟子指的是什么呢？惟愿如来为我开示。"

佛陀开示道："在家人皈依三宝之后就是在家的男众佛弟子，就跟你一样。"

摩诃男接着请教道："世尊，要如何才能够圆满修行？"

佛陀开示道："作为在家的佛弟子，虽然对佛法僧三宝建立了坚固不坏的信仰，但也必须圆满受持五戒。在戒律受持圆满之后，还要具足布施。"

摩诃男回答道："世尊，如今我已经圆满具足了这三大必备条件。"

佛陀开示道："具足这三大条件还是不够的，还要经常去到塔寺亲近僧团。"

摩诃男回答道："世尊，我也经常去到塔寺亲近僧团。"

佛陀接着开示道："尽管如此，还是不够的，还要经常听经闻法。"

摩诃男回答道："世尊，我也经常去到塔寺听僧众们讲经说法。"

佛陀说道："只是光听还是不够的，还必须接受才可以。光接受还是不行的，还需要深解义趣才可以。光懂得其中的义理还不够，还需要不折不扣地修正身口意行为才可以。摩诃男，在家的佛弟子们因为对佛法僧三宝有着坚固不坏信心的缘故，就能够圆满受持戒律，随之就能够具足布施之心，也就能够经常去到塔寺听经闻法。因为广学多闻深入经藏的原因，就能够全面接受正法的熏陶，进而深解其中的义理，从而能够在身口意三大方面修正所有的行为。只有如此次第孜孜不倦地修学，才能够圆满修行。"

摩诃男再度请教道："世尊，在家佛弟子具足什么样的条件是属于自身得到利益而未能够使得他人得到利益呢？"

佛陀开示道："有八个条件。一是自身对佛法僧建立了坚固不坏的信心，但没能够教导他人也同样如此。二是自身能够圆满受持圣戒，但没能够教导他人也是同样如此。三是自己修行布施，却没能够引导他人也来修习布施。四是自己去塔寺亲近比丘，没能够带着他人同样如此去做。五是自己能够时时听经闻法，却没有带领他人一起去。六是自己能够接受正法，却没能够引导他人也是如此。七是自己懂得其中的义理，但没能够与他人分享。八是自身能够如法修行，却没能够影响到他人如法修行。具足这八大条件，就属于虽利益自身却不能够利益他人的表现。"

摩诃男又请教道："世尊，要如何去做才能够利益自身的同时也利益到他人呢？"

佛陀开示道："具足十六个特征，就属于自利利他了。自己对佛法僧三宝具足坚固不坏的信心，还同时影响他人也同样具足坚固不坏的信心。自己圆满受持圣戒，也劝导他人能够同样圆满受持圣戒。自己经常去到塔寺亲近比丘，也动员他人前去塔寺亲近比丘。不光是自己广学多闻听经闻法，也愿他人一起去同沾法喜。不光是自己懂得其中的义理，还能够不厌其烦地为他人讲述其中的义理使之同样能够明白。不光是自己能够如法如律修行，也带着他人一起共同学习进步。能够具足这十六大特征，就属于自利利他的人。无论是哪个阶层的佛弟子，只要能够如是修行，就能够为所在之处的世人带来莫大光明，除去冥闇，这样的人也属于稀有难逢的人。"

佛陀开示完毕，摩诃男顶礼佛足之后就告辞而去。在场的比丘们听完佛陀的开示，皆大欢喜信受奉行。

（二八九）

有一段时间，佛陀住在了迦毗罗卫国的尼拘陀林。

有一天，释摩男来到佛陀住所，顶礼佛足之后坐在一旁请教道："世尊，这座城市非常繁华，人口众多，车水马龙。我一直在想一个问题，万一我遭遇飞来横祸之时，一时之间忘记念佛、念法和念僧，在我身坏命终之后会投生在哪里呢？会受到什么果报呢？"

佛陀开示道："就算是遇到飞来横祸时一时之间没能够反应过来忘记忆念三宝的情况下身坏命终，魂神也会往生在善处而不会堕入三大恶道，更不会遭受恶报。就好比一棵大树，从小到大都是朝东方长的，就算是遇到砍伐也会朝着东方倒去。你一直以来都在修习善行，怎么可能堕入恶道而遭受恶报呢？"

释摩男听完佛陀的开示，顶礼佛足之后就告辞而去。在座的比丘们听完佛陀的开示，皆大欢喜信受奉行。

（二九〇）

有一段时间，佛陀住在了迦毗罗卫国的尼拘陀林。

有一天，释摩男来到佛陀住处，顶礼佛足之后坐在一旁请教道："世尊，作为比丘，在修行路上想要出离三界不再轮回，求证阿罗汉境界证入涅槃，要如何去修行呢？"

佛陀开示道："作为比丘，想要了断生死不再轮回，成就阿罗汉圣位求证涅槃境界，就必须修习六大观念。就好比一个身体羸瘦的人为了自身的快乐就进食美食一样。是哪六大观念呢？一是忆念佛陀的名号和独有的十大德行，这十大德行是：如来、应供、正遍知、明行足、善逝、世间解、无上士、调御丈夫、天人师、佛陀、世尊。在忆念佛陀名号和独有的无上十大美德时，心中就不会有贪欲、嗔恚和愚痴这三毒念想，只有清净质朴的心。因为心意清净质朴，就会得到正确方法和义理，由此而得以亲近佛，使得心生欢喜。因为心生欢喜的缘故，就会一身轻松。因为一身轻松的缘故，就会心安意定。因为心安意定，对所有怨家和亲族就会以平等之心去对待，不会有怨憎恩爱之念想。因为心意安住在平等之中，就会停留在正法里修正心意使之安住在忆念佛陀，从而趣向涅槃界。这就是念佛的真谛。

“第二大观念就是忆念正法。所谓的正法，指的是如来的所有功德，和独有的十大智力和无所怖畏，能够证入到涅槃境界的正确方法。而这些方法是广大智者所自知和得以验证切实可行的。作为佛陀座下的弟子，就应当如是修习念法。当心意安住在念法的境界中时，心中就不会有贪欲、嗔恚和愚痴这三毒念想，只有清净质朴的心。因为心意清净质朴，就会得到正确方法和义理，由此而得以亲近佛，使得心生欢喜。因为心生欢喜的缘故，就会一身轻松。因为一身轻松的缘故，就会心安意定。因为心安意定，对所有怨家和亲族就会以平等之心去对待，不会有怨憎恩爱之念想。因为心意安住在平等之中，就会停留在正法里修正心意使之安住在忆念正法，从而趣向涅槃界。这就是念法的真谛。

“第三是忆念佛陀座下的僧团弟子。这些弟子们在如来的指导下得到了离苦得乐的正确方法，能够为世人作优良福田。什么人才是优良福田呢？那些即将和已经证得须陀洹圣果的，即将和已经证得斯陀含圣果的，即将和已经证得阿那含圣果的，即将和已经证得阿罗汉圣果的这些四双八辈圣贤。这些人具足圣戒的受持、禅定的修习、解脱所必备的知见和已经从三界六道的轮回中解脱出来。对于这些圣者，就应当接受世人的恭敬合掌。因为忆念僧团弟子的缘故使得心意安住在念法的境界中时，心中就不会有贪欲、嗔恚和愚痴这三毒念想，只有清净质朴的心。因为心意清净质朴，就会得到正确方法和义理，由此而得以亲近于佛，使得心生欢喜。因为心生欢喜的缘故，就会一身轻松。因为一身轻松的缘故，就会心安意定。因为心安意定，对所有怨家和亲族就会以平等之心去对待，不会有怨憎恩爱之念想。因为心意安住在平等之中，就会停留在正法里修正心意使之安住在忆念僧团，从而趣向涅槃界。这就是念僧的真谛。

“什么是念戒呢？指的是对于如来所制定的圣戒不毁坏，不缺失，不夹杂，不使染着尘埃，远离恐惧戒，不盗戒，使本心清净的戒和具足一切善行戒。当如是忆念所有禁戒时，心中就不会有贪欲、嗔恚和愚痴这三毒念想，只有清净质朴的心。因为心意清净质朴，就会得到正确方法和义理，由此而得以亲近佛，使得心生欢喜。因为心生欢喜的缘故，就会一身轻松。因为一身轻松的缘故，就会心安意定。因为心安意定，对所有怨家和亲族就会以平等之心去对待，不会有怨憎恩爱之念想。因为心意安住在平等之中，就会停留在正法里修正心意使之安住在忆念圣戒，从而趣向涅槃界。这就是念戒的真谛。

“如何修行念施呢？指的是将自己心爱之物以清净平等之心布施给他人能够

获得无量无边的善利。而世间众生本心被悭贪所覆蔽，拔一毛以利天下之举都不肯为之。而我今日能够如是布施，得以远离悭贪这样的尘垢，将一切所有都毫无吝惜之心用作布施。当布施完毕之后，我的内心就会充满欢喜，就像是举办了一场大型祭祀法会一样。把属于自己的财富奉献出来布施给他人，能够如是修习心意的人，在现世之中就会得到正法和真理。因为亲近布施的缘故，心中就不会有贪欲、嗔恚和愚痴这三毒念想，只有清净质朴的心。因为心意清净质朴，就会得到正确方法和义理，由此而得以亲近布施，使得心生欢喜。因为心生欢喜的缘故，就会一身轻松。因为一身轻松的缘故，就会心安意定。因为心安意定，对所有怨家和亲族就会以平等之心去对待，不会有怨憎恩爱之念想。因为心意安住在平等之中，就会停留在正法里修正心意使之安住在忆念布施，从而趣向涅槃界。这就是忆念布施的真谛。

“又要如何修习念天呢？所谓的念天，指的是想念四天王天、忉利天、夜摩天、兜率天、化乐天、他化自在天这欲界六天以及色界诸天的天众。这些诸天的天人们是因为信心和因缘之力才得以往生在这些天界。既然他们都能够如此，那我也在对佛法僧三宝有着坚固不坏的心念、圆满受持圣戒、广修供养、广学多闻启迪智慧的前提下也能够同样往生在这诸天。他们都是因为这些功德得以生天，那我也在具足这些功德的前提下也同样能够。因为心中安住想念诸天的缘故，心中就不会有贪欲、嗔恚和愚痴这三毒念想，只有清净质朴的心。因为心意清净质朴，就会得到正确方法和义理，由此而得以亲近于诸天，使得心生欢喜。因为心生欢喜的缘故，就会一身轻松。因为一身轻松的缘故，就会心安意定。因为心安意定，对所有怨家和亲族就会以平等之心去对待，不会有怨憎恩爱之念想。因为心意安住在平等之中，就会停留在正法里修正心意使之安住在想念诸天，从而趣向涅槃界。这就是想念诸天的真谛。

“摩诃男，如果还在修学之初的比丘们想要成就阿罗汉圣果的修持证入到涅槃境界，就必须以真诚之心修学这六大观念。因为能够修习这六大观念的缘故，才能够断尽所有烦恼，本心才能够得以解脱。也只有通过这样的修持，才能够自我宣称：导致轮回的结使已经断尽，清净无染的梵行得以建立，应当具足的修行都已经圆满，再也不会在这三界六道中投胎转世了。”

佛陀开示完毕，摩诃男和在座的比丘们皆大欢喜信受奉行。

（二九一）

有一年，在迦毗罗卫国的尼拘陀林结夏安居的比丘们在临近结束时为佛陀缝制衣服，当比丘们把衣服缝制完毕之后就要在佛陀的带领下云游他方。释摩男听说后来到佛陀住所，顶礼佛足之后就说道：“世尊，我今日听说您和比丘们不久之后就要离开我们这里云游四方，心中颇为失落，就连听经闻法都是心不在焉，闷闷不乐的，也不知道什么时候才能够再见到您和比丘们。”

佛陀开示道：“就算是我和比丘们去到其他地方，你想见到如来和比丘还是非常容易的。只要你能够以清净法眼至心观察世间万有的绝对真相，经常修习五大方面，就等于时时都与如来和比丘同在。是哪五大方面呢？第一是圆满具足对佛法僧三宝的坚定信心，如此一来就能够随顺如来的教诲。如果不能够圆满具足坚定信心，那随顺如来教导就一定会是空话。第二是圆满受持导致清净的圣戒就能够随顺如来的教诲，如果不是，就不可能随顺如来的教导。第三是因为深入经藏广学多闻的缘故使得能够随顺如来的教诲。如果不能，就一定不能随顺如来的教导。第四是在悭吝的情况下是不能够修行布施的，能够修行布施的那是因为有舍心。第五是能够启迪智慧的并非是愚痴，那是因为心有智慧才能够洞悉诸法实相。正因为如此，要想见到佛陀和比丘，就应当精勤修习这五大方面和六大观念。只要能够如是修持，就等于我和比丘常在眼前。而所谓的僧指的是关系和合的人。”

释摩男听完佛陀的开示，欢欢喜喜顶礼佛足之后告辞而去。

（二九二）

有一天，释摩男来到迦毗罗卫国尼拘陀园林中佛陀住所，顶礼佛足之后坐在一旁请教道：“世尊，如果我没有理解错如来所说法义的话，因为心定的缘故才能够从三界六道的轮回中解脱出来。如果是这样的话，我就有些不明白了。世尊，是心先安定而后才解脱呢？还是解脱之后心才安定呢？还是一时之间同时发生呢？当心意安定并从中解脱出来之后就安住在不生不灭寂静清凉的涅槃境界。是这样吗？世尊。”

佛陀沉默不语。

如此连问三遍，佛陀都是以沉默应对。

站在佛陀身后的阿难尊者见状想到：如今释摩男问的法义属于殊胜微妙的佛

法，而如今世尊大病初愈，还没有恢复完毕，故此不能够解释他的疑惑。我当为他演说其中的义理，使之心悦诚服乘兴而来高兴而去。想到此处，阿难尊者说道：“如来所讲述的经法，固然包括修行者在修学过程中所必须受持的戒律，但也包括成就圣果之后所必须注意的戒律。既包括修学过程中所必须修持的禅定，也开示成就圣果之后所必须修持的禅定。既包括修学过程中所必须具足的智慧，也包括成就圣果之后所必须具足的智慧。既包括导致解脱的修学方法，也包括解脱之后的修学方法。”

释摩男问道：“这是为什么呢？”

阿难尊者开示道：“如来座下的圣众在日常修学过程中特别注意圆满受持戒律，具备出家人所必须的威仪。无论是行住坐卧，还是时时刻刻在在处处，都能够小心谨慎，防微杜渐。就算是违犯了小小过错，都会心生怖畏，及时以惭愧之心忏悔业行。这就是圆满持戒的特征。修行者厌恶于爱欲和种种恶不善法，远离五欲之乐而成就了四禅八定的修持。这就是禅。如实了知苦集灭道的真理，建立了正知正见，断除了身见、禁戒、疑惑、嗔恚和贪欲这五大导致堕落的结使，在身坏命终之后化生到色界诸天，在色界身命终结之后就会证入到涅槃境界。这样的修学者所成就的果位就是阿那含圣果，这样的人再也不会来到这欲界投生了。这就是学戒、学定、学智慧和解脱的简略情况。而他们断尽了一切有为之法再也没有任何烦恼得到了解脱的智慧从而使得本心从三界六道的轮回中解脱出来，即身成就了阿罗汉圣果，证知了涅槃境界，知道自己导致生死的结使已经断尽，清净无染的梵行得以建立，应当具足的修为都已经圆满，再也不会在这世间投胎转世了。这就是无学戒、无学定、无学慧、无学解脱的简略情况。”

释摩男听完阿难尊者的开示，心生欢喜，顶礼佛足之后就告辞而去。

释摩男走后不远，佛陀问阿难道：“这迦毗罗卫国的比丘们在与这里的人民探讨法义时有没有涉及如此深远的义理呢？”

阿难尊者回答道：“有的，世尊。他们在一起时经常探讨如此深远的义理。”

佛陀赞叹道：“善哉善哉。这里的人民都得到了极大的善利，因为他们能够深度理解到如此甚深的义理，这义理就如同所有圣贤的智慧之眼。”

在场的比丘们皆大欢喜，信受奉行。

（二九三）

有一段时间，佛陀住在了迦毗罗卫国的尼拘陀园林中。

有一天，粗手释来到了摩诃男住处问道："如来说证得须陀洹圣果的人必须具足几大坚固不坏的信心？"

摩诃男回答道："据我所知，如来说证得须陀洹圣果的人必须对佛陀、正法、僧团和圣戒这四大建立坚固不坏的信心。"

粗手释说道："你不能够这样说的，如来只是说过对佛陀、正法和僧团建立起这三种坚固不坏的信心，而没有提到圣戒这一说。"

摩诃男说道："如来确实是这样说的。"

粗手释就此事和摩诃男争执起来了，双方都各执一词，谁也说服不了谁。于是都来到佛陀住所，顶礼佛足之后摩诃男就把之前所发生的事情原原本本告诉了佛陀，并祈请佛陀开示。

粗手释随即站起身来，双手合十说道："世尊，假设佛陀、僧团之中比丘或者是比丘尼，乃至于男女居士、天人、魔众或者是梵天，这世界所有的人都不教我皈命于佛，我也都会一心一意皈依于佛、法、僧这世间三宝。"

佛陀问摩诃男道："当你听到这样的话时，你又打算如何去回答人家呢？"

摩诃男回答道："世尊，对于这样的现象，我也不能够说什么了。这世间，除了佛陀和正法，也就再也没有其他善处。假如远离了佛法，也就再无真理显现之处了。没有善处，真理也就不再显现了。"

佛陀又开示摩诃男道："你从今往后，就应当如是理解这四大不坏之信的真谛了。对佛陀、正法、僧团建立起坚固不坏信心之后就应当对一切贤圣所遵守的戒律依教奉行。"

粗手释听完佛陀的开示，恍然大悟，即时了知真理所在。摩诃男和粗手释听完佛陀的开示，皆大欢喜，顶礼佛足之后就告辞而去。

（二九四）

有一段时间，佛陀住在了迦毗罗卫国的尼拘陀园林中。

有一天，聚集在一起的释迦族的人们在讨论佛法时问摩诃男道："证道无有先后。那粗手释被如来授记将证得须陀洹圣果，在人天之间往返七次就会登陆涅槃境界。而那粗手释毁犯禁戒，好酒贪杯。对于这样的人佛陀都授记他将证得须陀洹圣果，既然如此，证道何来前后呢？你不如带着我们的疑问去请教世尊吧。”

摩诃男依言来到佛陀住所，顶礼佛足之后就把之前的纷争原原本本告诉了佛陀并请佛陀开示。

佛陀开示道：“世人皆称呼我为善逝世尊，而我确确实实也是善逝。因为称呼我为善逝的缘故，他们的心目中就会生起善逝的心念。而如来座下成就正知正见的弟子们，就更会称言我为善逝。皈依在佛法僧三宝门下的弟子们，会很快掌握到智慧，从而厌离世间万有，进而找到究竟的离苦得乐之法，再也不会经历三大恶道的轮回，从一切有为之法中彻底解脱了出来。安住在圣戒的受持之中，以世出世间般若智慧的见解断尽了所有烦恼，这样的人就属于修持禅定之力从而解脱的阿罗汉圣者。而那些依靠智慧从而解脱的阿罗汉们是不会依靠禅定之力解脱的。那些证得阿那含圣果的人虽然成就了禅定力量的修持，但未断尽所有烦恼，所以才会在色界诸天身命终结之后证入到涅槃境界。那些三宝弟子再也不会经历三大恶道的轮回，对于如来所传承的教法能够信受奉行，就是属于见道。有些弟子能够随顺佛陀教法依教奉行从而解脱，就属于信解脱。有些弟子虽然对佛陀的开示深信不疑，但世间习气依然还很重。尽管如此，依然还在坚持修习信根、精进根念根、定根和慧根这五大根本，这也是圣贤弟子不会堕落三大恶道的根本原因。有些贤圣弟子虽然对佛陀的开示半信半疑，但也能够坚持修习信根、精进根念根、定根和慧根这五大根本，这样的弟子也不会堕落三大恶道。摩诃男，假使这娑罗树林能够理解我所说的话，我也会授记他们证得须陀洹圣果。我当初之所以授记粗手释会证得须陀洹圣果，那是因为所违犯的不是四大根本之戒，而是遮戒。他在身坏命终之际会用心忏悔之前的过错，因为忏悔的缘故，戒律也就会完具，从而证得须陀洹圣果。人非圣贤，孰能无过？只要能够以惭愧之心忏悔之前所有的恶不善行，就能够苦海无边回头是岸。为什么就不能够授记粗手释将会证得须陀洹果位呢？”

摩诃男听说佛陀的开示，心生欢喜，顶礼佛足之后就告辞而去。

（二九五）

有一天，佛陀来到毗舍离猕猴陂岸的大讲堂中。当地有四十位比丘都安住在寺院，身着他人遗弃的衣服，以化缘维持生计，都处在修学阶段还没能够远离种种爱欲。这四十位比丘来到佛陀面前顶礼佛足之后坐在一旁，佛陀观察他们的根基于是想到：我应当根据他们的根基开示相应的方法，使他们就在这座位之上能够大彻大悟断尽导致轮回的结使和烦恼。

想到此处，佛陀就开示道："比丘们，你们应当知道，生死轮回无穷无尽，无人能知其根源。一切众生皆为无明所覆盖，在爱欲等结使驱使下长劫轮回在无穷无尽、生生死死、死死生生之中，在此之前追溯到无量久远劫以来所遭受的痛苦也是无人能知，就好比那流入大海的恒河之水一样。比丘们，我问你们，轮回过程中所流出的鲜血多呢？还是那恒河之水多？"

比丘们回答道："世尊，根据您的开示，我们如果没有理解错的话，无量劫轮回以来所流出的鲜血远远多过恒河和四大海洋之水的总和。"

佛陀赞叹道："善哉善哉。你们在过去世的轮回中，投生在大象时被他人截断鼻子耳朵等所遭受伤害时流出的鲜血都是不可计量，更何况在投生成为牛、马、骡、驴、骆驼、猪、鸡、犬等禽兽时被伤害所流出的鲜血。比丘，色身、感受、思想、行为和意识是永恒不变的还是无常变易的呢？"

比丘们回答道："世尊，属于无常变易。"

佛陀又问道："既然无常，那带来的是痛苦还是不痛苦呢？"

比丘们回答道："世尊，因为无常，所以痛苦。"

佛陀又问道："既然属于无常变易之法，那贤圣弟子还会不会认为那是我或者是我安住之处呢？"

比丘们回答道："世尊，既然明白这个道理，那就不会出现这样的邪知邪见了。"

佛陀开示道："善哉善哉。既然无常，那就肯定不是我，更不会是我安住之所。只要能够建立如实知见，就会以智慧观察到：无论是古往今来，还是内外远近，只要是有为之法，都无不处在无常变易之中。只要是无常变易，那就一定不是我，更不是我能够安住之所。当建立如实知见之后，就是多闻的体现。就会对一切有为之法心生厌恶，从而远离种种爱欲，进而从中解脱出来。因为解脱，所以具足解脱所具备的知见。当知见一旦建立，就知道自己导致轮回的结使已经断尽，清净无染的梵行得以建立，应当圆满的修行都已经圆满，再也不会在这世间投胎转世了。"

佛陀开示完毕，这四十位比丘当即证得阿罗汉圣果，本心得以解脱，再也不会经历轮回了。

在座的其他比丘们听完佛陀开示，皆大欢喜信受奉行。

（二九六）

有一段时间，佛陀住在了舍卫国祇树给孤独园。

有一天，佛陀如是开示比丘们道："比丘们，你们应当知道，生死轮回无穷无尽，无人能知其根源。一切众生皆为无明所覆盖，在爱欲等结使驱使下长劫轮回在无穷无尽、生生死死、死死生生之中，在此之前追溯到无量久远劫以来所遭受的痛苦也是无人能知，就好比那流入大海的恒河之水一样。比丘们，我问你们，轮回过程中忧悲哭泣所流出的泪水多呢？还是那恒河之水多？"

比丘们回答道："世尊，根据您的开示，我们如果没有理解错的话，无量劫轮回以来所流出的泪水远远多过恒河和四大海洋之水的总和。"

佛陀开示道："在这之前追溯到无量久远劫轮回中所面对父母兄弟姐妹妻室儿女等等六亲眷属的生离死别以及财物损失乃至于在生活中种种不如意所遭受痛苦折磨时流出的眼泪总量是无法用言语能够形容得了的，就好比那洪水之后江面所漂流的杂物一样堵塞了水道。而爱的聚沫能够遮止世人成为贤圣的修行之道，正是因为爱，才会辗转投生在地狱、饿鬼、畜生等种种恶处。"

开示道这里，佛陀问道："比丘，色身、感受、思想、行为和意识是永恒不变的还是无常变易的呢？"

比丘们回答道："世尊，属于无常变易。"

佛陀又问道："既然无常，那带来的是痛苦还是不痛苦呢？"

比丘们回答道："世尊，因为无常，所以痛苦。"

佛陀又问道："既然属于无常变易之法，那贤圣弟子还会不会认为那是我或者是我安住之处呢？"

比丘们回答道："世尊，既然明白这个道理，那就不会出现这样的邪知邪见了。"

佛陀开示道："善哉善哉。既然无常，那就肯定不是我，更不会是我安住之所。只要能够建立如实知见，就会以智慧观察到，无论是古往今来，还是内外远近，只要是有为之法，都无不处在无常变易之中。只要是无常变易，那就一定不是我，更不是我能够安住之所。当建立如实知见之后，就是多闻的体现。就会对一切有为之法心生厌恶，从而远离种种爱欲，进而从中解脱出来。因为解脱，所以具足解脱所具备的知见。当知见一旦建立，就知道自己导致轮回的结使已经断尽，清净无染的梵行得以建立，应当圆满的修行都已经圆满，再也不会在这世间投胎转世了。”

佛陀开示完毕，在座的其他比丘们听完佛陀开示，皆大欢喜信受奉行。

（二九七）

有一段时间，佛陀住在了舍卫国祇树给孤独园。

有一天，佛陀如是开示比丘们道：“比丘们，你们应当知道，生死轮回无穷无尽，无人能知其根源。一切众生皆为无明所覆盖，在爱欲等结使驱使下长劫轮回在无穷无尽、生生死死、死死生生之中，在此之前追溯到无量久远劫以来所吸食的母乳也多过流入大海的恒河之水一样。比丘们，我问你们，轮回过程中所吸食的母乳多呢？还是那恒河之水多？”

比丘们回答道：“世尊，根据您的开示，我们如果没有理解错的话，在无量劫轮回以来所吸食的母乳远远多过恒河和四大海洋之水的总和。”

佛陀开示道：“在这之前追溯到无量久远劫轮回中所投生的各种形体时吸食的母乳总量是无法用言语能够形容得了的，就好比那洪水之后江面所漂流的杂物一样堵塞了水道。而爱的聚沫能够遮止世人成为贤圣的修行之道，正是因为爱，才会辗转投生在地狱、饿鬼、畜生等种种恶处。”

开示道这里，佛陀问道：“比丘，色身、感受、思想、行为和意识是永恒不变的还是无常变易的呢？”

比丘们回答道：“世尊，属于无常变易。”

佛陀又问道：“既然无常，那带来的是痛苦还是不痛苦呢？”

比丘们回答道：“世尊，因为无常，所以痛苦。”

佛陀又问道：“既然属于无常变易之法，那贤圣弟子还会不会认为那是我或者是我安住之处呢？”

比丘们回答道：“世尊，既然明白这个道理，那就不会出现这样的邪知邪见了。”

佛陀开示道：“善哉善哉。既然无常，那就肯定不是我，更不会是我安住之所。只要能够建立如实知见，就会以智慧观察到，无论是古往今来，还是内外远近，只要是有为之法，都无不处在无常变易之中。只要是无常变易，那就一定不是我，更不是我能够安住之所。当建立如实知见之后，就是多闻的体现。就会对一切有为之法心生厌恶，从而远离种种爱欲，进而从中解脱出来。因为解脱，所以具足解脱所具备的知见。当知见一旦建立，就知道自己导致轮回的结使已经断尽，清净无染的梵行得以建立，应当圆满的修行都已经圆满，再也不会在这世间投胎转世了。”

佛陀开示完毕，在座的其他比丘们听完佛陀开示，皆大欢喜信受奉行。

（二九八）

有一段时间，佛陀住在了舍卫国祇树给孤独园。

有一天，佛陀如是开示比丘们道：“比丘们，你们应当知道，生死轮回无穷无尽，无人能知其根源。一切众生皆为无明所覆盖，在爱欲等结使驱使下长劫轮回在无穷无尽、生生死死、死死生生之中，在这生死苦海沉沦的过程中所遭受的痛苦是不可计算的。假使有人把天下草木都剁成小节，然后用小节来计算在此之前无量劫轮回以来的生身父母，都是不可能算得清的。”

佛陀问道：“比丘，色身、感受、思想、行为和意识是永恒不变的还是无常变易的呢？”

比丘们回答道：“世尊，属于无常变易。”

佛陀又问道：“既然无常，那带来的是痛苦还是不痛苦呢？”

比丘们回答道：“世尊，因为无常，所以痛苦。”

佛陀又问道：“既然属于无常变易之法，那贤圣弟子还会不会认为那是我或者是我安住之处呢？”

比丘们回答道：“世尊，既然明白这个道理，那就不会出现这样的邪知邪见了。”

佛陀开示道：“善哉善哉。既然无常，那就肯定不是我，更不会是我安住之所。只要能够建立如实知见，就会以智慧观察到：无论是古往今来，还是内外远近，只要是有为之法，都无不处在无常变易之中。只要是无常变易，那就一定不是我，更不是我能够安住之所。当建立如实知见之后，就是多闻的体现。就会对一切有为之法心生厌恶，从而远离种种爱欲，进而从中解脱出来。因为解脱，所以具足解脱所具备的知见。当知见一旦建立，就知道自己导致轮回的结使已经断尽，清净无染的梵行得以建立，应当圆满的修行都已经圆满，再也不会在这世间投胎转世了。是以，你们应当认真修学，早日了脱生死不再轮回。”

在座的其他比丘们听完佛陀开示，皆大欢喜信受奉行。

（二九九）

有一段时间，佛陀住在了舍卫国祇树给孤独园。

有一天，佛陀如是开示比丘们道：“比丘们，你们应当知道，生死轮回无穷无尽，无人能知其根源。一切众生皆为无明所覆盖，在爱欲等结使驱使下长劫轮回在无穷无尽、生生死死、死死生生之中，在这生死苦海沉沦的过程中所遭受的痛苦是不可计算的。假使有人把整个大地的土都搓成小粒，然后用小粒来计算在此之前无量劫轮回以来所生身的父母，都是不可能算得清的。”

佛陀问道：“比丘，色身、感受、思想、行为和意识是永恒不变的还是无常变易的呢？”

比丘们回答道：“世尊，属于无常变易。”

佛陀又问道：“既然无常，那带来的是痛苦还是不痛苦呢？”

比丘们回答道：“世尊，因为无常，所以痛苦。”

佛陀又问道：“既然属于无常变易之法，那贤圣弟子还会不会认为那是我或者是我安住之处呢？”

比丘们回答道：“世尊，既然明白这个道理，那就不会出现这样的邪知邪见了。”

佛陀开示道：“善哉善哉。既然无常，那就肯定不是我，更不会是我安住之所。只要能够建立如实知见，就会以智慧观察到，无论是古往今来，还是内外远近，只要是有为之法，都无不处在无常变易之中。只要是无常变易，那就一定不是我，更不是我能够安住之所。当建立如实知见之后，就是多闻的体现。就会对一切有为之法心生厌恶，从而远离种种爱欲，进而从中解脱出来。因为解脱，所以具足解脱所具备的知见。当知见一旦建立，就知道自己导致轮回的结使已经断尽，清净无染的梵行得以建立，应当圆满的修行都已经圆满，再也不会在这世间投胎转世了。是以，你们应当认真修学，早日了脱生死不再轮回。”

在座的其他比丘们听完佛陀开示，皆大欢喜信受奉行。

（三〇〇）

有一段时间，佛陀住在了舍卫国祇树给孤独园。

有一天，佛陀如是开示比丘们道："比丘们，你们应当知道，生死轮回无穷无尽，无人能知其根源。一切众生皆为无明所覆盖，在爱欲等结使驱使下长劫轮回在无穷无尽、生生死死、死死生生之中，在这生死苦海沉沦的过程中所遭受的痛苦是不可计算的。当你们用心观察就会发现，这世间所有的快乐你们在此之前都已经体会过非常多，乃至不可计算。而这些所谓的快乐，都已经成为过眼云烟，不复存在。"

佛陀问道："比丘，色身、感受、思想、行为和意识是永恒不变的还是无常变易的呢？"

比丘们回答道："世尊，属于无常变易。"

佛陀又问道："既然无常，那带来的是痛苦还是不痛苦呢？"

比丘们回答道："世尊，因为无常，所以痛苦。"

佛陀又问道："既然属于无常变易之法，那贤圣弟子还会不会认为那是我或者是我安住之处呢？"

比丘们回答道："世尊，既然明白这个道理，那就不会出现这样的邪知邪见了。"

佛陀开示道："善哉善哉。既然无常，那就肯定不是我，更不会是我安住之所。只要能够建立如实知见，就会以智慧观察到，无论是古往今来，还是内外远近，只要是有为之法，都无不处在无常变易之中。只要是无常变易，那就一定不是我，更不是我能够安住之所。当建立如实知见之后，就是多闻的体现。就会对一切有为之法心生厌恶，从而远离种种爱欲，进而从中解脱出来。因为解脱，所以具足解脱所具备的知见。当知见一旦建立，就知道自己导致轮回的结使已经断尽，清净无染的梵行得以建立，应当圆满的修行都已经圆满，再也不会在这世间投胎转世了。是以，你们应当认真修学，早日了脱生死不再轮回。"

在座的其他比丘们听完佛陀开示，皆大欢喜信受奉行。

（三〇一）

有一段时间，佛陀住在了舍卫国祇树给孤独园。

有一天，佛陀如是开示比丘们道：“比丘们，你们应当知道，生死轮回无穷无尽，无人能知其根源。一切众生皆为无明所覆盖，在爱欲等结使驱使下长劫轮回在无穷无尽、生生死死、死死生生之中，在这生死苦海沉沦的过程中所遭受的痛苦是不可计算的。当你们用心观察就会发现，这世间所有的痛苦你们在此之前都已经体会过非常多，乃至不可计算。而这些所谓的痛苦，一直伴随着轮回之路如影随形，在在处处都在折磨煎熬人的心识。”

佛陀问道：“比丘，色身、感受、思想、行为和意识是永恒不变的还是无常变易的呢？”

比丘们回答道：“世尊，属于无常变易。”

佛陀又问道：“既然无常，那带来的是痛苦还是不痛苦呢？”

比丘们回答道：“世尊，因为无常，所以痛苦。”

佛陀又问道：“既然属于无常变易之法，那贤圣弟子还会不会认为那是我或者是我安住之处呢？”

比丘们回答道：“世尊，既然明白这个道理，那就不会出现这样的邪知邪见了。”

佛陀开示道：“善哉善哉。既然无常，那就肯定不是我，更不会是我安住之所。只要能够建立如实知见，就会以智慧观察到，无论是古往今来，还是内外远近，只要是有为之法，都无不处在无常变易之中。只要是无常变易，那就一定不是我，更不是我能够安住之所。当建立如实知见之后，就是多闻的体现。就会对一切有为之法心生厌恶，从而远离种种爱欲，进而从中解脱出来。因为解脱，所以具足解脱所具备的知见。当知见一旦建立，就知道自己导致轮回的结使已经断尽，清净无染的梵行得以建立，应当圆满的修行都已经圆满，再也不会在这世间投胎转世了。是以，你们应当认真修学，早日了脱生死不再轮回。”

在座的其他比丘们听完佛陀开示，皆大欢喜信受奉行。

（三〇二）

有一段时间，佛陀住在了舍卫国祇树给孤独园。

有一天，佛陀如是开示比丘们道：“比丘们，你们应当知道，生死轮回无穷无尽，无人能知其根源。一切众生皆为无明所覆盖，在爱欲等结使驱使下长劫轮回在无穷无尽、生生死死、死死生生之中，在这生死苦海沉沦的过程中所遭受的痛苦是不可计算的。当你们用心观察就会发现，这世间所有的恐惧你们在此之前都已经体会过非常多，乃至不可计算。而这些所谓的恐惧，一直伴随着轮回之路如影随形，在在处处都在折磨煎熬人的心识。”

佛陀问道：“比丘，色身、感受、思想、行为和意识是永恒不变的还是无常变易的呢？”

比丘们回答道：“世尊，属于无常变易。”

佛陀又问道：“既然无常，那带来的是痛苦还是不痛苦呢？”

比丘们回答道：“世尊，因为无常，所以痛苦。”

佛陀又问道：“既然属于无常变易之法，那贤圣弟子还会不会认为那是我或者是我安住之处呢？”

比丘们回答道：“世尊，既然明白这个道理，那就不会出现这样的邪知邪见了。”

佛陀开示道：“善哉善哉。既然无常，那就肯定不是我，更不会是我安住之所。只要能够建立如实知见，就会以智慧观察到，无论是古往今来，还是内外远近，只要是有为之法，都无不处在无常变易之中。只要是无常变易，那就一定不是我，更不是我能够安住之所。当建立如实知见之后，就是多闻的体现。就会对一切有为之法心生厌恶，从而远离种种爱欲，进而从中解脱出来。因为解脱，所以具足解脱所具备的知见。当知见一旦建立，就知道自己导致轮回的结使已经断尽，清净无染的梵行得以建立，应当圆满的修行都已经圆满，再也不会在这世间投胎转世了。是以，你们应当认真修学，早日了脱生死不再轮回。”

在座的其他比丘们听完佛陀开示，皆大欢喜信受奉行。

（三〇三）

有一段时间，佛陀住在了舍卫国祇树给孤独园。

有一天，佛陀如是开示比丘们道：“比丘们，你们应当知道，生死轮回无穷无尽，无人能知其根源。一切众生皆为无明所覆盖，在爱欲等结使驱使下长劫轮回在无穷无尽、生生死死、死死生生之中，在这生死苦海沉沦的过程中所遭受的痛苦是不可计算的。当你们用心观察就会发现，这世间所有的爱乐皆源于爱欲之心从而生起亲爱之念。你们应当知道，在此之前追溯到无量劫以来你们对父母兄弟妻子或者是师长所生起的亲爱非常多，乃至不可计算。而这些所谓的亲爱之心，一直伴随着轮回之路如影随形，在在处处都在愉悦人的心识。”

佛陀问道：“比丘，色身、感受、思想、行为和意识是永恒不变的还是无常变易的呢？”

比丘们回答道：“世尊，属于无常变易。”

佛陀又问道：“既然无常，那带来的是痛苦还是不痛苦呢？”

比丘们回答道：“世尊，因为无常，所以痛苦。”

佛陀又问道：“既然属于无常变易之法，那贤圣弟子还会不会认为那是我或者是我安住之处呢？”

比丘们回答道：“世尊，既然明白这个道理，那就不会出现这样的邪知邪见了。”

佛陀开示道：“善哉善哉。既然无常，那就肯定不是我，更不会是我安住之所。只要能够建立如实知见，就会以智慧观察到，无论是古往今来，还是内外远近，只要是有为之法，都无不处在无常变易之中。只要是无常变易，那就一定不是我，更不是我能够安住之所。当建立如实知见之后，就是多闻的体现。就会对一切有为之法心生厌恶，从而远离种种爱欲，进而从中解脱出来。因为解脱，所以具足解脱所具备的知见。当知见一旦建立，就知道自己导致轮回的结使已经断尽，清净无染的梵行得以建立，应当圆满的修行都已经圆满，再也不会在这世间投胎转世了。是以，你们应当认真修学，早日了脱生死不再轮回。”

在座的其他比丘们听完佛陀开示，皆大欢喜信受奉行。

（三〇四）

有一段时间，佛陀住在了舍卫国祇树给孤独园。

有一位婆罗门来到佛陀住所，问候已毕坐在一旁请教道：“世尊，未来之世还有多少位佛陀会出世？”

佛陀回答道：“还有无量恒河沙数那么多的佛陀出现于世。”

婆罗门心道：既然如此，我不如等到未来诸佛出世后再修习梵行。想到此处，他站起身来顶礼佛足之后就告辞而去。行走不远，婆罗门又想到：我为什么不问问在此之前有多少位佛陀出世过呢？想到此处，他赶紧回头去到佛陀面前又问道：“世尊，在此之前有多少位佛陀已经出世了呢？”

佛陀开示道：“在此之前也有无量恒河沙数那么多的佛陀已经出世过。”

婆罗门心想：既然在此之前那么多的佛陀出世我都没能够遇到，如今为何要空过呢？我应当跟随佛陀出家修习梵行才是。想到此处，他恭恭敬敬双手合十祈请道："世尊，惟愿您大慈大悲，允许我出家在佛法中修习梵行。"

佛陀恩准了。这位婆罗门出家之后，就独处在闲静之地精勤修习，不久之后即断除了生死而证得了阿罗汉圣果。

（三〇五）

有一段时间，佛陀住在了王舍城毗富罗山中。

有一天，佛陀如是开示比丘们道："一个人在一劫的时间里轮回转世过程中所投生的身体毁坏之后的白骨如果说不坏的话，其堆积广度和高度就已经高过这毗富罗山了。所以贤圣弟子们应当随时如实了知苦集灭道四大圣谛的绝对真理，从而断除身见、禁戒和疑惑这三大导致轮回的结使，证得须陀洹圣果，再也不会经历三大恶道的轮回，在生死轮回解脱路上再也不会退转，在七返人天之后就会登陆涅槃境界。"

比丘们听完佛陀的开示，皆大欢喜信受奉行，顶礼之后就告辞而去。

（三〇六）

有一段时间，佛陀住在了王舍城祇树给孤独园。

有一天，佛陀如是开示比丘们道："一个人在一劫的时间里轮回转世过程中所投生的身体毁坏之后的白骨如果说不坏的话，其堆积广度和高度就已经无量无边了。贤圣弟子们应当随时如实了知苦集灭道四大圣谛的绝对真理，从而断除身见、禁戒和疑惑这三大导致轮回的结使，证得须陀洹圣果，再也不会经历三大恶道的轮回，在生死轮回解脱路上再也不会退转，在七返人天之后就会登陆涅槃境界。"

当时，有一位婆罗门站起身来双手合十请教道："世尊，一劫的时间是多久呢？"

佛陀说道："就算是我跟你详细介绍一劫的时间到底是多久，恐怕你也无法知道其真相。"比丘请教道："世尊，可以打一个比方吗？"

佛陀说道："好啊，就好比长宽高都是一由旬的铁城，里面装满了芥子，有人每过一百年取走其中的一颗，那城中的芥子被取得干干净净，一劫依然还没有到尽头。所以，一劫的时间是非常久远的。一劫的时间是如此久远，而在轮回中所经历的劫数是不可计算，乃至于百千亿万。其中的苦恼是无量无边，所经历的痛苦煎熬也不可计算。那如同聚沫般的血肉之躯辗转在地狱、饿鬼、畜生和人道险恶之处是无法计算的。是以，你们应当收心摄意，断除后有，远离世间万有而不再轮回。比丘们，你们应当如是修学。”

比丘们听完佛陀的开示，皆大欢喜信受奉行。

（三〇七）

有一段时间，佛陀住在了王舍城祇树给孤独园。

有一天，佛陀如是开示比丘们道：“一个人在一劫的时间里轮回转世过程中所投生的身体毁坏之后的白骨如果说不坏的话，其堆积广度和高度就已经无量无边了。贤圣弟子们应当随时如实了知苦集灭道四大圣谛的绝对真理，从而断除身见、禁戒和疑惑这三大导致轮回的结使，证得须陀洹圣果，再也不会经历三大恶道的轮回，在生死轮回解脱路上再也不会退转，在七返人天之后就会登陆涅槃境界。”

当时，有一位婆罗门站起身来双手合十请教道：“世尊，一劫的时间是多久呢？”

佛陀说道：“就算是我跟你详细介绍一劫的时间到底是多久，恐怕你也无法知道其真相。”比丘请教道：“世尊，可以打一个比方吗？”

佛陀说道：“好啊，就好比一块长宽高达由旬且严实无缝的特硬石头，有人每隔一百年就用绸布轻轻拂拭一下。直到那石头被擦得灰飞烟灭，一劫的时间依然还未到头。正因为如此，我才会说一劫之长非常久远。而在一劫之中，众生受尽的折磨与痛苦无穷无尽，那如同聚沫般的血肉之躯辗转在地狱、饿鬼、畜生和人道险恶之处是无法计算的。是以，你们应当收心摄意，断除后有，远离世间万有而不再轮回。比丘们，你们应当如是修学。”

比丘们听完佛陀的开示，皆大欢喜信受奉行。

（三〇八）

有一段时间，佛陀住在了王舍城祇树给孤独园。

有一天的法堂之上，有一位比丘站起身来整理好衣服，双手合十跪在佛前说道："世尊，在此之前已经过了多少劫呢？"

佛陀说道："我可以为你说，但你未必能够理解。"

比丘祈请道："世尊，可以为我打一个比方吗？"

佛陀开示道："可以。好比有人每天早晨、中午和黄昏各忆念百千劫的事情，就算是日日坚持长达百年，也都不可能忆念到劫数的边际。而在无量阿僧祇劫之中，众生受尽的折磨与痛苦无穷无尽，那如同聚沫般的血肉之躯辗转在地狱、饿鬼、畜生和人道险恶之处是无法计算的。是以，你们应当收心摄意，断除后有，远离世间万有而不再轮回。比丘们，你们应当如是修学。"

比丘们听完佛陀的开示，皆大欢喜信受奉行。

（三〇九）

有一天，住在舍卫国祇树给孤独园的佛陀如是开示弟子们道："比丘们，你们应当知道，生死轮回无穷无尽，无人能知其根源。一切众生皆为无明所覆盖，在爱欲等结使驱使下长劫轮回在无穷无尽、生生死死、死死生生之中，在这生死苦海沉沦的过程中所遭受的痛苦是不可计算的。当你们用心观察就会发现，在这茫茫大地，无一不是你们曾经生老病死的地方，贤圣弟子们应当随时如实了知苦集灭道四大圣谛的绝对真理，从而断除身见、禁戒和疑惑这三大导致轮回的结使，证得须陀洹圣果，再也不会经历三大恶道的轮回，在生死轮回解脱路上再也不会退转，在七返人天之后就会登陆涅槃境界。是以，你们应当收心摄意，断除后有，远离世间万有而不再轮回。比丘们，你们应当如是修学。"

比丘们听完佛陀的开示，皆大欢喜信受奉行。

（三一〇）

有一天，住在舍卫国祇树给孤独园的佛陀如是开示弟子们道："比丘们，你们应当知道，生死轮回无穷无尽，无人能知其根源。一切众生皆为无明所覆盖，在爱欲等结使驱使下长劫轮回在无穷无尽、生生死死、死死生生之中，在这生死苦海沉沦的过程中所遭受的痛苦是不可计算的。当你们用心观察就会发现，这世间无一人不曾做过你们的父母兄弟姐妹妻子眷属乃至老师长辈，无一人不曾伤害过你们，也无一人不曾吃过你们的肉。贤圣弟子们应当随时如实了知苦集灭道四大圣谛的绝对真理，从而断除身见、禁戒和疑惑这三大导致轮回的结使，证得须陀洹圣果，再也不会经历三大恶道的轮回，在生死轮回解脱路上再也不会退转，在七返人天之后就会登陆涅槃境界。是以，你们应当收心摄意，断除后有，远离世间万有而不再轮回。比丘们，你们应当如是修学。”

比丘们听完佛陀的开示，皆大欢喜信受奉行。

（三一一）

有一天，住在舍卫国祇树给孤独园的佛陀开示比丘们道：“天上下雨时的雨滴落在了地上，砸起的水泡随生随灭。而世间的生生死死也是如此，速生速死而无一刻宁日，无始以来所经历的生死也都是如此。是以，你们应当收心摄意，断除后有，远离世间万有而不再轮回。比丘们，你们应当如是修学。”

比丘们听完佛陀的开示，皆大欢喜信受奉行。

（三一二）

有一天，住在舍卫国祇树给孤独园的佛陀如是开示弟子们道：“比丘们，你们应当知道，生死轮回无穷无尽，无人能知其根源。一切众生皆为无明所覆盖，在爱欲等结使驱使下长劫轮回在无穷无尽、生生死死、死死生生之中，在这生死苦海沉沦的过程中所遭受的痛苦是不可计算的。当你们用心观察就会发现，十方世界在经历成住坏空的过程中，茫茫众生都生生死死辗转在其中，曾经投生过的世界无量无边，难以计算。是以，你们应当收心摄意，断除后有，远离世间万有而不再轮回。比丘们，你们应当如是修学。”

比丘们听完佛陀的开示，皆大欢喜信受奉行。

（三一三）

有一天，住在舍卫国祇树给孤独园的佛陀如是开示弟子们道：“比丘们，你们应当知道，生死轮回无穷无尽，无人能知其根源。一切众生皆为无明所覆盖，在爱欲等结使驱使下长劫轮回在无穷无尽、生生死死、死死生生之中，在这生死苦海沉沦的过程中所遭受的痛苦是不可计算的。当你们用心观察就会发现，人生就像是抛掷木棍，一时是根部着地，一时是头部着地，有的是堕落不净之地，有的是堕在清净之处。由于众生被无明覆蔽，随着业力的牵引或往生在天上．或在人中，或堕地狱，或在饿鬼，或成畜生，或在阿修罗道之中。也因为这个道理，无量劫以来生死轮回在三界六道之中。是以，你们应当收心摄意，断除后有，远离世间万有而不再轮回。比丘们，你们应当如是修学。”

比丘们听完佛陀的开示，皆大欢喜信受奉行。

（三一四）

有一天，住在舍卫国祇树给孤独园的佛陀如是开示比丘们道：“人生就好比是六根辐条的车轮，在强有力的业力牵引下辗转着地，随转随走。而众生之所以会在三界六道中无休止轮回，全是因无明覆蔽所致。是以，你们应当收心摄意，广行十善，杜绝十恶，断除后有，远离世间万有而不再轮回。比丘们，你们应当如是修学。”

比丘们听完佛陀的开示，皆大欢喜信受奉行。

（三一五）

有一段时间，佛陀住在了王舍城的毗富罗山下。

有一天，佛陀如是开示比丘们道：“世间万有无不处在无常变易之中而无一刻安住之时，非常靠不住。因为这个现象，作为出家人的你们，应当对世间万有的本来面目保持绝对的清醒并发自内心的厌恶这虚伪无主的本性，从而远离种种爱欲一起早日从三界六道无尽轮回中解脱出来。拘留孙如来驻世时期，当时人均寿命四万岁，这山的名字叫婆耆半阇，这王舍城当时的名字叫帝弥罗。当时的人们想要爬上这座山需要四天时间。尽管拘留孙如来讲述的经法无一不善，具足清白梵行所有的特征。但随着时光的飞逝，拘留孙如来已经示灭，当时的人民都已经不在人间。当拘那含如来驻世时期，当时的世人平均年龄是三万岁，这山的名字叫朋迦。当时的人们要想爬上这山，需要三天时间。而到了迦叶如来驻世时期，这座山的名字就叫善边，国家的名字叫赤马，当时世人的平均寿命只有两万岁了。而如今，这座山的名字叫毗富罗，国家的名字叫摩竭提，人民的寿命就只有一百岁左右了。人民要想上这座山，只需要一小会就可以往返了。如今我释迦文如来出现于世，也同时具足应供、正遍知、明行足、善逝、世间解、无上士、调御丈夫、天人师、佛陀和世尊这十大只有诸佛才具有的无上德行。我为众生演说了无量经典，无论从哪个角度和时空去解读，都无一不善，义理深远无有杂乱，具足了所有导致清净无上梵行的特征。尽管如此，这山的名字和国人，在不久之后都会归于空寂，而我也在不久之后就会证入涅槃。也因为这些义理，世间万有无不处在无常变易之中而无一刻安宁之时，最终都会归于空寂。也因为这些现象的存在，作为出家人的你们，应当对世间万有的本来面目保持绝对的清醒并发自内心的厌恶这虚伪无主的本性，从而远离种种爱欲一起早日从三界六道无尽轮回中解脱出来。”

开示到这里，佛陀又总结道：“世间万有无不处在生住异灭的过程中，而这无常变易的本相带给世人的只不过是没完没了的痛苦。当导致生灭的因缘彻底灭尽之后，才能够证入到不生不灭寂静清凉的涅槃境界从而安住在极乐境界之中。”

比丘们听完佛陀的开示，皆大欢喜信受奉行。

（三一六）

有一段时间，佛陀住在王舍城迦兰陀竹林精舍。

有一天，有一位名叫犊子的梵志来到佛陀住所，问候已毕坐在一旁请教道：“世尊，我有些许疑问一直没有搞明白，可否向您请教呢？”

佛陀说道：“有什么问题你就尽管问吧。”

犊子请教道：“世尊，这身体和我是一回事吗？”

佛陀回答道：“对于这样的问题我一律是不予回答的。”

犊子又请教道：“那身体和我分别是不同的主体吗？”

佛陀回答道：“对于这样的问题我也是一律不予回答的。”

犊子又请教道：“既然您对这两个问题都不回答，那您为什么又能够记说某某弟子在这人间身坏命终之后又投生在了何处呢？如果您能够记说有往生之处，就必然是身体遗留在此，而那个所谓的我就往生在六道之中。既然如此，那身体和我就分属不同的主体了。”

佛陀开示道：“我说过有追求就会有投生，如果没有追求，也就不会有投生。就好比火，如果有追求则会有火生出。如果没有追求，也就不会有火苗了。”

犊子说道：“瞿昙，我也见过在没有任何追求的情况下会突发大火。”

佛陀问道：“那你是怎样见到的呢？”

犊子回答道：“我见过熊熊大火燃烧起之后，有些火焰会离开火堆在虚空之中燃烧。”

佛陀说道：“那样的火焰也是有追求的。”

犊子不明白，又请教道：“那火苗追求什么呢？”

佛陀开示道："那是因为风力的缘故，火焰才能够在虚空之中燃烧。假如没有风，火焰也就不会窜上虚空。"

犊子说道："瞿昙，我觉得这个比方不是很恰当。火跟人不是一回事吧？为什么呢？当生命终结之后，身体遗留在这世间，而意念则投生在三界六道中。那么，在这之间又有什么追求呢？"

佛陀开示道："在身坏命终之际，因为追求于贪爱的缘故才会有投生。世间之中一切众生都乐于追随贪爱，才会在三界六道中沉沦。而如来因为不再追随于贪爱，所以才会证得无上正等正觉。"

犊子听完佛陀的开示，很是欢喜，说道："我一直以来的心病今日得以圆满解决。世尊，我要回去了。"

佛陀说道："梵志，你随意吧。"

犊子生大欢喜，信受奉行。

（三一七）

有一段时间，佛陀住在了王舍城迦兰陀竹林精舍。

有一天，犊子梵志来到了大目犍连尊者住处，问候已毕坐在一旁请教道："为什么佛门中人请教死后往生的事情佛陀都保持沉默，而其他教派的人去请教佛陀，佛陀都会随意而说。就这个问题我也曾经向佛陀请教过，佛陀也是回避这个问题。这是为什么呢？"

大目犍连尊者回答道："其他教派的修行人不知道色身、感受、思想、行为和意识这五蕴都是因缘和合而生，不知道因缘违和而灭，不知道这五蕴的绝对真相，不知道沉迷其中的危害，不知道如何才能够摆脱这五蕴。因为不知道这五蕴的绝对真相，所以才会执着于五蕴，才会关心身坏命终之后投生的五蕴和合之身。而如来如实了知五蕴的绝对真相，从而不再有任何追求。佛陀也深知有情众生之所以会轮回转世的一切真相。如此甚深微妙的法义，是言语所无法阐述得清楚的。事实上，无论怎么轮回，其心本相都是不生不灭，不垢不净，不增不减，无来无去，没有任何形象的，一直都安住在寂灭清净的涅槃境界之中。"

犊子梵志听完大目犍连尊者的开示，心生欢喜，信受奉行。

（三一八）

有一段时间，佛陀住在了王舍城迦兰陀的竹林精舍。

有一天，犊子梵志来到佛陀住所，问候已毕坐在一旁请教道：“为什么佛门中人请教死后往生的事情您都保持沉默，而其他教派的人去请教您，您都会随意而说。就这个问题我也曾经请教过，而您也是回避这个问题。这是为什么呢？”

佛陀开示道：“其他教派的修行人不知道色身、感受、思想、行为和意识这五蕴都是因缘和合而生，不知道因缘违和而灭，不知道这五蕴的绝对真相，不知道沉迷其中的危害，不知道如何才能够摆脱这五蕴。因为不知道这五蕴的绝对真相，所以才会执着于五蕴，才会关心身坏命终之后投生的五蕴和合之身。而如来如实了知五蕴的绝对真相，从而不再有任何追求。佛陀也深知有情众生之所以会轮回转世的一切真相。如此甚深微妙的法义，是言语所无法阐述得清楚的。也正因为这个因缘，其他教派的修行人问到我这个问题，我就随意回答他们。而如来座下的弟子问到这个问题时，因为这个问题毫无意义，是以我都避而不谈。”

犊子说道：“稀有，瞿昙，您和您的弟子所回答的内容都是一致的，基本上等无差别。我之前曾经去请教过大目犍连尊者，而他也是这样回答我的。正因为如此，我才赞叹如此稀有难逢的教法，这样的教法我之前是从来就没有听说过，其义理随顺于真相，您和您的弟子回答也是如此尽善尽美。”

犊子梵志心生欢喜，告辞而去。

（三一九）

有一段时间，僧提迦旃延尊者住在了那提城群寔迦所住之处。

有一天，犊子梵志因事来到了那提城，办完俗事后就来到了僧提迦旃延尊者住处，问候已毕坐在一旁说道：“尊者，我有些疑惑想要请教您，如果您有充足的时间就允许我提问并为我解说吧！”

尊者回答道：“犊子，你问吧，我知无不言。”

犊子请教道：“沙门瞿昙当遇到其他教派的人来问死后往生的问题，他都能够如实回答准确的去处。而佛门弟子来问此类问题，他总是避而不谈呢？”

尊者开示道：“我来问你，你就随意而答。当一个人导致生死的因缘已尽，不造恶行，断尽其轮回根本，从而证入到不生不灭的涅槃境界，如来还会说那人往生到什么去处了吗？”

犊子回答道：“如果是这样的话，那就不可能在三界中有任何的往生去处了。因为当修行者证入到涅槃境界之后，如来就不可能说他往生的去处了。”

犊子很是欢喜问道："尊者，您成为佛弟子多久了？"

尊者回答道："我出家才三年。"

犊子赞叹不已道："您真是获得了无量无边的大善利，具足了世出世间的大智慧成就了辩才无碍。年纪轻轻就能够修到如此境界，真是稀有难逢啊。尊者，我还有些俗务需要处理，就此告辞了。"

尊者说道："你随意吧。"

犊子梵志听完尊者的开示，欢欢喜喜告辞而去。

（三二〇）

有一段时间，佛陀住在了王舍城迦兰陀竹林精舍。

有一天，犊子梵志来到佛陀住所，问候已毕坐在一旁说道："世尊，我有些疑惑想要请教您，如果您有充足的时间就允许我提问并为我解说吧！"

佛陀回答道："你问吧。"

犊子请教道："当遇到其他教派的人来问死后往生的问题，您都能够如实回答准确的去处。而佛门弟子来问此类问题，您却是避而不谈呢？"

佛陀开示道："我来问你，你就随意而答。当一个人导致生死的因缘已尽，不造恶行，断尽其轮回根本，从而证入到不生不灭的涅槃境界，如来还会说那人往生到什么去处了吗？"

犊子回答道："如果是这样的话，那就不可能在三界中有任何的往生去处了。因为当修行者证入到涅槃境界之后，如来就不可能说他往生的去处了。"

犊子很是欢喜，连声赞叹道："您真是稀有难逢啊。同样的问题，您和您座下的弟子回答基本上是一致的。就此事我之前去拜访过僧提迦旃延尊者，他也是这样回答我的。这样的教法是我之前不曾听闻过的，其义理也与真相相吻合，您的开示真是太好了。"

犊子梵志说完这段话，就高高兴兴告辞而去。

（三二一）

有一段时间，佛陀住在了王舍城灵鹫山的迦兰陀竹林精舍。

有一天，犊子梵志来到佛陀住所，问候已毕坐在一旁请教道："瞿昙，一切众生到底有没有一个不变的真我呢？"

佛陀沉默不语。

犊子又请教道："是不是没有一个不变的真我呢？"

佛陀依然沉默不语。

犊子见状心道："我之前咨询过很多问题，瞿昙都是沉默不语，回避了我的提问。"

当时，站在佛陀身后的阿难尊者见状随即说道："世尊，您为何对犊子所问的问题沉默不语呢？如果您再不回答他，他就在外面宣扬说：我再三请教如来他都不曾回答我，从而增加了邪见。"

佛陀说道："他刚才的所问我本来是想回答他的，但我在过去讲经说法时再三强调说世间本无永恒不变的真我，正因为无有真我，我去回答他的提问则与真理相违背。为什么呢？世间万法本无真我，而我要这样回答他，就会越发使他陷入疑惑愚痴之境地。阿难，如果说世间有一个永恒不变的真我，那就等同于常见。如果说没有永恒不变的真我，那就堕入断见。而如来讲经说法是舍离这两大边见而秉行中道。世间万有无不处在无常变易之中，但因有延续而不会断灭。是以，世间万有既不属于永恒不变，但也不能够说断灭而不再有。只要因还存在，遇缘就一定会再生。假如无因，遇缘也不会再有。那因是什么呢？是无明。因为无明，则会有业行。因为有业行，就会形成意识。因为有意识，才会形成精神和色身。因为有精神和色身的存在，才会有眼耳鼻舌身意这六入。因为有这六入的存在，才会与外界有六种接触。因为有接触，才会有感受。因为有感受，才会有爱。因为有爱，才会有追求。因为执着于追求的缘故，才会有投生。因为有投生，才会有老病死忧悲苦恼苦海的汇聚。正因为如此，要想结果消灭，就得灭除无明。只要无明灭，业行也就随之消失。业行一旦消失，意识也就随之除灭。意识一旦除灭，色身和精神也就不复存在。色身和精神一旦不复存在，眼耳鼻舌身意这六入也就不再有。六入不再有，六触也就不复存在。六触不再，也就不会有感受。因为没有感受，爱也就无从生起。没有爱，也就不会有追求。因为没有追求，就不会有执着。因为没有执着，也就不会有投生。只要没有投生，才不会有老病死忧悲苦恼苦海的汇聚。"

佛陀开示完毕，比丘们皆大欢喜，信受奉行。

（三二二）

有一段时间，佛陀住在了王舍城迦兰陀竹林精舍。

有一天，犊子梵志来到佛陀住所，问候已毕坐在一旁说道："瞿昙，您有没有说过世界永恒不变的真相只有您才知道，而其他人都不能够明了的这类话？”

佛陀回答道：“我既不会有这样的知见，也不会这样说。”

犊子又问道：“您有没有说过世界万有悉皆无常的真相只有您才知道，而其他人都不能够明了的这类话？”

佛陀回答道：“我既不会有这样的知见，也不会这样说。”

犊子又问道：“您有没有说过世界万有既永恒也无常的真相只有您才知道，而其他人都不能够明了的这类话？”

佛陀回答道：“我既不会有这样的知见，也不会这样说。”

犊子又问道：“您有没有说过世界万有既非永恒也非无常也不是不永恒和不是不无常的真相只有您才知道，而其他人都不能够明了的这类话？”

佛陀回答道：“我既不会有这样的知见，也不会这样说。”

犊子又问道：“您有没有说过世界有边际，或无边际，或既有边际又没有边际，或既不是无边际，也不是有边际，或不是没有边际也不是无边际；身体即是生命，生命即是身体，身体和生命分属两个不同的主体；众生在此间死亡之后，灵魂又投生到其他地方，灵魂有无，或者是亦有亦无，或者是不能够说有但也不能够说无等等诸如此类的真相只有您才知道，而其他人都不能够明了的这类话？”

佛陀回答道：“我既不会有这样的知见，也不会这样说。”

犊子又问道：“瞿昙，您在这些现象中见到有什么过患从而不执取其中任何一种见解呢？”

佛陀开示道：“对于这类议题，我向来都不会认定其中的一种是真理。恰恰是这些愚闇的知见，从而形成了所知障。由于秉持这种邪知邪见，从而导致在观察世间万法的本相时受其蒙蔽，见不到种种尘埃垢秽不净。这种见结和如影随形的痛苦就能够带来莫大伤害，带来无尽忧愁和苦恼，使人饱受煎熬，被种种忧患所折磨，也无有任何安乐可言。凡事能够与这些邪知邪见相应的行为，都如同婴孩般的愚痴，也被称之为孤陋寡闻，这也是凡夫的典型特征，使得生死轮回增长无尽。正因为如此，我才不会对这些知见有任何哪怕是一丁点的执着。”

犊子又请教道：“既然如此，那您的知见又是什么呢？”

佛陀告知犊子梵志道：“如来世尊久远以来就已经舍弃了所有的知见，再也没有任何知见挂碍于心了。就算是有所见解，心也不会执着。就算是苦集灭道四大圣谛也是如此。当我明了世间所有知见之后，就知道世间万法皆是贪爱和一切烦恼的结使，是愚痴凡夫认为是所谓的真我或者是我所寄存之所。这就是凡夫所执着的恶不善法，也是憍慢的根本因缘所在。而这样的邪知邪见，是应当被厌恶和弃舍的，是以应当断除得干干净净。当心无挂爱还归清净之后，就会证知不生不灭寂静清凉的涅槃境界，也只有这样的修为，才能够从三界六道的无尽轮回中解脱出来。证入到涅槃境界的比丘还会投生在三界的话，那是绝对不可能发生的事情。”

犊子问道：“瞿昙，您是居于什么原理来跟世人介绍涅槃境界的呢？”

佛陀告知犊子道：“我来问你，你随意而答。有人在你面前燃起熊熊大火，而你也都知道，然而火熄灭之后有人前来问你，火苗熄灭之后去到了哪里了呢？那你当如何回答他呢？”

犊子回答道：“瞿昙，我会如是回答他：当柴薪烧尽之后火苗自然熄灭，消失得无影无踪，怎么能够说它们去到哪里了呢？”

佛陀开示道：“如是如是。如果说色身、感受、思想、行为和意识这五蕴是如来的话，这个理论就一定是错的。为什么会这样说呢？因为如来早已断除五蕴的缘故。就好比有人斩断多罗树的树根使之再也无法复生一样，早已断除五蕴的如来也是如此，心意寂灭再无念想，所有安住在无生无灭的境界之中。”

犊子问道：“瞿昙，我可以打一个比方吗？”

佛陀说道：“你随意吧。”

犊子说道：“就好比城郊有一棵千百年的娑罗树已经枯死，枝叶都已经倒在地上，只有种子还在。如今的瞿昙就是如此，早已断尽所有烦恼结缚，所有的邪知邪见都已经灭尽，惟有坚固不坏的法身还在。瞿昙，我今还有些俗务需要处理，打算回去了。”

佛陀说道：“你随意吧。”

犊子心生欢喜，告辞而去。

（三二三）

有一天，犊子梵志来到王舍城迦兰陀竹林精舍，问候已毕坐在一旁请教道：“瞿昙，那些愚痴之人生起如是邪知邪见道：世间万有是永恒不变的，只有这个才是真理，而其他的都不是。也包括认定世间万有是无常变易的，或者是既永恒不变也无常变易，世界有边，或者是无边，身体和真我的关系，死后往生的关系等等诸如此类的话题。他们一旦认定一项，就会认为自己的知见才是正知正见，而其他人的观点属于邪知邪见。”

佛陀开示道：“那些对五蕴的绝对真相不了解的人都会对这些议题有不同程度的邪知邪见。”

犊子道：“瞿昙，是不是那些智者们就不会生起这些邪知邪见呢？”

佛陀开示道：“那些对色身、感受、思想、行为和意识这五蕴真相和本相如实了解的人就不会生起如是邪知邪见。那些有没有正知正见的人，对世间万有有没有正解的人，通彻或者是不通彻的人，有没有执着于外相的人，有没有大彻大悟的人，就看他是否在这些方面有没有清醒理性的认知。”

犊子心生欢喜，告辞而去。

（三二四）

有一天，犊子梵志来到王舍城佛陀住所，问候已毕坐在一旁说道：“瞿昙，我还有问题没有搞明白，如果您允许的话，我才敢发问。”

佛陀沉默不语，犊子接连问了三遍都是如此。

犊子再度说道：“瞿昙，我一直以来都经常前来亲近您。如今我还有些疑惑想要请教于您，惟愿能够得到您的赐教。”

佛陀心道：犊子梵志一直以来都是秉性率直无有谄谀虚伪。他所提出的问题都是为了求得解脱而不是存心恼乱，我应当允许他发问。如果说请教的是佛法，那我就应当让他随意而问。想到此处，佛陀说道：“有什么疑惑你就问吧。”

犊子问道：“瞿昙，世间有不善的行为吗？”

佛陀回答道：“有。”

犊子又问道：“瞿昙，世间有善的行为吗？”

佛陀回答道：“有。”

犊子祈请道：“瞿昙，请您为我解说善与不善的行为吧，让我明明白白不再迷惑。”

佛陀回答道：“好。虽然我能够详细解说，但今天就为你简略介绍一下吧。”

佛陀开示道：“爱欲为不善，远离爱欲则为善。嗔恚愚痴是不善，远离嗔恚愚痴是为善。伤害是不善，远离伤害则是善。偷盗、邪淫、妄语、恶口、两舌、贪、恚、邪见这种种行为是不善，而远离这种种行为是为善。我为你解说的是三种不善与善行，十种不善与善行。我座下的弟子如实了知这种种善行与不善之行，便能够除尽爱欲，嗔恚愚痴等十大恶业也得以永远除尽。因为种种恶不善得以根除的缘故，所有爱欲和有为之法也都得以断尽从而不再有任何烦恼，进而本心得以解脱而自知不再轮回，对离苦得乐的正法得以全面掌握，并亲证佛法的微妙无神，自知导致轮回的所有结使得以断尽，清净无染的梵行得以建立，应当具足的修行已经圆满，证得了阿罗汉圣果而再也无需轮回了。”

犊子问道：“在您座下有没有比丘已经证得阿罗汉圣果的呢？”

佛陀说道：“有，非常多，有许许多多的比丘证得了阿罗汉圣果再也无需经历轮回了。”

犊子又请教道：“有没有已经证得阿罗汉圣果的比丘尼呢？”

佛陀说道：“有，非常多，有许许多多的比丘尼证得了阿罗汉圣果再也无需经历轮回了。”

犊子又问道：“瞿昙，有没有在家的佛弟子已经对佛法僧三宝不再有哪怕是一丝一毫的疑惑的呢？”

佛陀说道：“有，非常多，有许许多多的在家佛弟子们已经对佛法僧三宝不再有哪怕是一丝一毫的疑惑了。更有许许多多的在家男性佛弟子已经彻底断除身见、禁戒、疑惑、嗔恚和欲贪这五大分结证得了阿那含圣果，再也不来这欲界投生的了。”

犊子又请教道：“瞿昙，有没有在家的佛弟子在安享五欲之乐的同时也对佛法僧三宝不再有哪怕是一丝一毫的疑惑了？”

佛陀说道：“在佛法中，也有许许多多的在家佛弟子在享受世间荣华富贵所带来的五欲之乐同时，也证得了与根基相应的圣果。有的人断除了身见、禁戒和疑惑这三大导致轮回的结使，证得了须陀洹圣果，在生死轮回的解脱路上再也不会退转。就算是根基极其愚钝的人再经历人天之间七世轮回之后就会证入到不生不灭的涅槃境界，而这类人从此以后尽未来际都不会经历三大恶道的折磨了。”

犊子又请教道：“瞿昙，有没有在家的女性佛弟子能够证得如是圣果呢？”

佛陀回答道：“也非常多。”

犊子说道：“瞿昙，您早已功德圆满成就佛位，证得了无上正等正觉，所作所为自然是符合清净无染的梵行。而那些出家的比丘、比丘尼佛弟子以及在家还处在爱欲之中的男女佛弟子们倘若解脱之道的修行还不能够具足的话，就不能够算是功德圆满。而如今您座下的弟子们都已经根据其修行证得了与之相应的圣果，这就算是功德圆满了。瞿昙，我可以打一个比方吗？”

佛陀说道："你随意吧。"

犊子说道："就好比天降大雨，都会随着各自的轨迹最终注入大海。您所传承开示的无上妙法也同样是如此。无论是男女老少都承蒙佛法甘露滋养，在无尽轮回中得到了真实不虚的大利益，最终都证入到了涅槃境界。善哉，瞿昙，善哉，妙法。善哉那些接受佛陀教化而证得圣果的人们。瞿昙，我还想问一个问题，如果我想皈命在您座下出家修习梵行的话，需要考察多久呢？"

佛陀说道："其他教派的人想要在佛法中出家，必须先剃除须发观察四个月之后经过僧团观察才能够正式授戒。但规矩也是因人而异的，主要是观察对方的根基如何。"

犊子心生欢喜，说道："如果能够恩准我在您门下出家得以授大戒，就算是让我等候四年也是值得的，更何况才四个月。"

佛陀开示道："我之前已经给你介绍有两种人了，不一定非要照本宣科的。"

犊子说道："您之前确实是这样说过的。"

佛陀随即安排比丘为犊子剃除须发，授了具足戒。犊子尊者出家之后，精勤修学半个月之后，就得以全面掌握了离苦得乐的正法，证得了初果的犊子尊者想要更上一层楼，于是再度来到佛陀住所，顶礼佛足之后坐在一旁祈请道："世尊，我现在已经证得了初果，离阿罗汉圣果还差得很远。惟愿世尊再度为我说法，使我的本心得以解脱出来而不再轮回。"

佛陀开示道："你如果想要迅速完成出离三界不再轮回的美好愿望，就必须精勤修学智慧和禅定这两大正法。成就之后就会通达世间万有的所有真相，成就四禅八定的修持，慈、悲、喜、舍这四无量心的修持，三明六通的成功修持，四双八辈圣果的证得，都离不开修学智慧与禅定。"

犊子尊者听完大慈大悲佛陀的开示，欢欢喜喜顶礼佛足之后告辞而去。回到住处以后，他孤身一人收心摄意，一心参禅入定，不久之后即证得了阿罗汉圣果，出离了三界不再轮回。

犊子尊者见许多比丘都往佛陀住处走去，于是问道："各位贤者这是准备去哪里呀？"比丘们纷纷回答道："我们这是去往佛陀住处亲近供养如来。"

犊子尊者说道："诸位去到佛陀那里，请代我向佛陀问好请安。也请诸位启禀世尊一声，说我犊子比丘已经回报佛陀深重恩德，已经供养了正法，随顺了佛陀的教导。"

比丘们来到佛陀住所，顶礼佛足之后就把犊子比丘之前的嘱托原原本本告诉了佛陀，佛陀说道："在这之前已经有天人告诉我了，在天人之前我都已经知道了，而你们还在天人之后。"

比丘们皆大欢喜，信受奉行。

（三二五）

有一天，一位名叫优陟的梵志来到王舍城佛陀住处，问候已毕坐在一旁请教道："瞿昙，世界到底是有边际还是没有边际呢？"

佛陀说道："对于这一类的问题，我一概是不予回答。"

优陟问道："那您平日里讲经说法解析疑惑回答提问又为了什么呢？"佛陀开示道："优陟，我对世间万法无不了知，为我座下声闻弟子分别揭示离苦得乐的正确方法，为他们解除众苦的煎熬枯竭生死苦海而讲经说法。"

优陟又问道："既然如此，那您所得到的离苦得乐解决之道是所有人等都能够做得到的呢？还是部分人才能够做得到的呢？"

佛陀沉默不语。

优陟见状又问了三遍，佛陀都沉默不语。

站在佛陀身后的阿难尊者见状随即说道："你刚才所问的问题与你之前的问题属于同一类，是以世尊沉默不语，不予回答。我来为你打一个比方来说明这个问题吧。好比有一座高大严实坚固的城市，只有一道门可以进出，那守城的将军聪明智慧，善于分别进进出出的人群。是这城里的人就可以自由出入，如果不是就会遮止问明身份再作定夺。城里人进进出出都经过此门，那守城的人虽然未能够全知城里各类人群，但他知道城里人想要出去，外面的人想要进城，唯此一门而别无他途。同样道理，如来虽然不会执着于外相，但他深知想要了脱生死不再轮回，就只有通过这道大门才能够进入到涅槃大城。也只有通过这道大门，才能够了断三世轮回，枯竭生死苦海，进而安住在极乐境界之中。"

优陟梵志听了很是欢喜，随即告辞而去。

（三二六）

有一段时间，佛陀住在了王舍城迦兰陀的竹林精舍。

有一天，许多其他教派的修学者来到灵鹫山富那尊者住处，问候已毕坐在一旁说道："我们都听说沙门瞿昙讲众生身坏命终之后再也不会投生，这是真的吗？"

富那尊者说道："据我所知，佛陀是无论如何也不会说这样的话。身为佛陀，他是不会执着于众生之相，也不会有众生的念想。"

那些外道听了，既不赞同，也不反对，站起身来就告辞而去。

待他们走后不久，富那尊者来到了佛陀住处，顶礼佛足之后站在一旁就把之前的对话原原本本告诉了佛陀，而后说道："世尊，我这个说法有没有违背佛陀所宣说的法义呢？跟佛陀的讲经说法是不是一致的呢？或者是不是似是而非的呢？"

佛陀开示道："你的说法是正确的，并没有毁谤如来所说的教义。对如来的开示也是不增不减，跟我的说法也是一致的，是如理如法的，并非是歪理邪说，也不可能有人能够讥讽呵斥于你。为什么呢？从本质上讲，一切众生都被以自我为中心产生的虚妄傲慢所伤害，从而带来无穷无尽的烦恼，由于被这种傲慢所驱使，从而辗转沦落在三界六道之中而无一时安宁之日，好比是乱麻一堆，怎么努力也无法理清。又好比是打了败仗四散溃逃的军队，一时之间也难以召集一般。也因为这些傲慢，使得生生世世、生生死死、死死生生流转在三界而不能出离。一切众生如果彻底根除了我慢，就会在三界的轮回中掌握真理，从而跳出三界外，不再五蕴中了。"

比丘们听完佛陀的开示，皆大欢喜，信受奉行。

（三二七）

有一段时间，佛陀住在了王舍城迦兰陀竹林精舍。

一天夜里，阿难尊者去到多跋河洗完澡后站在河边时，有一位名叫居迦那提的外教修学者也来到河边，阿难尊者听到脚步声就轻轻咳嗽一声，居迦那提问道："你是谁？"

阿难尊者回答道："我是沙门。"居迦那提又问道："沙门甚多，你是谁门下的沙门？"

阿难尊者回答道："我是释迦牟尼如来门下的沙门。"

居迦那提问道："既然如此，那我有个问题想请教你，你有时间告诉我吗？"

阿难尊者说道："有什么疑问你就说吧，我当知无不言。"

居迦那提问道："我身坏命终之后会往生到其他世界吗？"

阿难尊者回答道："对于这类话题如来从来就不说。"

居迦那提又问道："那我问你，生生死死、死死生生的现象都不予置评，那你知道这类现象的存在吗？”

阿难尊者说道：“这样的现象我都知道，并非是不知道啊。”

居迦那提问道：“那你知道什么？”

阿难尊者说道：“我知道众生的身口意所有行为会形成业力，从而形成结缚，导致无量无边的烦恼结使聚集相续。那些愚痴无知的凡夫由于被邪知邪见所系缚，与生死相应从而在长劫之中生生死死、死死生生沉沦挣扎在苦海之中。这就是我所知道的真相。”

居迦那提问道：“您叫什么名字呢？”

阿难尊者回答道：“我名叫阿难。”

居迦那提赞叹道：“搞了半天，我真是有眼不识金镶玉，原来您是大师座下弟子。要是早知道是您，我是连声也不敢吭的了。”

居迦那提很是高兴，随即欢欢喜喜告辞而去。

（三二八）

有一段时间，佛陀住在了舍卫国祇树给孤独园。

有一天，须达多长者准备去佛陀住处亲近供养佛陀，走在半路上他见时间尚早，估计如来还在禅定之中，于是去到其他教派的修学者住处，问候已毕坐在了一旁。外道修行者问须达多长者道：“你可以告诉我沙门瞿昙的知见是什么吗？”

须达多长者回答道：“对于如来的知见我也无法了知。”

他们又问道：“那你知道他座下比丘的知见又是什么呢？”

须达多长者回答道：“我也不是很清楚。”

他们接着问道：“那你听到了什么？就将所知道的告诉我们吧。”

须达多长者说道：“既然如此，那先告诉我你们的知见吧，然后再告诉你们我所掌握的知见。”

一位修学者说道：“依照我的知见，一切众生都是永恒不变的。只有这个知见才是真实不虚的，其他任何观点都是妄语。”

一位修学者说道：“依照我的观察，世间万有无不处在无常变易之中，只有这个知见才是正确的，与之相左的任何观点都是错误的，也都属于妄语。”

一位修学者说道：“以我之见，世间万有既有永恒不变的一面，也有无常变易的一面。只有这个知见才是正确的，与之相左的任何观点都是错误的，也都属于妄语。”

接着，有人相继表达了知见，无非就是或认为世界有边，或无边，或既有边但又没边，或身体就是生命，或生命就是身体，或身体和生命各有不同的主体，或认为死后会往生到其他世界，或者是死后一切都不存在了等等诸如此类的种种知见，全都在无一例外地强调自己观点的正确性，而一致认为与之相左的任何知见都是错误的，也都是不符合事实真相的。这些外道修学者纷纷阐述了自己的知见后就说道："仁者，请你阐述一下你所知道的观点吧。"

须达多长者回答道："据我所知，一切众生都是因缘和合才会有的。而这因缘，就是业行。凡是因缘和合才会有的一切有为之法，都是处在无常变易之中。因为世事无常，所以才会痛苦。因为有痛苦，才知道万事万物本与我没有任何关系。因为这个道理，我才会对所有知见心无挂碍。你们所执着的知见，才是饱受众苦煎熬的根本原因。因为贪着这些与痛苦相应的邪知邪见，从而导致在生死轮回的无尽苦海中饱受大苦煎熬。"

有人就问道："长者，既然如此，那你也在造作轮回的痛苦根本，从而也将遭受众苦煎熬。"

须达多长者回答道："我之前已经告诉你们了，我的心里没有任何挂碍，也不存在任何染着，至于你们刚才所说的那些知见，我也都不曾执着。"

须达多长者的开示使得在场的外道修学者们狂心顿歇。须达多长者来到佛陀住所顶礼佛足坐在一旁之后就把之前的谈论如实原原本本告诉了佛陀，佛陀称赞道："善哉善哉。应当以这样的知见去摧伏那些执着于邪知邪见的外道使之能够回归正道，更能够使得离苦得乐的正确方法越来越炽盛。"

佛陀开示完毕，在场的比丘们皆大欢喜，信受奉行。

（三二九）

有一天，长爪梵志来到王舍城迦兰陀竹林精舍佛陀住处，问候已毕坐在一旁说道："如今的我，不认可任何观点。"

佛陀问道："那你不认可任何观点的观点是你的观点不？"

长爪说道："就算是这样的观点我也不认可。"

佛陀又问道："既然如此，为什么要认可什么都不认可的这个观点呢？"

长爪梵志听了不再吭声了。

佛陀继续开示道："如果你坚持这样的知见，就等于断除和弃舍了所有知见。就好比有人呕吐，把胃里的所有都吐得干干净净一样。以此类推，你对其他任何知见也是如此态度了吧。”

长爪梵志沉默不语。

佛陀继续开示道：“既然如此，你跟其他众生也没有什么两样。秉持这种观点的众生比比皆是，这类众生就属于那种缺少智慧愚痴之辈。梵志，你应当知道，世间众生所依止的知见无非是三种。第一种是他们认可所有观点，第二种是他们不认可所有观点，第三种是认可一部分，不认可一部分。而贤圣座下的弟子们通过深入观察发现所有缘起无非都是源于贪嗔痴这三毒，由于被贪嗔痴这三毒所染着而不能远离，就会带来无穷无尽的隐患和伤害，从而形成导致轮回的种种结使而不能够从生死苦海中解脱出来。”

佛陀继续开示道：“有情众生皆喜乐于爱欲并守护缚着之有，并认可这种方式以为快乐。没能够充分意识到这种行为能够衍生无穷无尽的贪欲嗔恚和愚痴，并被三大毒根所缠缚，不能够远离轮回获得解脱。贤圣弟子如果说认可这些观点，就会与那些秉持邪知邪见的人发生冲突，诤论之后必将面临毁害的结果。因为有些贤圣弟子们预见到有这种境况发生，就会宣称自己断除和不接受任何知见。这些贤圣弟子们这样宣说其实也是有过错的。梵志，一切色身无非都是地水火风空这五大基本元素组合而成，既然是因缘和合而生，那么就是无常变易之物。当贤圣弟子们见到这种现象，就会远离所有爱欲。见到有的色身灭除，就会舍离所有爱欲，如此一来，也就不再对色身有任何爱欲，发愿远离色身这窟宅。

“梵志，你应当知道，所有感受无非是三种，一种是痛苦，一种是快乐，还有一种是既不痛苦也不快乐。而这三种感受从何而来呢？当深入观察就会发现，所有感受均来自于接触，只要没有接触，则感受也就无从生起，远离热源就会得到清凉。就好比夕阳西下，大地也就不会那么酷热了。色身和生命存在时，就能够感知任何感受。当贤圣弟子在感受时，深知这色身最终都是会毁坏的，也都知道这些感受也都是赖以因缘和合才会生成。要想不再有任何感受，就要彻底去除贪欲、嗔恚和愚痴这三大毒根。只要还有哪怕是轻微如丝的毒根存在，就会与生老病死忧悲苦恼结缘，从而沉沦挣扎在生死苦海之中。”

当时，站在佛陀身后的舍利弗尊者刚出家半月，详细听闻了佛陀宣讲的离苦得乐的究竟之法，如是观察了世间万有无不无常，随即远离了所有爱欲，弃舍了一切邪知邪见，断尽了所有烦恼，证得了阿罗汉圣果。长爪梵志也成就了清净无染的法眼，再也不会被世间万有所蒙蔽。当他对佛法僧产生了金刚不坏的信心之后就祈请道：“世尊，请允许我跟随您出家修学解脱之道吧。”

佛陀答应了他的祈请，为他授了具足戒。长爪比丘出家之后精进修行，不久之后即证得了阿罗汉圣果。

（三三〇）

有一段时间，佛陀住在了王舍城的须摩竭陀池岸。

当时，有一位名叫奢罗浮的梵志在人间屡屡说自己深知释迦牟尼佛所有的教法，而他的知见远远胜过释迦牟尼佛。有一天，许许多多比丘在城里化缘的时候听到了他的宣称，回到精舍之后就把所见所闻原原本本告诉了佛陀，并请佛陀去会会这位奢罗浮梵志，佛陀答应了比丘们的祈请。当奢罗浮梵志远远望见佛陀在比丘们的簇拥下朝他走来，赶紧收拾好高座并恭请佛陀上坐。

佛陀坐好后就问道："你是不是对外宣称说你知道我所有的教法，而你的知见远远胜过我的知见？"

梵志听了沉默不语。

佛陀问道："你为什么不回答我呢？如果你真的是能够了解我的教法，那你就如实告诉我。如果不了解，那我会为你分别宣说从而能够让你真正了解。如果你能够具足解说，我也会随喜赞叹你。

"梵志，你应当知道，如果有人宣称我如来还没能够成就无上正等正觉的修持，我就会称赞他并问他道：你有什么证据可以宣说如来还没有成就无上正等正觉的修持呢？一般情况下这些众生就会茫然无措，支支吾吾答非所问，而以其他世间奇谈怪论来转移话题，以至于后来以憍慢矜持的姿态生毁害心，最后只好惭愧地低下头理屈词穷沉默不语了。奢罗浮，你也是如此。如果有人宣称我沙门瞿昙在行为举止上有什么过失的话，我就会称赞他并问他道：你是如何知道我有什么过错的呢？一般情况下这些众生就会茫然无措，支支吾吾答非所问，而以其他世间奇谈怪论来转移话题，以至于后来以憍慢矜持的姿态生毁害心，最后只好惭愧地低下头理屈词穷沉默不语了，就跟你现在差不多。

"奢罗浮，假如我知道有人宣称我座下弟子无有善行，也不能够圆满受持圣戒，我就会称赞他并找他验证这个说法的来处。一般情况下这些众生就会茫然无措，支支吾吾答非所问，而以其他世间奇谈怪论来转移话题，以至于后来以憍慢矜持的姿态生毁害心，最后只好惭愧地低下头理屈词穷沉默不语了。就跟你现在差不多。"

当时，跟随奢罗浮修学者就说道："你不是说你的知见远远胜过沙门瞿昙吗？

你如今为何沉默寡言，不敢出声呢？”

奢罗浮梵志依然涨红了脸，大气都不敢出。

佛陀随即站起身来回往王舍城去了。

佛陀走后不久，跟随奢罗浮修学的人就纷纷站出来指责他，说他就好比一头被割去角的牛只敢在无人处吼叫，又好比女童想要学男声，出口依然还是女声。你在背后狂妄自大，想要学习瞿昙那样作狮子吼，到头来却成了雌鬣狗汪汪叫唤。

这些人呵斥完毕，全都各自散去。

（三三一）

有一段时间，佛陀住在了王舍城迦兰陀的竹林精舍。

当时，有一位名叫重巢的梵志住在了须摩竭陀池岸上，他经常跟人讲：我所说的偈颂，要是有人能够读懂其中的义理，我就心甘情愿地拜在他的门下做他的弟子。

有一天，去到城里化缘的比丘听到了这段话，回到精舍佛陀住处就把重巢的话原原本本告诉了佛陀，并请佛陀前往度化他。

佛陀答应了他的祈请，就在弟子们的簇拥下去往重巢的住处走去。

重巢远远望见佛陀朝他这里走来，赶紧站起身来敷设高座，并恭请佛陀高坐。佛陀坐好后就问道：“听说你有一段偈颂如果能够搞明白的话，你就拜他为师，是这样吗？”

重巢梵志回答道：“确实如此，瞿昙。”

佛陀说道：“那你就读诵出来吧，我为你解说。”

重巢重新敷设好高座，坐在上面随即朗诵道：“作为释迦牟尼如来座下的比丘，应当以如理如法的方式去清净生活，不适宜去娆害众生。应当远离一切恶不善法，守住意业的清净，牢牢守护所受的清净圣戒。也只有这样修持，才能够调伏心中妄念，使之随顺正法心安意定使般若智慧得以启发出来。”

佛陀开示道：“如果能够如是修持的话，那么在善根深厚的大丈夫中你是数一数二的。比丘们安住在清闲僻静之地，以清净之心自行调顺内心的所有妄念，不恼害所有众生，远离一切恶行，随顺于正法使之心安意定进而启迪般若智慧。以柔和大善之心，言行举止都不造恶行，能够摄制身口意三业使之广行十善，这样的修持也是随顺于正法使之心安意定进而启迪般若智慧的表现。为了以大慈大悲之心示现世间无上福田的缘故，手持钵具挨家挨户靠化缘维持生计，收捡心意修习四大念处，与世无争德行出众，除去了所有爱欲和贪求，所以才会在这世间无所畏惧。”

重巢梵志听了佛陀的解读想到：沙门瞿昙确实是知道我的心意，我应当皈依三宝了。想到此处，他随即说道：“惟愿如来允许我跟随您出家修行。”

佛陀随即同意了他的祈请，为他授了具足戒，成为佛陀座下的一位沙门。

他出家之后勤加修学，不久即断除了所有烦恼，证得了阿罗汉圣果。

比丘们听完佛陀的开示，皆大欢喜，信受奉行。

（三三二）

有一段时间，佛陀住在了王舍城迦兰陀竹林精舍。

有一天，摩竭提国的许多其他教派人士汇聚在摩竭陀池边，大家就婆罗门的教义发表各自的看法，然后认定哪些是婆罗门教的真理。佛陀在精舍以无尽天耳听到了他们的议论，于是结束禅定来到了摩竭陀池边，在场的人们见到佛陀的出现，全都站起身来为佛陀敷设高座，并恭请佛陀上坐。佛陀坐好后知而故问道：“你们在这里议论什么呀？”

有人就把之前议论的话题原原本本告诉了佛陀，佛陀说道：“如是，如是。我功德圆满成就佛位之初，就已经全面证知这些真理的坚实性。简单来讲，一切世间的真理不过是三种，我现在就为大家分别解说。第一大真理是不要有任何伤害行为，这真理是真实不虚的，并非是虚妄之说。正因为这个真理真实不虚，所有应当精勤修学，对一切众生都应当以无尽慈心对待。当我全面掌握到这个真理之后，就在在处处都广而告之。第二，一切痛苦的根源在于生灭。这个真理也是真实不虚的，是以应当精勤修学，面对世间万有时都应当将这正确观念常驻于心。我因为掌握到这个真理，才会成就无上正等正觉，常为有缘众生宣讲如是经法。第三，婆罗门教的第三大真理是：世间万有既不是我，也不是我常驻之所，在这世间，也找不到一个真实的我存在。当修行人能够全面掌握这三大真理时，就应当追求远离一切恶不善的行为。”

佛陀开示完毕，在场的人们都屏住呼吸默然而坐。佛陀心道：这些愚痴之人，常为众多魔众所覆蔽，居然没有一人能够深信这三大真理，从而发心修学，受持清净无染的梵行。想到此处，佛陀站起身来往外走去。

佛陀走后不久，须摩揭陀池水神就现身说道：“好比在水面作画，盐卤之地种庄稼，芳香熏臭秽，浸水石头求濡弱，狂吹铁杵望妙声，寒冬求野马。你们这些外道就是如此愚痴的人，虽然听到了甚深微妙的佛法却也不知道信守奉行。”

在场的人听完天神的话，恍然大悟，赶紧站起身来追随佛陀而去，佛陀应允了他们出家的祈请，而后精勤修学解脱之道，证得了阿罗汉圣果。

佛陀说完这段因缘后，比丘们皆大欢喜，信受奉行。

（三三三）

有一天，有一位名叫闻陀的梵志来到拘睒弥国瞿师罗园阿难尊者住处，问候已毕坐在一旁问道：“您为什么会皈依在沙门瞿昙门下出家学道呢？”

阿难尊者回答道：“我是为了断恶生善。”

闻陀不解，又问道：“要断的是什么恶呢？”阿难尊者回答道：“断除贪欲、嗔恚和愚痴这三大恶法。”

闻陀问道：“你们也知道要断除贪嗔痴这三毒吗？”

阿难尊者说道：“只有在佛法中，才有禁制身心使之断除贪嗔痴三毒之恶不善法。”

闻陀又问道：“那贪嗔痴三毒有什么过错而在佛法中需要禁制呢？”

阿难尊者开示道：“爱欲染着，能生恼乱，今生今世，增长无量恶法，从而导致忧悲苦恼绵绵不绝，在未来世中，也是如此。如果被嗔恚和愚痴所染着，不光是摧坏了自己的内心，也同样伤害了他人，给自己和他人带来了烦恼。在现在世会增长恶行，在未来世中也是如此。如果众生心中被种种贪欲、嗔恚和愚痴所把持时，就会使众生盲无慧眼，智慧微弱，损减善行，不能够证得涅槃境界，不能够成就三明六通的修持，离生死轮回的解脱之路越来越远。正因为我们见到贪嗔痴这三毒莫大的危害，才会追随如来世尊修学解脱之道禁断贪嗔痴这三大毒根。”

闻陀又请教道：“有什么方法能够使我们断尽这贪嗔痴三毒呢？”

阿难尊者说道：“修持正见、正语、正业、正命、正方便、正定、正念、正志这八大超凡入圣解决之道就可以断尽三毒趋向涅槃境界。”

闻陀赞叹道：“这样的修习确实是极为大善，能够彻底断除贪嗔痴这三毒。阿难尊者，我还有许多俗务需要处理，就此告辞了。”

阿难尊者说道：“你随意吧。”

闻陀梵志听了阿难尊者的开示，心生欢喜，告辞而去。

（三三四）

有一段时间，佛陀住在了舍卫国祇树给孤独园。

有一天，舍利弗尊者来到佛陀住处，顶礼佛足之后坐在一旁恭恭敬敬聆听佛陀的讲经说法，佛陀讲完经法之后就保持沉默，舍利弗尊者见状就站起身来，顶礼佛足右绕三匝而后回往自己的住处。走到半路，遇到优陟梵志迎面前来，优陟梵志就问道："尊者从何处来？"

舍利弗尊者回答道："你应当知道，我是从世尊住处听完经法后才出来。"

优陟问道："你如今为何还像离不开母乳的婴儿一样呢？据我所知，您是佛陀座下智慧第一的大尊者啊。"

舍利弗尊者回答道"我对世尊的讲经说法从无厌足之感，这跟婴儿是完全不同的。为什么呢？因为婴儿长大以后就会离开母乳的。"

优陟说道："我有好久都没有聆听他人的教诲了。"

舍利弗尊者说道："你所接触的教法不会为你带来任何义理，所作所为也都不符合正道，更不可能出离三界不再轮回，对生死解脱的菩提功德积累也毫无帮助，属于那种败坏利益的邪法，更不用说还是什么值得恃怙的。你的世尊也并非是成就无上正等正觉的如来，是以应当早日远离那些邪师教法。就好比那些性情轻躁的劣牛喜欢到处惹是生非一样，又加之奶水比较少，所生的牛犊也是比较弱小，经常离开母牛到处闲逛。你的师尊就跟那劣牛是差不多的，他所传承的教法是毫无意义，他性情躁急轻狂，所带出的弟子也都是幼稚弱智，都在远离老师而到处闲逛，各唱各调，自说自话。而如来所传承的教法属于真理，能够使人得到真实不虚的大利益，能够导向涅槃界，不会被邪知邪见所破坏，有许许多多的善法值得恃怙。我的世尊是成就无上正等正觉的如来，追随在左右的弟子们形影不离。就好比生性稳重的上等好牛，行为举止非常稳重，又加之奶水众多，使得牛犊渐渐长大，长年累月追随在母牛身边，自始至终都舍不得离开半步。"

优陟梵志赞叹道："善哉善哉。您确实是获得了无量无边的大善利，所接受的教诲，都是了脱生死不再轮回的出世之法，是菩提大道，能够出离三界生死苦海证入到涅槃境界的无上大法，是任何邪知邪见所不能够破坏的，值得依止的。您的师尊是天上天下所有众生所共同尊重的人，是成就无上正等正觉修持的如来。"

说完，就各自回到了住处。

（三三五）

有一天，优陟梵志来到舍卫国祇树给孤独园佛陀住处，问候已毕坐在一旁说道：“瞿昙有一天与其他教派人士汇聚在大讲堂时，其他教派人士都在种种议论，而您在当时却安安静静收心摄意，全然不被外境所扰动。

“我在当时就说道：我们现在议论纷纷吵吵嚷嚷，全然不与修行准则相应，就好比衰老到极致的老牛，又加之两眼已经盲失，就跟现在的我们一样。我们所接受的教法，甚是粗丑陋，甚至谈不上什么智慧。而有着世出世间般若智慧的沙门瞿昙却在僻静之地收心摄意，心安意定。瞿昙，我想请教的是，您是如何教导弟子们的呢？”

佛陀开示道：“在我的佛法中，那些聚会在一起的青年男女莺歌燕舞，纸醉金迷，忘乎所以，这样的行为就与愚痴相应。就好比年逾八十头发全白面皮发皱牙齿掉光的老人，依然还醉心于声色犬马及种种游戏之中，这样的老人所作所为就与智慧不相应。如果能够持有这种知见的人，就是有智慧的人。有这些行为的人，就属于愚痴的人。”

梵志说道：“这样的人，真如婴孩一般愚痴，无有智慧。”

佛陀也说道：“在我的佛法中，这样的行为也与愚痴相应，就好比那儿童们玩耍的把戏。就算是其他贤圣的法义中，也是如此。”

优陟请教道：“作为发愿了断生死不再轮回而出家修习梵行的比丘要如何修集善法呢？”

佛陀开示道：“作为发愿了断生死不再轮回而出家修习梵行的比丘，就应当广修善法，远离一切恶不善行为。让还不曾调伏的妄念得以调伏，还没有成就的四禅八定得以尽快成就，使还没能够从生死苦海的沉沦挣扎中解脱出来的能够尽快解脱出来，使还没有断除的恶法得以早日断除，使还没有建立的正知正见早日建立起来，还没有修持的善法要早日修集以期早日圆满，还没有证得圣果就要精勤修行使之能够早日证得。”

梵志问道：“世尊，应当调伏什么呢？”

佛陀开示道：“调伏内心的妄念，使之不被外境所染着。”

梵志又问道：“解脱什么呢？”

佛陀开示道：“使本心从三界六道无尽轮回中解脱出来。”

梵志又问道：“应当断除什么恶呢？”

佛陀开示道："断除无明与贪爱这恶不善法。"

梵志又问道："需要建立什么样的知见呢？"

佛陀开示道："需要建立对色身和精神的正知正见。"

梵志又问道："应当修学什么呢？"

佛陀开示道："只要还没能够修持四禅八定和世出世间的般若智慧，就不能够全面掌握超凡入圣的八大正道。是以应当修学禅定和般若智慧。"

梵志说道："比丘们的修行，真实不虚。我俗事众多，想要回去了。"

佛陀说道："随意吧。"

优陟梵志随即站起身来，告辞而去。

（三三六）

有一天，一位名叫尸卜的梵志来到王舍城迦兰陀竹林精舍佛陀住处，问候已毕坐在一旁说道："瞿昙，所谓的学指的是什么呢？"

佛陀说道："学就是学啊。"

梵志又问道："学什么呢？"

佛陀开示道："时时修学使境界越来越高的圣戒、禅定与智慧。"

梵志又问道："瞿昙，那些证得阿罗汉的比丘们还需要修学什么呢？"

佛陀开示道："那些证得阿罗汉的比丘们已经断尽所有烦恼，安住在正知正见中并使本心得以解脱，贪嗔痴三毒已经得以永远除尽而无有一丝遗余，身口意再也不会造就任何恶业，对世间万有无欲无求。这类人再也不需要修学了。"

尸卜梵志听了佛陀的开示，心生欢喜，告辞而去。

（三三七）

有一天，尸卜梵志来到王舍城迦兰陀竹林精舍佛陀住处，问讯已毕坐在一旁请教道："瞿昙，我听有些婆罗门讲：'当下的所作所为，都是过去世所作的因。而今生今世的所有业行，能够使得过去世的种种不善之因越来越深厚。如果今生今世再不造就业行，就会破坏生死轮回之桥，使导致轮回的爱欲、追求、知见和无明这四流永尽无余。因为业行已尽，苦海也就随之枯尽，只要苦海一尽，生死轮回也就到此为止了。'瞿昙，他们的这个观点对吗？"

佛陀开示道："既然如此，那今生今世的病变是自己的所作所为造成的呢？

还是他人所造成的呢？”

尸卜回答道：“是他人行为造成的。”

佛陀问道：“那自己拔出胡须、举手站立、长年不坐，或者长年蹲坐，或坐卧在荆棘之上，或坐卧在边缘，或坐卧在灰土之中，或坐卧在牛粪之中，或单脚站立追随太阳而转，或在盛夏之月用猛火烤炙身体，或尽形寿只吃植物，或只吃稗子，或只吃藕根，或只吃糟糠，或只吃油渣，或吃牛粪，或侍奉于火，或在冬天用冰冻自己的身体等等无量之多的使自己身心受苦的种种行为，明明是自己所作所为，为何要责怪他人使之受苦呢？如果是被他人使用种种暴力从而造成的痛苦，这才算得上是他人所作所为造成的痛苦吧？一切世人的身体病变，都是因四大不调所致。婆罗门们为什么非要说成是这种行为能够不再经历生死轮回了呢？这样的邪知邪见一切世人都是知道的啊，他们的这个学说是虚妄不实的。有五大因缘导致身心受苦，这五大因缘分别是贪欲、嗔恚、停步不前、后悔和对佛法僧三宝的疑惑。而要想身心安乐不受苦恼，就必须断除这五大因缘。当这五大因缘断尽之后，就会在当下使得身心安乐而无有任何忧患，甚至是了断生死不再轮回，从而证入到不生不灭寂静清凉的涅槃境界。尸卜，而要想在今生今世彻底断除这五大因缘，就必须修持正见、正语、正业、正命、正方便、正志、正念、正定这超凡入圣的八大正道。”

佛陀开示完毕，尸卜梵志当即远离尘垢，成就清净无染的法眼。他得到离苦得乐的解决之道后，随即站起身来整理好衣服双手合十祈请道：“世尊，惟愿如来慈悲哀愍，恩准我出家修行。”

佛陀答应了他的祈请。

尸卜尊者出家之后精勤修学，不久之后即证得了阿罗汉圣果。

（三三八）

有一段时间，佛陀住在了那罗健陀置叠聚落庵婆罗林中。

当时，那村里有一位名叫那利婆力的梵志已经年满一百二十多岁，村里的人都以为他证得阿罗汉圣果而恭恭敬敬供养他。这位梵志有一位亲友福尽命终而生到了天上，这位天人就想到：我要是劝他去到佛陀住所一定会无功而返，我应当想方设法让他信服于我。想到此处，他随即出现在那梵志的住处，发出的身光照亮了他的住处，天人说道：“什么人现亲友相但实际上是怨家？要如何才能够把善根深厚的亲友当成是自己一样对待？要如何才能够断除轮回？要如何才能够没有烦恼？你现在不要回答我，就带着这个问题去咨询他人，如果有人能够圆满回答这个问题，就可以皈命在他门下出家修习梵行。”说完之后，这位天人就即时消失回到了天上。

这位梵志带着这个疑问走访了富兰迦叶等当时各大宗派的导师，这些人都不知道那利婆力梵志的心中所想，就更不用说回答他的疑问了。他茫然无计，想到：这些各宗各派的导师都不知道其中的答案，这世间还有什么人能够解除我的疑惑呢？既然找不到出家之处，就还不如回到家中继续安享那五欲之乐。反正我的资财丰饶，不如在家修行广修供养培植更多的福业好了。他转念又想：我不如再去沙门瞿昙住处看看，或许他能够解释这个难题。

走到半路，他转念又想：沙门瞿昙年纪轻轻，出家时间也不是很长。那些各宗各派的导师们都是长老级人物都不能够知道，那沙门瞿昙怎么可能知道这些呢？想到此处，他就打算掉头回家。就在这时，他又想到：我听过去高僧大德们说千万不要轻视那些小小年纪的出家人，因为说不一定他们有大智慧和大神通力。想到这里，他随即快马加鞭，往佛陀住处驶去。

到了佛陀住处，他恭恭敬敬问讯之后坐在一旁就把自己的疑问原原本本告诉了佛陀，佛陀随即知道了他心中所念，即时开示道：“在背后百般辱骂和诽谤，当面却赞叹不已称是大好人，本来能够帮助到他，却隐瞒能力说自己无能为力，有智慧的人就应当知道这类人就是表面是亲友实则是怨家。对待所有亲友不要只是专注于对方的不足，而是更要知道他人的长处求同存异，相互帮助和扶持。如此一来，亲友关系也就会处理得非常融洽，不会被挑拨离间和破坏和谐关系，从而使得亲如一人。断灭所有情欲和清除一切客尘，就能够心生喜乐，顺利证入到涅槃境界。世人只要能够依照离苦得乐的正确佛法修行，就能够证得殊胜的果位。也只有如此修持，才能够断除轮回。只要心安意定，寂灭情欲，安住无为，就能够获得世出世间的般若智慧，从而远离一切恶不善法，使得法喜充满。如此一来，就再也不会有任何烦恼了。”

梵志听完佛陀的开示，随即整理好衣服双手合十恭恭敬敬说道：“惟愿世尊恩准我跟随您出家修行。”

佛陀应允了他的祈请，并为之授了具足戒。

那利婆力尊者出家之后，勤加修学正法，不久之后即证得了阿罗汉圣果。

（三三九）

有一段时间，众多比丘在俱萨罗园竹林中结夏安居。那园林的守护神心道：今天是僧团自恣的日子，十五之后僧团就要离开这园林云游他方去了。于是他心情非常低落。有天神就问道："你在忧愁什么呢？那些清净持戒的比丘们今夜自恣，你应该感到很高兴才对啊。"

守护神说道："我也知道今夜属于他们自恣之日，他们也并非是那些无有惭愧的其他外道修行者。他们修学精勤，深具惭愧，已经收拾好行囊，今夜自恣之后就要各自散开了。他们一旦走后，整座树林里都空无一人，再也听不到他们的讲经说法了，是以我才会忧愁失落。"

当夜，僧团比丘自恣之后，就带着行囊各自离开。守护神眼睁睁看着比丘们各自散去，心情非常糟糕，随即说道："比丘们走后，只剩下空落落的昔日安住之处，释迦牟尼佛如来座下的弟子们广学多闻，具足正知正见，善能分别世间万法的邪与正，所有言语无不清净。如今这些受持佛法的人又将在何处安居呢？"

有天神就说道："这些比丘都去向四面八方，目标不定。此前在这里聚会的比丘们就像野鸟鹿一样居无定所。他们舍弃一切俗务，常常在清静空闲之地参禅入定，安享那禅悦之乐。"

（三四〇）

有一位从拘萨罗国云游来到拘萨罗林的比丘白天黑夜都沉迷于睡眠，那林中的天神心道：这比丘一天到晚就知道睡觉，这绝对不是出家人应当有的行为，我应当使他得以觉悟，以期早日出离生死苦海。

想到此处，他随即出现在面前轻咳弹指一声说道："喂，比丘，你赶紧起来吧，不要沉迷于睡眠。这样睡下去又能够带来什么意义？身体即将面临极其严重的病，你怎么能够还有心去嗜睡如此？贪嗔痴三大毒箭已经射中你的本心，你不思拔出为何还有心思睡觉？你既然能够抛弃世俗之家舍离所有俗务而出家修学解脱之道，就应当精勤修学使之早日功德圆满出离三界，为何还被没完没了的瞌睡所覆蔽？如今你浑浑噩噩不思进取，全然忘记了当初出家的本愿。爱欲的本性是无常变易，迁流不住无一刻宁时，生命也只在呼吸之间，转瞬即是来世，那些愚顽不冥的众生浑然不觉，我行我素。而您既然已经出家，远离了在家的系缚，为何才出狼窝又入虎穴？如果未能够断除爱欲，本心还没能够从三界六道的轮回中解脱出来，还没能够得到最上究竟的般若智慧，那就不是真真正正的出家人，为何你还有心沉迷于睡眠呢？作为出家人，就应当精勤修学，日日夜夜都不会懈怠厌倦，以坚固不坏之心念求证涅槃境界才是正理。既然你功未成，德未就，为何还有心思去睡觉呢？只有建立并安住在世出世间的般若智慧之中，断尽所有烦恼和导致轮回的结使，善于调伏内心的妄念，即身成就阿罗汉圣果，方才能够放下心思安安心心睡觉。"

（三四一）

有一位住在拘萨罗林的比丘在禅定之时生起贪欲并放纵于这种恶不善的感觉，树林守护神见状就想点化他使之能够觉悟，于是出现在他面前说道："比丘在这树林之中心里布满恶不善之欲念，身虽在坐，心意却飞到山林之外，被客尘所惊扰牵制，生起恶不善的觉观。如果能够灭除对爱欲的所有执着，才能够从三界六道无尽轮回中彻底解脱出来。当你从三界六道的轮回中解脱出来，你才知道那才是最究竟的快乐。你应当舍弃那些造就未来不乐的苦因，安安心心修学佛法才是正道。我如今出面点化于你，是希望你能够以正智正念去面对那些恶不善法。贪欲如同那恶焦山，能够煎熬干涸所有的善法。不要对世间所谓的爱欲之乐心生贪恋，那样会污浊你本来清净的心。你应当学那些鸟儿一样扇动翅膀去除身上的尘土，使之能够飞得更高更远。您作为出家人也应当如此，借助禅思去处所有污染本心的尘垢。而要想达到这个目的，只有正智正念才能够。那爱欲就是客尘污垢，并非指的是身上的尘土。贪嗔痴三毒，就是劳动身心的尘垢，只有收心摄意有大智慧的人，才能够除得干干净净。"

（三四二）

有一位住在拘萨罗林的比丘在禅思过程中生起爱欲也是清净的念想，那护林神为了使他能够觉悟就即时出现在他面前说道："你思维欲念也是清净的念想，就会被无尽欲念所吞食。应当及时舍弃爱欲这不净的恶不善法，不要执取这邪知邪见。如今您独自在这树林里参禅悟道，就应当时时忆念佛法僧三宝的功德，以及对圣戒的圆满受持，从而使得法喜充满于内心，以期早日枯竭生死苦海出离三界不再轮回。"

（三四三）

有一位住在拘萨罗国一处树林的比丘在中午酷热难当的时候心生不乐，随即说道："这中午时分如此酷热，整个树林就像一个大大的蒸笼，那些禽兽都因为太热而不再乱动，那布谷鸟凄厉的叫声使我毛骨悚然。"

那树林的守护神随即应身说道："在这酷热的中午，所有禽兽都已经停止一切活动，那声声凄厉的布谷鸟，你应当生起快乐之心而不应当有恐惧之感，在这个地方您应当去怕谁呢？"

（三四四）

有一天，住在拘萨罗国一处树林里的阿那律尊者天上前妻来到他的住处，行完顶足礼之后坐在一旁说道："您之前在天上享尽世间荣华富贵五欲之乐，而如今孤身一人安住在这荒郊野外，我心甚是痛苦。您当发愿早日回到那三十三天，那天上所有爱欲都能够随心所欲，被数不清的天女们天天围绕，过着幸福美满无忧无虑的生活不好吗？"

阿那律尊者回应道："就算是身在天上的天女们也是极为痛苦的，她们依止于身见，错误以为身体就是本我。生到天上去享受快乐的同时，也无不时时刻刻、在在处处感到痛苦。而我已经不再有来世，更不会生到三界诸天去。天女你也应当知道，我已经断尽生死不再轮回了。"

（三四五）

有一位住在拘萨罗国一处树林的比丘昼夜都在精勤修学离苦得乐之道而后证得了阿罗汉圣果，之后树林守护神就再也听不到他读诵经典了。

树林守护神感到很奇怪，就问道："您之前不分白天黑夜都在读诵经典，而如今却保持沉默不再读诵了呢？"

比丘回答道："我之前之所以要读诵佛经，那是因为还没能够远离爱欲和结使的缘故。如今我已经功德圆满，证得了阿罗汉圣果，如今的知见能够确保再也不会堕落在三界六道，已经即身成就出离了三界，再也不需要读诵经典了。世间万有我都已经彻底舍离，再也不会有投胎转世的现象出现了。"

（三四六）

有一位住在拘萨罗国一片树林里的比丘因为视力不好就请医生看视，医生道："比丘，要想您的眼睛恢复如初，就要常去池边长闻莲花香气。"

比丘信其言到莲花池坐下来吸食莲花香气，那池里的天神就说道："这池中莲华香气非常美妙，你为何不经过主人同意就在这里偷盗这香气呢？您今天的行为算是真真正正的盗取。大仙，您为什么要违犯这盗戒呢？”

比丘回答道：“天神你应当知道，我既不伤害这莲花的根茎，也不曾盗取这池中之物。只是远远嗅闻这香气而已，为何要说我是偷香的人呢？我不接受你的看法。”

天神说道：“这池中的花香你不问自取，檀越也不曾布施与你，这就是盗取。大仙你偷取香气，盗罪就已经成立了。”

说话间，有一位俗人来到这莲花池，用镰刀割取了许许多多的莲华根茎负重而去，比丘见状说道：“这人割去了那么多的根茎，使得这池中一片狼藉，你为何不制止他这样盗取的行为呢？”

天神回答道：“这些人平日里都是无恶不作的，就好比那身着黑衣的乳母，再脏也都看不到痕迹。而您是白净之衣，就算是一点点污迹也都非常明显。是故我才会出面遮止您不要违犯盗戒，而不会去遮止那些恶人。恶人如同黑衣，就算是他们造就恶行人们也都司空见惯。而鲜白之衣上就算是有哪怕是苍蝇那么小的脚印都会被世人所关注。那些贤圣智者，哪怕是有小小微细过错，也都是如此。雪白的贝壳上有黑点，人们远远就能够看见。如果断除所有结使的人，身口意三业都无不清净。就算是见到哪怕是如同毛发丝的过错，人们都会视之如山那么大。”

比丘说道：“他人今日为了我的根本利益，想要拔济我出离生死苦海，经常现身前来点化于我希望能够觉悟。”天神说道：“你既不是以钱财来收买我，也并非是攻城略地俘虏于我，是利是害你自己能够把握，谁会追逐于您左右点化使之觉悟？如今您要好好想想，再三思量，从而能够做出是利还是害的抉择。”

（三四七）

有一段时间，十力迦叶尊者住在拘萨罗国的泥窟中。

有一位名叫连迦的猎人在尊者不远处施设陷阱捕获鹿只，尊者怜愍猎人就为他讲经说法，那猎人对尊者的开示依然是迷惑不解。十力迦叶尊者指端放出大光明。猎人见状也无动于衷，一心只是念及鹿为何还不踏入他所设置的陷阱。

那逶泥窟神见状就说道：“身处深山的猎人如同瞎子一般的缺少智慧，在非恰当的时机里您又讲经说法，他又因为听不进去而失去威力。就算是您十指都发出莫大光明，也不可能使他见到四大圣谛。这些愚痴无智之人，习惯于造作种种恶不善法，不乐意接受究竟圆满的离苦得乐之正法，喜欢沉迷于睡眠和世间万有，对爱欲生起清净之想，安住在三界六道无尽轮回之中。十力迦叶尊者您这是白费心思啦。”

（三四八）

有一段时间，跋耆子尊者住在拘萨罗国一片树林里，当时的拘萨罗国，举国上下都在举办七日七夜的无遮祭祀大法会。跋耆子尊者见状心有小小退失道心，随即说道：“我在这树林里就如同被遗弃的烂木，一个人孤独地住在这荒郊野外之中。在这半月之中，是谁会给我痛苦呢？”

树林守护神知道他的心思随即说道：“在这空寂无人的树林里，您怎么能够把自己比作是没有人要的弃木呢？那地狱众生羡慕诸天天人，而天人也是非常羡慕您无拘无束得大自在的极乐境界啊。”

（三四九）

有一位住在拘萨罗国一片树林里的比丘修持圣戒很是圆满，就再也不思进取了。那树林守护神就说道：“不应当以为持戒严谨广学多闻以及善于禅定就沾沾自喜停步不前，在这空静之处依然还未能够断尽烦恼和导致的结使那是不应该的。您这样的态度会让智慧越来越损减。是以应当远离和舍弃凡夫才有的心态，精勤修学以期早日证入到涅槃境界，安享那不生不灭寂静清凉的极乐境界才是。”

（三五〇）

有一位名叫龙与的比丘住在了拘萨罗国的一片树林里，他十分喜欢俗世之法，每天早早就去到村里东游西逛，夜幕降临时才依依不舍回到住处。那树林守护神见状为使之觉悟就现身说道：“您为何出去那么早却回来那么迟？看看您的心态就跟俗世之人没有什么两样。您如此往返于俗世之家，跟世俗之人一般苦乐同享。您应当知道和善于思量，不要贪着于居家行为，以免损减清净梵行。对世间所有务要小心谨慎，切莫被其牵制而不能够自主。”

（三五一）

有一段时间，有许许多多的比丘安住在拘萨罗国的一片树林里，那些比丘对修行停步不前，惭愧羞耻之心淡薄，轻躁戾气，心意散乱不定，放纵身心驰散红尘。那树林守护神见状就想点化他们使之觉悟，于是现身说道：“瞿昙座下的弟子依靠正当的方式生活，无论是在化缘还是在坐卧时，都常常思念于无常。而你们现在却是享受世俗人供养的同时，心意驰散，行为乖僻，沉迷于睡眠，就跟那些世俗之人没有什么两样。你们抛家弃舍却又亲近于他人家中，就好比是被人强逼出家作沙门一样。你们既没有真实的修行，对佛法僧三宝也缺乏坚固的信心，也不求出离三界不再轮回，而身着袈裟到处招摇，就好比是那老牛被套上犁头一样。”

比丘们很是恼怒，说道：“你是在讥讽我们吗？”

天神回答道：“我如今也没有指名道姓，也没有刻意去说谁，我如今礼敬僧团，讥毁那些广为过错的人。如果都能够精进修学，我也同样会顶礼他的双足。”

（三五二）

拘萨罗国的一片树林里住着一位比丘，那位比丘跟当地一位长者来往甚密。那长者的儿媳年少端正，那位比丘因为跟那妇人有过对话被世人诽谤说非法，心中懊恼就想在林中自杀。那树林守护神心道：这位比丘实在是没有任何过错，如果自杀身亡恐非正理，我应当及时点化于他使之觉悟。

想到此处，那天神就变成那妇人出现在他面前，比丘就说道：“就算是在大庭广众之中见面都会招世人诽谤，更何况在这荒郊野外呢？你还是赶紧离开吧，不要停留在这里。”

那天神变化的妇人说道：“出家之人应该要忍受得了世间一切羞辱和诽谤之言，对那些诽谤之言语不应当心生愁恼。那些空穴来风都是虚妄之语，您反省过后发现自己本身没有任何过失，就不应当心生烦恼痛苦。听到有人诽谤你就恐怖畏惧，又怎么能够身处深山老林呢？就好比那野鹿，尽其一生都在浪迹旷野，能够区分那些善恶音声。有识之士，成就了正当行为，不会因为他人言语就说自己是释迦牟尼佛座下的贼人。如今您自己经过反思，并没有发现自己行为有什么过错，乃至于一切圣贤及诸天，也都知道您是无辜的，也没有一丝一毫的过错。”

说完这段话，那天神变化的妇人即时消失在面前，比丘见状也就释然于心，昼夜精进修学，再无懈怠，不久之后，即证得了阿罗汉圣果。

跋

所谓佛法，指的是佛陀开示教导离苦得乐的方法。这些方法包括成佛的方法，出离三界不再轮回的方法，以及往返人天不堕恶道的方法。

阿含经这部最原始的佛教基本经典，正是佛陀所开示的了断生死、不再轮回、往返人天的教法。佛陀示灭之后，由证得阿罗汉圣位的弟子们所汇集而成。

这部经典是最原始的佛教教义，也是举世公认的根本佛法。但是在传统上，中国的佛教学者，尤其是大乘佛教学者，往往将阿含经视为小乘经典，所以未被重视。直到 19 世纪 20 年代，欧洲学者开始对阿含经加以研究时，才逐渐受到人们的重视。

其实，探本溯源，后期形成的汉传、藏传等各大语系传承的教义，无不是以阿含诸经为基础衍生而成。无论从学术上还是修行上，脱离阿含经的基础都是极为错误的。古印度有出离的传统，后起的大乘佛教对于小乘的轻视，自有其固有的思想逻辑；中国本土文化中，本就缺少厌世出离的传统。未经历这种思想洗礼，自然容易造成后世中国大乘佛教过于世俗化的偏颇。

而这正是我认同、推荐光亮先生这套白话《阿含经的故事》的缘由。

李　嶷